北京市高校实验教学示范中心建设资金资助出版

文化传播实验教学系列教材

新闻采访与写作

吴　麟　张玉洪◇等著

中国传媒大学出版社
·北京·

图书在版编目(CIP)数据

新闻采访与写作/吴麟，张玉洪等编著. --北京：中国传媒大学出版社，2013.12
(2021.8重印)
ISBN 978-7-5657-0868-8

Ⅰ.①新… Ⅱ.①吴… ②张… Ⅲ.①新闻采访—高等学校—教材
②新闻写作—高等学校—教材 Ⅳ.①G212

中国版本图书馆 CIP 数据核字（2013）第 292387 号

新闻采访与写作
XINWEI CAIFANG YU XIEZUO

编　　著	吴　麟　张玉洪 等
责任编辑	李唯梁
责任印制	李志鹏
封面制作	泰博瑞国际文化传媒

出版发行	中国传媒大学出版社		
社　　址	北京市朝阳区定福庄东街1号	**邮　　编**	100024
电　　话	86-10-65450528　65450532	**传　　真**	65779405
网　　址	http://cucp.cuc.edu.cn		
经　　销	全国新华书店		

印　　刷	三河市东方印刷有限公司
开　　本	710mm×1000mm　1/16
印　　张	16
字　　数	304千字
版　　次	2014年1月第1版
印　　次	2021年8月第5次印刷

书　　号	ISBN 978-7-5657-0868-8/G·0868	**定　　价**	39.00元

序一

还清楚地记得，52年前，我第一次用笨重的德国莱卡摄像机，记录下活动黑白影像时大家的兴奋。现在，人们可以随时随地用电脑、手机，把文字、声音、图像传给世界每一个角落。与此相伴，我们也从服装到思想都单调的“灰蚂蚁”，融入文化交融、文明竞长的“地球村”。这些变化让我深切地感受到，文化的发生，文明的进步，受惠于传播与交流。同样，传播的丰富，交流的深入，也有赖于文化与文明的繁盛。

文化与传播的关系是如此紧密，所以，当李双教授嘱我为“文化传播实验教学系列教材”作序时，我对他们以此为研究主体，以提高学生实践能力为目的，不求大、多、全，唯求精炼、创新、可操作性的编著思路颇为欣赏。文化与传播的理论固然重要，但正如文化批评家罗斯金所言，“美好的艺术是人类的手、脑和心灵的完美结合”，艺术创造如此，传播美好的文化何尝不是如此？

很久以来，重演绎思辨、轻验证操作的传统教育观念，涵盖了我国高等文科教育的几乎所有学科。这种不分学科特性的教学理念，给我国新闻与传播教育事业留下了遗憾。“我国学生动手能力差”的评价，上世纪60年代就屡有耳闻。现在，随着我国高等教育由精英教育向大众教育的转变，大学生动手能力不足的缺陷被“就业难”等现实问题日益放大。而信息时代的到来，又对文化传播的实践性提出了前所未有的要求，媒介的融合要求从业者“想”和“做”的能力也要融合。很难想象，一个不熟悉网络知识、不懂得音视频制作、不具备项目策划能力的年轻人，能够在将来胜任高素质职业传播者的工作角色。

在高校的教学体系中，理论教学和实验教学应当是同等重要、互为支撑的两大部分。理论教学是基础，实验教学是培养学生切入现实、解决问题的有效手段，是提高大学生动手能力的重要路径，实验室更是培养大学生创新能力的重要场所。近几年来，中国劳动关系学院文化传播实验教学中心的建设突飞猛进，获得了“北京市高校实验教学示范中心”的荣誉，影视制作方面更是达到了专业水准，给我留下了深刻印象。依托厚实的硬件资源，总结新鲜的教学经验，“文化传播实验教学系列教材”的推出，可谓恰逢其时，恰当其分。

对教育而言，师资和教材是两大要件。师资只能造福一处，教材却可以惠及四方。一套好的实验教学教材，对应的是无限广阔的实践活动，应该做到“竖画三寸，当千仞之高；横墨数尺，体百里之迴”。翻阅丛书，各位作者虽教学繁忙，但依然勤勉著述，撷各家之长深入浅出，关键处不乏独特新见，是一套系统完整、于当下文化与传播教育大有裨益的实验教材。

2009年暮春，我受邀主持中国劳动关系学院文化传播学院的学位评估。我发现，文化传播学院拥有一支事业心强、励精图治、朝气蓬勃的教师队伍。面对这样一个热爱高等教育、对学生有责任、对教育有使命的年轻团体，我相信，我们一定能够以此作为新起点，创作出更多令学生受益终身的优秀教学成果。

是为序。

中国传媒大学　朱羽君
2010年8月20日

序二

这套丛书即将付梓之际,一些话不禁涌上心头。

在中国内地的高校,文化与传播似乎总不能恰处一体。上个世纪80年代,内地高等教育还没有独立的传播学科。于是,面对"80后"雨后春笋般蔚为大观的传播学抢尽风头,新闻学科使劲捍卫自己的主流与独立地位。新闻学虽然历史悠久,但本质上仍然应归属于传播学。不过,仿佛是在赌气,新闻与传播,似乎在不怎么兼容地各自发展。这样的"赌气",从早前绝大多数新闻学从属于语言文学学科,而后在新时期迅速独立,有异曲同工之妙。

学科的细分,尤其是改革开放以后,内地高校与世界高等教育接轨,完善、丰富各类学科,自然是无可非议的。不过,细分学科的缺陷可以通过学科的互相融汇与支撑来弥补,关于这一点,一些高校同仁,不知道是意识不到,还是因其他原因意识到了却不愿改进。总之,目前的状况是,细分有余而统合不足。在高校本科教育当下已基本步入大众教育的趋势下,学科细分的弊端越来越明显;学生知识与技能的促狭,也越来越不适应社会的需求。基于此,我们尝试在学科的互补上开展一些探索。具体而言,就是根据我们学院的实情,试验将文化与传播学科整合在一起,以期培养出复合型的创新人才。

一所高等学校的文化素养、背景,尤其是人文学科承担的普世价值、传统文化和思想底蕴,是其他学科难以全面承担的。现在国外的名牌大学,在本科教育阶段都施行通识教育,包括世界著名的哈佛大学也是一样。它的人文科学、社会科学与自然科学的课程群,在大一、大二基本上都是任选的。哈佛的本科生全部集中在一个学院,名称就叫做“人文艺术与科学学院”。这是一种趋势。如果我们在本科阶段都把专业限定得很仄，那是不利于学生成长的。有的中国大学校长已经意识到这个问题，比如北师大的钟校长就指出，现在一些本科专业，根本就不该开设，那些专业是研究生阶段才能开设的，他列举的例子有管理学专业。当然，钟校长的话是否对，可以商榷，但本科专业太细化这个内地高校的弊端，是普遍存在的，根子就在1952年全盘学苏联高校体制的院系调整。今天，这样的办学思路还没有得到很好的修正。

我们所处的文化传播学院，现有汉语言文学、新闻学、文化艺术事业管理和戏剧影视文学四个本科专业。让这四个本科专业更好地融合与沟通，形成一个四位一体的专业架构，增加专业间的勾连，有利于学生的培养和成长。而四位一体的专业结构，从提高学生的基础素养、职业技能以及适应社会需求来讲，都是相当好的。本科教育这个阶段的人文素质培养，某种程度上决定了学生的后继发展。一个人确立了精神本体，他去学比较实务的东西是比较容易的。他有信心，有意志，有信仰，有自己的追求，这才是一个人成才最重要的东西。实务教育很重要，但是，不能忽视在实务教育中要贯串和体现关于人的本体建构的教育。比如，十年前，高校课程里还开设“汉字输入”，现在再开设这样的课程就闹笑话了。而文学、哲学、美学、艺术等课程，从古至今，没有哪所高校会认为“过时”。少数人，由于学科不同，认识上有些误区。比如，一提起中文系，就认为那都是一群小青年，成天沉迷风花雪月，“为赋新词强说愁”。其实，汉语言文学专业是非常精深博大的学科，也是高校中稀缺的极具“中国特色”的学科，古人讲文、史、哲不分家，正是中文系主要的教学研究内容。举凡中国高校，自然科学基本上是全盘西化，社会科学也基本上全盘西化，唯有人文科学，西方无法取代，汉语言文学专业正是这样的专业。哈佛、牛津开设的学科，几乎没有一样是以中国的学术成果为学科支撑的，但中国的语言、文学、思想、历史等学科除外。如果在我们中国的高校，还轻忽自己特有的文化和学术，说轻点是无知，说重点是数典忘祖。再比如新闻学，一般人认为不过是培养记者、编辑的，其实，新闻与传播学科面对今天信息传播从技术到精神内涵的焕然一新，早就不仅仅是原来意义的培养记者、编辑了。人类社会信息传播的速度和方式，直接决定了人类文明的形态和发展的速度。文化与传播，由以前的内容与手段的关系，早就嬗变成互相依赖、互相生成的共生关系。一种文化不仅需要传播，更需要在传播中丰富、变形，生成崭新的文化形态。几乎可以说，离开了传播，文化就无法生成;传播本身也早就不是传播这个字眼的意义,而是文化生产与交流不可或缺的环节与过程。戏剧影视文学专业也是如此,依据这个专业的传统,当然是培养戏剧影视的编剧人才。但是,在今天,网络视频以及层出不穷的各类影像产品深受受众喜爱,我们的高等教育如果还局限在单纯编剧人才的培育上,就会明显与社会的发展脱节。目前的社会,需要采、编、导三者合一的复合型人才,那么,这个专业的教学,如果能在文学的基础上,兼及广播电视新闻学和影视编导学科就必定会对学生的多向发展产生良好的作用。

基于上述教育理念,才诞生了这样一套名为“文化传播实验教学系列教材”的丛书。本丛书共 11 种,涵盖了文学、新闻学、传播学、影视学等诸门学科。除了试图使诸学科互相渗透、互为支撑,使学生能更多掌握社会需求的技能外,更重要的是,我们还尝试紧紧抓住实验教学这个关节,使本科生阶段的教育,不只局限在坐而论道,而更要直接培养其动手实操的技能。这套丛书的诞生,还直接得益于文化传播学院“文化传播实验教学中心”的建设。2007 年,中心经过几轮严格的评选,荣获“北京市高校实验教学示范中心”称号,中华全国总工会王兆国主席闻讯特别批示全总相关部门大力支持中心的建设,北京市教委也慷慨解囊,奖励中心 50 万元建设资金,中国劳动关系学院主要领导为中心的建设更是不遗余力。

从 2007 年至今,三年多时间过去了。文化传播学院各位教师为中心的软、硬件建设呕心沥血,特别是丛书的各位第一作者,在时间紧、任务重的困难条件下,高质量地完成了丛书的编撰,令人感佩。现在,如同呱呱坠地的赤子,这套丛书终于开始陆续面世。如果她还有值得欣赏和肯定的地方,全赖我们的同事辛勤劳作;而她所有的不足与错漏,都应该由我们来概括承受。

最后,我们要诚挚地感谢朱羽君先生,她奖掖后学,不吝褒扬,既令我们惭愧,也给了我们莫大的激励;我们要真诚地向文化传播学院及实验教学中心的老师们致谢,没有这些可敬可爱的同事戮力同心、团结协作,我们将一事无成。

李双　吕明涛

2010 年 10 月 16 日

目　录

CONTENTS

上编　采访

上编 采访

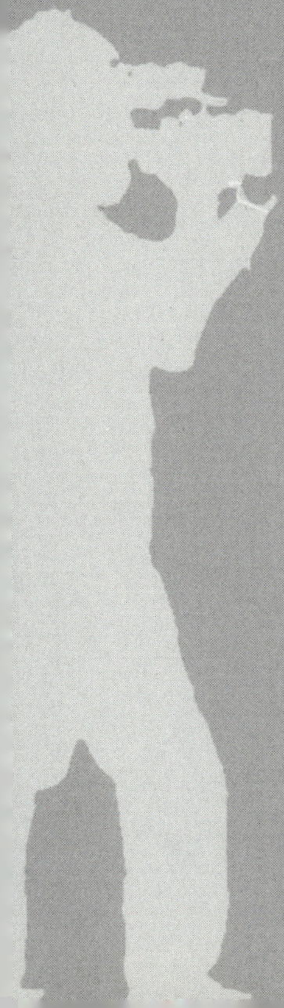

第一章　新闻采访的性质与作用

新闻采访是新闻传播活动正式开始的第一道工序，直接决定新闻写作的质量，并影响新闻产品传播的广度和深度。正确理解新闻采访作为新闻传播活动链条的首要环节，是成为合格媒体人的基础。

第一节　新闻采访的性质

一、新闻采访的概念界定

从新闻采访所要完成的任务看，主要包括两方面的内容，一是基于新闻事件或人物报道目的所进行的资料搜集、采录活动，二是人员访察、查证活动，是“采”与“访”的有机结合。因此，新闻采访可界定为记者为完成新闻报道任务，围绕采集新闻事实材料而以人为主要对象进行的调查访问活动。

新闻采访是一项围绕新闻产品生产而进行的观察、了解、发现、记录的活动，记者通过深入细致的调查研究，逐步加深对客观事实的认识，为新闻报道内容的写作和呈现做好充分的准备，是一个由感性到理性、由现象到本质的渐进过程，因而是专业性要求较高的社会调研活动。

业界普遍认可的说法是，采访作为一项“幕后”工作，包括四个环节：第一，寻找、筛选线索；第二，进行有关资料及背景情况的准备；第三，进行采访前的联络、沟通工作；第四，完成采访过程。基于采访呈现的新闻报道是以大众传播为目的的，与其他调查研究工作相比，新闻采访的调研活动有其自身的独特之处。

二、新闻采访是特殊的调查研究活动

新闻采访要真实、准确地反映现实、揭示事物本质，使呈现给受众的报道经得起推

敲和证实，必须在社会这一大的时空背景中进行深入细致的调查研究。与社会上其他行业和领域不同，基于新闻采访产生的新闻产品要在大众传播媒介上呈现给公众，所以新闻采访是一项具有鲜明的结果导向色彩的社会调查活动，性质较为特殊。总结而言，主要有以下几个方面：

1. 真实客观反映新闻事实

新闻采访的首要原则就是真实，要如实地反映客观现实，做到对新闻事件或人物的真实了解和忠实记录，最大限度符合客观事实，还原新闻事件和人物的本来状貌，帮助受众更好地了解社会现实，认知社会环境。《中国新闻工作者职业道德准则》对此作出了明确规定："真实是新闻的生命。新闻工作者要坚持发扬实事求是的作风，深入基层、深入实际、深入群众，加强调查研究，报实情、讲真话，不得弄虚作假，不得为追求轰动效应而捏造、歪曲事实。"如果记者在采访阶段不能做到实事求是，到写作时就会捉襟见肘甚至出现无法顺利完成任务的情况，让自己陷入被动状态。

2013 年 7 月 27 日，中新社发布了一则名为《中国航班延误因素复杂多元 军事活动影响占 7%》的新闻。该新闻在采访过程中忽略了一些事实，使其可信性饱受质疑。一方面，在航班延误、空域分配问题引发社会高度关注的背景下，发布回应、澄清性质的重大新闻，记者却不给消息来源，受到飞行员、空姐、管制员等人员的质疑。另一方面，这则消息也没交代数据来源，只是言之凿凿给了一堆看起来很权威的数据。这样的报道因采访环节存在诸多问题，大大降低了人们对它的认可度。①

任何人在分析、研究某一事物时，都会因自身的局限性而有一定的主观色彩。但作为记者尤其是有一定经验的记者来说，会尽量从事实本身的逻辑出发，站在公众利益的角度上呈现事实，将个人色彩降至最低。"切不可将意见加杂于新闻之中迷惑读者。""只有事实，可成新闻。事实登载后，阅者自然自有主张。"（徐宝璜语）记者在进行采访时必须确保内容源于客观事实，不能虚构、夸张、编造、想象。新闻报道不应该受到记者本人观点的左右，观点和意见应该与新闻报道分离。主观臆想式的报道和"有闻必录"式的报道都是远离事实真相、不负责任的报道。许多新闻机构坚决贯彻"采编分离"的原则，就是为了确保记者在反映新闻事实时的客观性。

要想做到真实客观反映新闻事实，应坚持以下几点：一、客观地叙述事实而不带有个人的感情和偏见；二、忠实记录新闻事实当事人和知情者的原话；三、弄清全部消息来源；四、提供多样化的观察视角；五、理清事实背后的复杂原因。

---

① 王星：《坏新闻：中国航班延误因素多，军事活动影响占 7%》，http://view.163.com/13/0730/14/951QB37B00014MO9.html。

2.面向公众报道客观事实

新闻采访是一项公开反映事实的调研活动。记者在调查的时候可能是公开进行，也可能是半公开甚至隐秘行踪进行，但调查结果一定是围绕新闻产品的主题进行公开传播的，即通过大众媒介面向全社会进行传播。因此，记者在采访时应确保采访的角度和采访的内容符合公众的普遍兴趣和普遍需求，符合社会舆论的基本要求，考虑到新闻产品可能带来的社会影响。在实际工作中会有很小一部分新闻以“内参”的形式提交有关领导，但毕竟只是少数，不代表主流。

为让公众更好地了解具有新闻价值的事件的进展，各媒体都会围绕重大事件调集相关记者深入采访。比如 2012 年 7 月 21 日北京大雨引发的灾难，《新京报》在连续追踪报道时汇集全社之力全面呈现事件进展。当决策者意识到事件的新闻价值后，社会新闻部、摄影部、时政新闻部的主编们立刻逐一拨打电话与记者联系布置采访，记者们火速顶着大雨奔赴最近的立交桥、地铁站、小区地下室等容易积水的地方，尤其是大雨重灾区如房山区野三坡地区、京港澳高速出京方向 17 公里处等地，第一时间从这里发回重磅报道。据统计，《新京报》这次抗灾报道的版面规模为北京市属平面媒体之最，参与灾难报道的人力之和仅次于 2008 年汶川地震报道，有力地引导了社会舆论。①

因此，记者在进行采访时，一定要充分考虑新闻报道的效果和后果，任何以满足受众猎奇和隐私窥探欲望为目的的采访动机都有可能给被采访对象带来负面影响。恪守新闻道德和伦理是记者在采访时不能逾越的底线，这是新闻记者在针对某一主题进行调研时要考虑的特殊性。

3.新闻价值决定调研规模

记者围绕某一主题进行调查研究非任意而为，而是按照一定的规则进行的，起主导作用的是对某一事实的新闻价值的判断。所谓新闻价值，是指“某些事实所固有的，在满足受众新闻需要方面所具有的显在或潜在的作用”。新闻价值高则调研的规模大，反之亦然。

对于新闻价值的判断，通常有以下几个标准：

第一，新鲜性。作为新闻价值的首要因素，新鲜性既可以从时间上来界定，也可以从内容上来判断。新闻在时间上离事实发生的时间越近，在内容上包含公众未知的因素越多，就越有新闻价值。因此，记者在采访时可以从时效性入手，也可以从其他媒体没有采用的有价值的角度入手，这样调研的结果才会让受众感觉有新意。

---

① 胡杰：《传达理性、负责任的声音——〈新京报〉“7·21”特大暴雨报道总结》，《南方传媒研究》2012 年总第 37 期。

第二，重要性。重要性是指某个事实既为广大受众所关注，又能对社会产生较大影响。新闻事件与当前社会生活和大众的切身利益有着密切关系，势必会引发更大的关注度，产生更大的影响力，事关政局变化、政策调整、生命财产损失的信息都属于这一类型。

第三，显著性。显著性是指新闻事实具有不同一般、超出常规的性质，无论是人物、地点、事件众所周知，还是事实在程度、数量上不同凡响，都会引起人们的关注。发生在演艺明星、著名运动员身上的事，无论好事还是坏事都会吸引更多的目光。有人总结了以下公式：平凡人＋平凡事≠新闻；平凡人＋不平凡事＝新闻；不平凡人＋平凡事＝新闻；不平凡人＋不平凡事＝大新闻。由此可见，“显著性”在很大程度上是与“不平凡”、“非常规”联系在一起的。

第四，接近性。接近性是指某个事实与受众之间有某种关联，让受众产生主动探求事实真相的想法。这种接近性既体现在地理位置（物理空间）上的接近，又体现在心理空间上的接近。如果某件事关系着受众的切身利益，如住房问题、社会保障体制问题、医疗改革问题、教育问题、弱势群体权益维护问题等，受众会更倾向于了解这方面的信息。

第五，趣味性/娱乐性。趣味性是指事实所具有的轻松愉悦、引人入胜的特质，能使人放松，改变心境。那些奇异现象和富于人情味的事件，天然具备一定的新闻价值。人们常说“狗咬人不是新闻，而人咬狗则是新闻”这句话，“人咬狗”就具备奇异性元素，就能吸引更多的关注。随着生活节奏的加速，现代人的神经常处于紧张状态，娱乐性事件或信息能够缓解人的紧张情绪，能够让人“幽上一默”，因而更有吸引力。

第六，有用性。实用性的、能解决受众日常生活难题或困境的信息，同样有一定的市场。

第二节　新闻采访的作用

新闻采访是新闻传播活动的起点，是启动新闻传播机器的第一个按钮，很大程度上决定着新闻报道的质量和传播效果。

一、新闻采访是新闻传播活动的起点

通常情况下，完整的新闻传播过程包含下述环节：

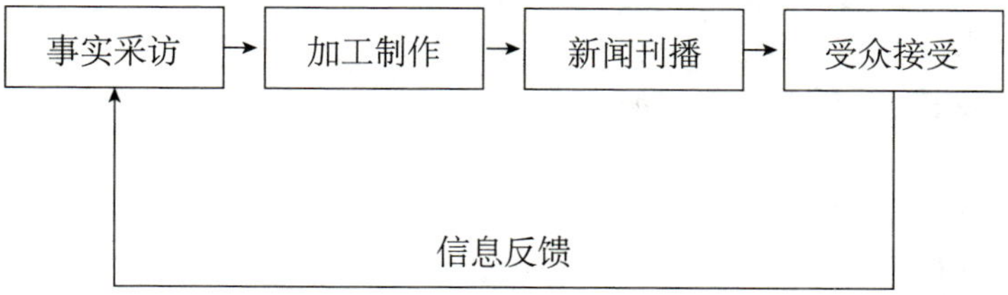

可见，从新闻传播的完整链条看，面对纷繁复杂的社会现实，从中选择有新闻价值的事实完成信息收集、整理过程的新闻采访，是顺利实现新闻传播的第一道关口。面对包罗万象的世界，媒体不可能将所有的事件作为报道对象，记者的“选择性报道”标准就是对进入记者视野的事实按照新闻价值大小进行评估，以确定哪些事实可以作为报道的对象，并从中遴选典型事例。这一过程就是新闻采访。

在选择事实这一过程中，记者对其采访到的信息不断地进行分析判断，找出最有新闻价值的事实来。值得注意的是，这种选择建立在全面准备和采访的基础上，即应该对报道对象进行全面深入的实地观察和面对面的访问，尽可能详尽地获得第一手材料和相关的背景信息。在经过充分调查后，记者会逐渐确定新闻报道的选题，而好的选题是成功报道的一半，“起头”起好了，会大大降低后面工作的难度，尤其是新闻写作的难度。

在 2011 年“7·23”甬温线特别重大铁路交通事故发生后，各家媒体的记者都赶往现场，发回了大量有关该事故的报道。在事实的选择上，《南都周刊》的《是谁叫他停下?》一文的作者陈承关注到了一些当时鲜为人知的细节并进行了深入细致的采访，为澄清扑朔迷离的事实提供了有价值的判断依据。陈承到了温州之后，乘坐当地“摩的”绕过封锁线进入距离事发地点最近的双岙村，在那里采访了双岙村鼎立峰鞋厂的一位员工和多位参与救援的村民，并在医院采访了一位名叫王海茹的伤员，了解到该篇报道最重要的细节——她听到司机反复在喃喃自语这么一句话:“我这一生都不会再开车了，我没有责任的。当时我说能过去的，应该走的，但他非要让我停。”随后陈承到永嘉站采访了一位站务，确定了 D3115 在双岙段内停车“肯定是有调度命令让他停”的事实。当天下午，陈承又采访了同济大学城市轨道与铁道工程系教授孙章，根据陈承的描述，对方支持了“要求司机停车应该是调度”的说法。至此，一个较为完整的证据链条形成了:王海茹回忆司机所称的“我说能过去的，但他非要让我停”具有较高可信度;停车命令很可能来自于调度;雷击造成 D3115 次列车停电的说法不可信。陈承从自己的采访出发，分析这次事故很有可能是因调度指挥不当引发的责任事故。他将最终见刊的稿件取名为《是谁叫他停下?》,由于处在传播窗口期,传播效果较好。①

二、新闻采访决定新闻写作

在新闻行业,通常将作品刊发之前的活动统称为"新闻采写",但实际上新闻采访和新闻写作是两类不同性质的工作。新闻是事实的记录和再现,发现并捕捉新闻事实,然后通过精巧的构思赋予其一定的形式面向社会进行传播,这就是新闻采访与写作对实现新闻传播的特殊功能。在这个过程中,从总体程序和各自的作用考察,新闻采访与写作有着明显的区别。新闻采访旨在认识并把握新闻事实,主要是了解情况、弄清真相、搜集素材,为新闻的传播打下坚实的事实基础;而新闻写作则旨在反映并表现客观实际,主要是根据新闻采访得来的事实材料,经过分析、取舍和组织,采用恰当的体裁形式和表现方法,使客观存在的事实成为可供传播的新闻作品。

在新闻采访与新闻写作的关系上,二者是决定与被决定的关系。

1. 采访决定写作流程

存在决定意识,记者只有充分感受"存在",才有可能将看到、听到、感受到的事实加以提炼和升华,变成可以在传播渠道流通的新闻作品。在新闻传播过程中,采访在先,写作在后,记者想要写一篇报道,首先要受到新闻事实是否发生的制约,好的新闻报道的前提是必须先有一个好的新闻事实。采访作为认识事实的手段,是新闻传播过程中与新闻事实直接接触的唯一节点,只有清楚认识事实,才可能准确反映事实,采访中对事实是怎样认识的,往往决定写作时对事实怎样反映。

2011年7月,央视《每周质量报告》播出《达芬奇"密码"》,节目曝光了达芬奇公司销售的天价家具并不像它宣称的那样是100%意大利生产的,所用的原料也不是达芬奇公司宣称的名贵实木白杨荆棘根,而是高分子树脂材料、大芯板和密度板。对此,达芬奇公司坚决否认,并称遭央视记者勒索100万。半年后,2012年的第1期财新《新世纪》周刊推出专题报道《达芬奇案中案》,披露央视《每周质量报告》的《达芬奇"密码"》节目出炉始末,指出其涉及使用不正当的暗访手段,以及背后的"公关陷阱"。

报道《达芬奇案中案》的《新世纪》周刊商业新闻记者高昱表示,在2011年11月17日见到潘东尼和潘庄秀华夫妇之前,对达芬奇家居的了解停留在从报纸、电视和微博里看到的只言片语:达芬奇和当年名噪一时的欧典地板一样,造假卖假,打着意大利家具的旗号卖的其实是国产货,而且质量低劣——高昱甚至连达芬奇家居是家具卖场而不是品牌生产商都不清楚。这是信息爆炸时代典型的信息认知模式:信息和信息来源

① 陈承:《找到关键细节》,《南方传媒研究》2011年总第31期。

虽然空前地多，但也空前地同质化和碎片化，无论信息生产者、传播者还是受众，都只取符合自己偏好的“一瓢”饮。

2011 年 11 月 19 日，高昱带着三位同事来到位于北京友谊商店顶楼的达芬奇家居北京公司办公室，分别对四位意大利家具厂负责人和潘庄秀华等达芬奇高管进行了采访，从中午一直采访到晚上 10 点。这次对达芬奇方面的采访，高昱刻意没有让他们谈他们冤不冤，主要就是让他们完整回忆了一遍 7 月 10 日《达芬奇“密码”》播出之后发生的故事，政府是怎么调查的，哪些部门、哪些地方在调查，尤其是详细询问了达芬奇家居陷入“公关陷阱”的详细过程，他们跟向央视举报的消费者唐英之间的谈判，跟央视《每周质量报告》暗访记者李文学以及两名中间人崔斌、孙国军的见面。颠倒采访次序是为了了解达芬奇家居究竟有没有造假售假、是否存在着欺诈消费者的问题。整个采访从 2011 年 11 月中旬一直持续到 12 月 28 日，录音资料差不多有 2000 分钟，这为后期写作提供了坚实基础。①

如果没有采访到足够的事实材料，笔下功夫再好也无能为力，毕竟是“巧妇难为无米之炊”。如果硬要写，往往是“米不够，水来凑”，甚至于胡编乱造，许多假新闻就是这样制造出来的。

2. 采访在深刻性上制约着写作

新闻报道是否深刻，与多种因素有关，其中记者对新闻素材思考和调查采访的深度与报道内容的深度直接相关。记者在采访中必须努力向纵深处开掘，以自己的慧眼去发现尚未有人发现的材料，或者从材料中发掘出别人没有悟出的深意。具有一定深度的新闻报道，总是和深入的新闻采访联系在一起的。

2011 年，《纽约时报》助理执行主编、长期负责商业报道的编辑 Larry Ingrassia 向他的记者们提了一个问题：“为什么苹果产品没有在我们美国本地生产？这意味着什么？”循着这个问题，报社记者展开深入的采访，从不同维度反映了苹果如何受到低成本制造的诱惑，弃“嗷嗷待哺”的本土市场于不顾，将全组装链设在中国，以及中国产业工人在链条中遭受的异常艰辛，同时将苹果公司如何避税，如何通过专利控制、扼杀创新等也进行了挖掘。长达 1 年时间的调查采访使得横向延展报道、纵向深入报道拓展出不同的可能性，凭着记者深入、细致的调查，在此基础上撰写的系列报道获得了 2013 年普利策奖解释性报道奖。②

有些新闻报道缺乏深度，很大程度上是由于记者满足于蜻蜓点水似的采访。因此，新闻写作在深度开掘上无疑受到新闻采访的制约。采访的深度和广度直接关系到

---

① 高昱：《〈达芬奇案中案〉记者手记》，http://gaoyu.blog.caixin.com/archives/53852。

② 顾卉妮：《如何炮制一篇普利策奖报道》，《南方传媒研究》2013 年总第 42 期。

写作的深度和广度，制约着写作质量。要想通过新闻写作深刻而全面地反映客观事实，必须先作深入而广泛的采访，“深入成就深度”很好地说明了采访与写作之间的关系。

原中央电视台记者许颖介绍了她1998年采访林业部100对新人以种植纪念树的方式举行集体婚礼的经历。她本来想就此事做简单的报道，但在现场发现有为孩子周岁、朋友生日等来此种纪念树的人。她从林区管理人员了解到，近年来自发种树的人成倍递增，于是在对到场的林业部副部长进行采访后，又补充了关于集体婚礼之外种植纪念树的问题。在经过现场实地调查后，记者调整了原来的报道思路，增加了对一对新人、几个朋友、一家三口的采访，从种纪念树表达爱情、友情、亲情三方面加以丰富，最终将主题确定为“从组织到自发的植树成为植树新风尚”，并以《种植纪念树 为国添绿色》为题在央视播出，受到广泛好评。[①] 如果记者没有进行深入的采访和挖掘，就不会制作出颇有新意的报道，按照原来的思路做出来的注定是平庸的作品。

3.采访内容决定新闻体裁样式

采访对写作的决定作用还体现在内容决定形式上，用什么体裁写作、如何表达等，都要由采访获得的事实内容来定。如果采访缺乏必要的情节与细节，就很难写成通讯或深度报道。如果采访非常充分、到位，写成消息则成了大材小用。

新闻写作的基础在于采访，“七分采，三分写”早已成为新闻行业公认的准则。采访工作做好了，再掌握一定的写作技巧，一篇像样的稿件自然是水到渠成。

当然，新闻写作相对于新闻采访也有一定的能动作用。写什么、怎么写、用什么样的体裁，往往不是动笔时才开始考虑，而是在采访过程中就要酝酿，根据写作的要求进行采访。写作时，如果发现事实不够充分，还会进行补充采访。同时，作为新闻素材搜集过程的采访已经构成了新闻作品制作的有机组成部分，新闻报道的形式与新闻素材的获取方式及采访方式发生了密切的关联，前期采访与后期写作、制作的环节必须紧密衔接。总之，采访是写作的前提和基础，写作是采访的表现和结果，二者不可偏废。

第三节　新闻采访活动中的双向互动

如何更好地从受访者那里获得更多有价值的信息？这就需要了解新闻采访中记者所扮演的角色，明确新闻采访中的信息传播模式。说到底，新闻采访是以记者为核心的双向互动行为，记者要成功扮演自己的角色，应具备多方面的素质。

---

① 许颖：《新闻采访与写作》，中国传媒大学出版社2011年版，第11页。

一、新闻采访是以记者为核心的双向互动行为

新闻采访过程中虽然会有资料的采集、搜寻活动，但最核心的部分还是采访者根据需要与被采访者之间的沟通和交流。因此，从总体上说，新闻采访是一种信息互动行为，是采访者与受访者以语言（语言符号和非语言符号）为中介所进行的双向互动，是基于某一主题所进行的人际传播活动。

从新闻采访的活动过程看，采访者从受访者那里获得信息的整个过程属于人际传播的过程，本质上是一种信息互动行为，即基于传受双方都能理解的符号进行双向交流，这就要求采访者必须以平等主体的身份与受访者进行互动。采访者站在受访者的角度，抱着与受访者互动的目的来考虑采访是很重要的。一个优秀的采访者应能感受和理解受访者的想法，具备将自己视为受访的客体并以此作为采访指针的能力。许多采访者在采访前，会把自己放在受访者的立场上，思考后者的心理状态和精神面貌，揣度应以何种方式获取对方的信任并尽可能多地了解需要得到的信息。这样做的结果往往使采访具有更为明确的目的性，减少双方之间沟通的障碍，让采访过程更加顺畅。

央视主持人柴静采访过一个案件，这个被称为“少女杀死性侵大叔获刑四年”的案件传播甚广，争议很大，当事女孩小琪一直没有接受过访问。柴静在接手这一选题后认真翻看案件的卷宗，了解到小琪被抓捕之前一直躲在老家，没跟任何人谈及此事。柴静在司法精神病鉴定的材料里看到小琪说自己做噩梦这一细节。为打开小琪的心扉，柴静和小琪进行了如下谈话：

> 柴静说：“我知道你一直睡不好，这件事情发生之后你也没有跟任何人谈过，我知道你心里不好受。”
>
> 小琪低下头，眼泪扑落掉了下来。
>
> 过了一会儿，柴静说：“我只能说，如果你愿意谈一谈，我愿意听。”
>
> 小琪犹豫了一下，问柴静：“那别人会认出我的脸吗？”
>
> 柴静说：“我坐在你的椅子上，你从镜头里看，如果你能接受这个侧影，那就拍，不行就不拍。”说着在椅子上按她的身高大概缩下一点身子，让小琪看镜头。然后再请小琪坐下来，让摄像录上一小段，让小琪看一遍影像。开拍前柴静帮小琪把头发理一下，再遮住一点脸。法官与摄影师都是男性，小琪不愿意当着他们的面谈及隐私，但这几位不能回避，柴静降低音量，用只有两个人才能听到的音量说话。

事后柴静做了这样的总结：“你是一个记者，你有关切，有采访的权利和可能，但归根结底，只是一个陌生人。人与人之间应该有一个恰当的关系，关切超过了恰当，就是冒犯。

不因为你是一个记者，就有权逼问所有的问题。知是职责。不去知，算是一点敬畏吧”。[①]

从采访过程看，采访活动是由采访者和受访者共同维系的，也是由双方共同建构的互动场域。在这一场域中，营造与采访对象的和谐关系是最为重要的。中国人民大学教授高钢总结了如何以良好的态度与采访对象建立和谐关系的基本原则：第一，不与采访对象争吵和辩论，这是保证采访正常进行的必备条件；第二，不向采访对象做过多陈述，避免陷入被动；第三，不直接否定采访对象的说法，以免引起对方反感；第四，与采访对象保持合作态度，以确保交流的顺利进行。[②]

二、新闻记者应具备的素养

1. 政治素养

新闻传播自诞生起就一直与政治密切相关。新闻无法回避政治，这是不争的事实。这主要表现在：一方面，包括政治在内的意识形态对于新闻事业存在着或显在或潜在的重要影响；另一方面，政治领域的各种事件是新闻报道的主要题材。新闻与政治之间常常存在着一种互动关系。因此，从事新闻工作的人，必须具备较高的政治素养。

新闻记者的政治素养主要表现在两个方面：其一，记者正确和坚定的政治立场；其二，记者的政治敏感。缺乏优良的政治素养的记者，无论是在西方还是在中国，都不可能成为优秀的记者。

2. 法律与道德素养

法律与道德素养是记者最重要的素养之一。记者首先是一个公民，因此他的行为要对所在国的法律负责，对社会道德负责。

记者的法律素养主要表现在两个方面：其一，记者的采访、写作以及日常其他行为必须合法；其二，记者所进行的新闻报道不能传播违法的内容。

记者应具备以下基本道德素养：其一，具有健全的人格。这是具有其他优良道德素养的先决条件。记者要正直善良，明辨是非，看问题全面，对自己严格，对他人宽容。有了这些优秀品质，记者就绝不会滥用自己手中的权力，去干与记者的身份不相称的事情。其二，不畏权势，坚持真理。在中外新闻史上，许多记者为了坚持真理，秉笔直书，不惜献出自己的生命。如果一个记者能做到爱生命但更爱真理，那么在今天的市场经济条件下，他就会自觉抵制物质利益的诱惑，任何时候都坚持传播真理的声音。其三，有社会责任感。一个具有社会责任感的记者，不仅应当明白自己对消息来源所承担的社会责任，而且也应当明白自己对公众文化品位的提升所承担的重要责任。具

---

① 柴静：《如果你愿意谈一谈，我愿意听》，http://blog.sina.com.cn/s/blog_48b0d37b0102emwq.html。
② 高钢：《新闻采访写作》，高等教育出版社 2012 年版，第 76—77 页。

有社会责任感的记者不会通过揭露别人的隐私来获得利益，不会写那些低俗、煽情的报道，而会以不断提升广大受众的文化品位为己任。

3. 科学素养

新闻记者必须具备科学素养。科学素养最重要的体现是具备应有的科学精神。一个具有科学精神的记者一定具有实事求是的科学态度，这种科学态度的具体体现就是追求和服从真理。

4. 专业素养

记者的专业素养包括三个层次：专业技能素养、专业理论素养和专业精神。三者相辅相成，形成有机的整体。

新闻记者的看家本领就是较高的新闻专业技能。这些技能，笼统地说就是采访、摄影、摄像、写作和编辑的技能。不同媒体的新闻记者，他们的专业技能是不同的，比如同是新闻写作，各种媒体的要求有所不同：报纸新闻记者要掌握纷繁复杂的新闻文体，要力求写出角度新颖、观点独到、具有深度的新闻报道；广播新闻记者所写的报道应当口语化，符合人们的收听习惯，让听众在收听过程中能够迅速理解新闻事实；电视新闻记者要熟知镜头的含义，从而把文字报道与画面有机地结合起来，用文字去补充画面没有交代清楚的内容；而网络新闻记者则必须能够熟练地使用网络工具和超文本的结构方式，按照新媒体规则来组织资料。

一个合格的记者，还应当具有比较高的专业理论素养。有了理论，又有了技能，但缺乏专业精神，这样的记者还算不上是一个优秀的记者。记者是世界上最危险、最辛苦的职业之一，这一工作要求记者只要有值得报道的新闻，就要在第一时间赶到事发现场抢到最好的新闻。记者如果没有这样的专业精神和敬业精神，而是与坐办公室的职员一样按时上班，按时下班，按时吃饭，按时睡觉，享受节假日，这样的记者还没有真正理解新闻的真谛，是无法胜任媒体工作的。在优秀记者眼里，只要有新闻事实发生，需要他们去采访，很多困难都是可以克服的。在他们看来，好新闻是“跑”出来的，好新闻是通过艰苦采访工作才能获得的。①

【思考题】

1. 新闻采访作为调查研究活动的特殊性表现在哪里？

2. 为什么说新闻采访决定新闻写作？

3. 记者应如何在与受访者的双向互动中扮演好自己的角色？

---

① 丁柏铨：《新闻采访与写作》，高等教育出版社2009年版，第37—42页。

第二章 采访的准备阶段

“不打无准备的仗”，这是战争中的一个常识。同样，如果我们把新闻采访看做一场征战的话，准备工作同样也是必不可少的。从某种意义上说，前期的准备工作到位了，采访也就成功了一半。

在美国新闻界，新闻编辑室里有这样一句谚语：成功的采访随两个“P”而来——Persistence（坚韧）与 Preparation（准备）。[①] 那么准备工作都包括哪些内容呢？

在我们看来，新闻采访的准备阶段主要包括以下几个方面的内容：寻找新闻线索，明确采访目的，选择采访对象和创造采访条件。

第一节 寻找新闻线索

首先需要明确的是，新闻线索是指新近、正在或即将发生的事实的简明信息或信号，而这些事实可能成为新闻或具有一定的新闻价值。

有论者指出，“新闻线索不等于完整的新闻事实，不能现成地拿来构成新闻报道。它比较简略，没有细节，没有事物的全貌和全部过程，常常只是一个片断或概况，它只是将事物的个别属性反映在记者的头脑之中。”[②]在采访实践中，新闻线索很可能就是饭桌上的一场闲谈，或者网络上论坛或博客中的几句话，又或者只是手机里的一条短信。它们和新闻事实比起来，比较零碎，出现往往有偶然性。

另外，由于是简明信息或信号，新闻线索中往往真假掺杂，需要记者去查证，而且很有可能查证后才发现相关事实没有新闻价值。

---

① 〔美〕门彻：《新闻报道与写作》，展江主译，华夏出版社 2003 年版，第 360 页。

② 刘海贵：《当代新闻采访》（第二版），复旦大学出版社 2004 年版，第 116 页。

一、新闻线索的作用

对新闻采访工作来说，新闻线索至少有以下几个方面的作用：

1. 凭借新闻敏感，记者产生采访愿望

新闻敏感是指新闻工作者迅速、准确地识别新闻事实，判断新闻价值的能力。西方新闻界通常称新闻敏感为新闻嗅觉，或称“新闻鼻”、“新闻眼”。对记者来说，新闻敏感将有助于他们发现新闻线索，或在已有的新闻线索中发现最有价值的信息，从而激发采访的愿望。

没有新闻线索，记者的采访工作可以说是无源之水；有了新闻线索，记者才可以凭借新闻敏感进行深入采访，了解新闻线索背后隐藏的事实或真相。

难怪有人把新闻线索看做一种“触媒”。

2. 为记者的采访限定主题或方向

正由于有了新闻线索，记者在进行采访时才有了明确的主题或方向。举例来说，2010年年初，有网友通过网络爆料称章子怡涉嫌诈捐，当记者将其作为有效的新闻线索时，显然第一反应是要采访当事人章子怡，而采访主题则是该爆料是否属实。

又比如，当记者接到读者或观众提供的某办公楼着火的新闻线索时，第一反应是奔赴火灾现场，然后采访火警和现场的群众。

3. 提升新闻报道质量，利于新闻竞争

每一次新闻报道都相当于一次“战役”，而在“战役”中要想取得胜利，就得依靠高质量的信息。事实上，好的新闻线索无疑是优秀媒体报道的前提。此外，掌握的线索越多，意味着可供选择的采访方案越多，记者活动的选择余地就越大，那么，新闻报道就可谓达到了最优化。

在媒体竞争环境中，信息同质化是应着力避免的。从这个意义上说，独家新闻往往成为媒体的核心竞争力。独家新闻从何而来呢？当然很多时候是仰仗于独家的新闻线索。如果各家媒体都着力构建自身的信息渠道，根据新闻线索采制新闻，那么，不但媒体将呈现百花齐放的姿态，受众也能享受到更好的新闻信息服务。

二、新闻线索的获取

既然新闻线索如此重要，那么，通过什么途径才能找到它们呢？对记者来说，无非两种选择：发挥主观能动性，自己去寻找；坐等新闻线索上门。

在新闻工作中，新闻线索的获取方式主要有：

1. 从固定渠道获得新闻线索

不论是报纸、杂志、广播、电视还是网络媒体，除机动记者外，大多数记者都有固定的领域，所以他们又被称为“跑口”记者。“口”的意思其实是领域。

如果简单地划分，根据记者所跑的“口”，他们可分为时政、国内、国际、文化、体育等领域记者。对应的“口”往往是新闻线索的重要来源。这些“口”对应的又包括党政机关、企事业单位和群众团体等。

在新闻实践中，从固定渠道获得的新闻线索占据最重要的地位。比如西方学者研究发现，“绝大部分报纸90%的当地新闻都是从固定的渠道和来源获得的。每家报纸的固定渠道都是相同的，记者每天接受本市新闻版编辑的指派……大多数新闻都是用常规的、有形的、系统的方式采集到的。记者绝不是在街上闲逛，打听有什么新闻发生。每一天，负责某个专业领域的记者都要报道发生新闻最多的部门和组织，即使是凶杀、火灾、车祸和灾难之类的新闻，通常也是从固定的渠道——警察局、消防局、医院和当地气象部门得到的”。[①]

这也基本反映了中国新闻记者的日常工作现状。所以，这也提醒记者应该密切关注固定渠道。

2. 由通讯员和受众提供新闻线索

相对于固定渠道来说，通讯员和受众具有不确定性，因为即使通讯员成百上千，也不见得他们每天都会提供新闻线索。受众的数量虽然更为庞大，但他们能否提供新闻线索以及提供何种新闻线索同样是一个未知数。

但不可否认，通讯员和受众提供了一条广泛获得新闻线索的渠道。大家知道，任何一家媒体的记者数量都是有限的，虽然曾经有媒体宣称“有新闻的地方，就有我们”，但基于人力和财力等因素，记者无处不在显然只是一个梦想。所以，

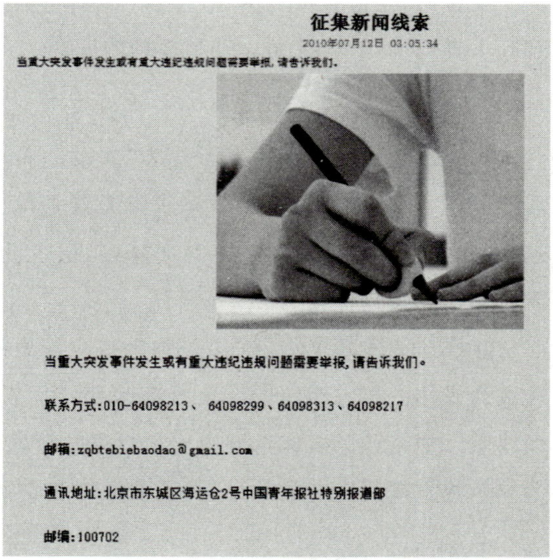
征集新闻线索
2010年07月12日 03:05:34
当重大突发事件发生或有重大违纪违规问题需要举报，请告诉我们。
当重大突发事件发生或有重大违纪违规问题需要举报，请告诉我们。
联系方式：010-64098213、64098299、64098313、64098217
邮箱：zqbtebiebaodao@gmail.com
通讯地址：北京市东城区海运仓2号中国青年报社特别报道部
邮编：100702

2010 年 7 月 12 日，中国青年报社在官网上发布的征集新闻线索启事

① 〔美〕凯利·赖特尔、朱利安·哈里斯、斯坦利·约翰逊：《全能记者必备：新闻采集、写作和编辑的基本技能》（第七版），宋铁军译，中国人民大学出版社 2005 年版，第 27—28 页。

通讯员和受众在某种程度上成为记者的“眼线”，为丰富新闻产品贡献了力量。

这就难怪，几乎每家都市报都在报纸上赫然印上征集新闻线索的电话，有的甚至进行有奖（甚至重奖）征集；电视台的新闻栏目同样也公布手机号，向观众征集新闻线索。受众提供新闻线索的方式除了热线电话外，还包括读者来信（书信、电子邮箱）和群众来访等。

实际上，这也是群众办报思想的一种表现。大家知道，全党办报和群众办报方针是毛泽东新闻思想的一个重要内容。在《对晋绥日报编辑人员的谈话》中，毛泽东用一句话经典地表达了群众办报思想：“我们的报纸也要靠大家来办，靠全体人民群众来办，靠全党来办，而不能只靠少数人关起门来办。”①

3.编辑和记者发现、寻找、挖掘新闻线索

除了上述两个渠道，在新闻实践中，还有大量新闻线索是由编辑、记者发挥主观能动性，积极发现、寻找和挖掘出来的。

编辑和记者寻找新闻线索的渠道常见的有这样几种：

第一，从互联网上寻找新闻线索，其中包括网络论坛、博客和微博等途径。不过，需要注意的是，这些渠道的信息往往需要细心验证。

第二，其他媒体的报道。编辑、记者可以通过中外媒体对某一事件或人物的报道发现一些新闻线索。但有一个前提是，该新闻报道尚有深度挖掘的价值。

第三，其他途径，包括从朋友处或通过生活观察获得的新闻线索。此外，还应关注重大节日、纪念日和季节变化等。

总之，新闻线索的获得渠道是多种多样的。在实践中，上述获取方式往往并存，共同拓展新闻报道的领域和题材。

三、新闻线索与信息来源的关系

在新闻实践中，我们需要辨明两个概念，那就是新闻线索和信息来源。

门彻认为，“记者报道的质量取决于消息来源的质量”。而记者依赖三类消息来源获得信息：人的消息来源（包括当局和新闻事件的参与者），物的消息来源（包括记录、文件、参考资料和剪报）和在线消息来源（互联网上大量人的消息来源和物的消息来源）②。

若按上述界定，极易将新闻线索与信息来源等同起来，但实则二者是有区别的。比如学者休梅克和里茨（Shoemaker & Reese）就认为：消息来源是提供资讯给媒体组

---

① 《毛泽东新闻工作文选》，新华出版社 1983 年版，第 150 页。

② 〔美〕门彻：《新闻报道与写作》，展江主译，华夏出版社 2003 年版，第 337 页。

织用以转换为新闻报道的个人与团体,如特殊利益团体、公关活动实施人或其他新闻媒体(如通讯社)……作者们认为以上这些资讯供应者分别掌握了不同类型的消息内涵,而新闻记者必须将这些内容经常相互矛盾的资讯串联起来,写或播出既正确又完整的新闻报道。台湾学者郑瑞城则提出:“广义的消息来源,泛指能作为新闻素材的任何资料。这些资料是新闻工作者透过人物访问、收集之文件和观察所得。其中,人物访问(以口语资料为主)是最常运用,也是最重要的新闻来源。所以狭义的新闻来源,单指人物而言”。①

可见,消息来源往往是指新闻报道中消息的出处(包括人、物),所以常被称为新闻来源。它与新闻线索的区别在于,新闻线索并不一定能够成为新闻报道中的内容,而消息来源则体现在新闻报道中。在实践中,通过记者的工作,部分新闻线索会转化成消息来源。

尤其需要注意的是,消息来源具有可被查证的特点。也就是说,消息来源可以追溯到具体的人或物,就连互联网上的维基新闻都明确要求:“由于新闻作品的时效性,维基新闻中每一条信息都必须引证并且可以核实。这是为了确保我们所提供的内容是真实的,使我们有新闻真实的声誉。这项方针有两个中心原则:你必须给出你的消息来源;你的消息来源必须可以被查证”。② 但新闻线索往往具有匿名性,有时与新闻事件并无直接关联,所以无法查证提供者。

第二节　明确采访目的

作为一种特殊的社会活动,采访显然带有极大的目的性。从传媒机构来讲,其所属记者的采访首要目的是为机构提供新闻作品,从而完成其正常运营,同时也满足受众的信息需求;而对记者来说,每一次采访都有一定的目的性——记者除为了完成工作任务外,更重要的是,需要有报道的目的或主旨。

一、一般性的目的:公开报道

在艾丰看来,采访是新闻记者(包括业余报道者)为进行新闻报道所作的了解客观

① 转引自臧国仁:《新闻媒体与消息来源——媒介框架与真实建构之论述》,台北三民书局 1999 年版,第 162—163 页。

② 维基新闻,http://zh.wikinews.org/zh/Wikinews:%E5%BC%95%E7%94%A8%E6%9D%A5%E6%BA%90。

情况的活动。采访，作为一种特殊的调查研究，首先表现在它具有特殊的目的——传播，或者说，是为了进行报道。①

这种认识当然是对的，因为它体现了采访是为了大众传播的本义。上一节谈到了新闻线索和新闻来源的关系，当编辑或记者得到一新闻线索时，若要采访，显然是因为觉得它有新闻价值，也就是值得大众关注。当然，在这一过程中，记者会做出判断，采访后的结果显示是否有价值，也就是应否公开报道。若答案为“是”，那么，部分新闻线索会转化成消息来源，可供查证；若答案为“否”，那么，记者的采访工作几近白用功，纵然费尽心力，大众也无从得知。所以在新闻媒体内部，往往流传一句话：“刊发/播才算胜利”。

就这一层面来说，采访的结果能否公开报道，受制于以下多方面的因素：

1. 国家的法律法规

作为记者来说，他/她首先是一个公民，而且是守法的公民。所以在采访工作中，无论是采访的题材、采访的对象还是采访的方式，都应该在法律法规许可的范围内。

举例来说，记者的采访内容不得涉及国家机密。若采访神舟五号飞船的科研人员，不能问核心技术方面的问题，即令对方主动提及，也不能呈现在报道中。又比如，在采访军队军事演练时，不能透露部队所在的番号，也不能透露演练的重要部署情况。

同样，在采访时，记者还应尊重被采访对象的权益。比如企业的商业机密是不能公开报道的。又比如受访对象的隐私是不能随意披露的。

若不遵从包括以上提及的法律法规，记者进行公开报道后，显然不但会影响到个人（包括法律的惩罚），还会影响到传媒机构的生存。

所以在新闻工作中，依法采访和报道，是工作之需，也是保护自己的方式。

2. 新闻政策或新闻纪律

1996年9月26日，时任中共中央总书记江泽民到人民日报社视察并发表重要讲话。他对新闻工作者提出如下要求：“要打好政策、法律、纪律根底。要牢牢掌握中央的方针政策，牢牢掌握国家的法律法规，严守新闻工作纪律。新闻工作是政治性、政策性极强的工作，新闻工作者如果对党的方针政策和国家的法律法规不懂不熟悉，那就宣传不好，甚至出现误导，给党和人民的事业带来不应有的损失。”

首先，对新闻工作者来说，把好政治关是非常重要的。作为经典的无产阶级新闻学思想，“政治家办报”是需要了解并践行的。1957年6月，毛泽东根据当时新闻界的状况，指出新闻舆论宣传必须坚持正确的政治方向。他说，写文章尤其是社论，一定要

① 艾丰：《新闻采访方法论》，人民日报出版社2007年版，第10—11页。

从政治上总揽全局，紧密结合政治形势。这叫做“政治家办报”，这是毛泽东对“政治家办报”的首次阐述。1959 年 6 月，毛泽东同吴冷西谈话时再次提出“搞新闻工作，要政治家办报”。①

有人或许会说，都过去半个世纪了，中国传媒的结构和生存环境已经大不相同，还要遵循这样的论断吗？我们认为，在新时期，尤其涉及时政报道时，仍然要奉行“政治家办报”这一项方针。这是因为媒体作为党和政府以及人民群众的耳目喉舌这一项原则不会改变。

“政治家办报”可以看做新闻政策或新闻纪律的准绳。“以正面宣传为主”的方针则是一项新闻政策。新闻政策的共同点在于，它们多源于党和国家领导人的讲话或相关文件，这些新闻政策都应是新闻实践工作中必须遵守的。

与新闻政策相比，新闻纪律相对来说变动性更大，涉及的面更广，它往往以通知或通告的形式出现。比如在新闻出版总署培训中心编写的《报纸出版工作法律法规选编》(第二版)②一书中，就有不少关于出版内容的规定，其中包括新闻出版总署于 2001 年 8 月 14 日下发的《关于对出版物使用互联网信息加强管理的通知》等。作为新入行的新闻工作者，法律法规和新闻纪律等在资格培训学习中显得非常重要。

不过，有的新闻纪律在保持较长时间后又有新的调整，比如“同级党报不能批评同级党委”。1953 年 3 月，广西《宜山农民报》在报上批评中共宜山地委。中共广西区委宣传部对《宜山农民报》进行了批评，并上报中宣部。中宣部的复信提出了“报纸不得批评同级党委”的原则，指出：“不经请示，不能擅自批评党委会，或利用报纸来进行自己同党委会的争论。”

有研究者指出③：从 1954 年直到 1977 年的 24 年时间里，中宣部和中央明令禁止“党报批评同级党委”，所以没有出现“党报批评同级党委”的现象。从 1978 年 10 月起，全国新闻界开始恢复批评报道，一些部门和地方报刊大胆实践，挑战“党报不得批评同级党委”的禁令，推动了我国舆论监督的有效开展。1978 年 11 月，《南方日报》率先刊登新闻批评稿件《麦子灿给习仲勋同志的信》。麦子灿是惠州地委农村办的一般干部，他在信中批评时任中共广东省委第二书记习仲勋“爱听汇报，爱听漂亮话，喜欢夸夸其谈”。习仲勋闻过而喜，知错即改。

只不过，这样违反旧有“铁律”的案例并不多见，但至少说明新闻纪律具有不确定性的特点。

---

① 《毛泽东新闻工作文选》，新华出版社 1983 年版，第 216 页。

② 中国大百科全书出版社 2006 年 8 月第 2 版，该书为新闻采编人员资格培训学习用书。可参见第三部分《规章及规范性文件》。

③ 靖鸣：《试析我国党报批评同级党委的实践及其效果》，《新闻记者》2009 年第 11 期。

3. 主观医素的影响

记者采写的新闻作品能否公开报道，除了受制于国家的法律法规、新闻政策或新闻纪律外，还受新闻工作者自身因素的影响。其中最重要的一点是，记者有没有采访到核心事实或新闻当事人。

从这个意义上来说，若记者采写的内容只是道听途说，显然就不具备公开报道的资格。采写扎实，注重消息来源，这也是传统媒体之所以具有公信力的原因之一。另一方面，在网络媒体上，大量类似传言的信息（以“据传”为标题）铺天盖地，往往需要传统媒体跟进采访，而不少是不实传言。这不但浪费了受众的注意力，也浪费了新闻工作者的劳动。网络媒体的这种操作手法，近年来影响到传统媒体的新闻生产，一些未经证实的信息公开报道，造成很坏的影响。上海《新闻记者》杂志自 2001 年以来，每年都会评选出“年度十大假新闻”，其中不乏一些知名媒体发布的新闻，这应引起我们反思。

二、实践操作目的：报道主旨

正如前文所述，新闻采访是一种特殊的调查研究。除了公开报道之外，在新闻实践中，记者采访和写作时往往有一个新闻报道的主旨，这一主旨将影响记者的采访。因此，在现实表现中，记者采访时往往带有一定的目的性。

需要指出的是，在采访实践中，寻找新闻线索和明确采访目的往往呈现三种情况：新闻线索出现在先，采访目的在后；采访目的在先，新闻线索出现在后；获得新闻线索后，在采访过程中才明确采访目的。在采访的准备阶段，主要体现为前两种情况。

1. 新闻线索出现在先，采访目的在后

这样的情形往往占到新闻采访的大多数。在各大媒体中，都开设有新闻热线或网络爆料邮箱，也就是面向公众征集新闻线索。通过这种方式，普通民众成为媒体的通讯员，这也是群众办报（媒体）路线的一种体现。

在这些新闻线索中，突发性新闻占了很大的比重，比如某处发生火灾、凶杀案、野蛮拆迁等事件。在这些线索信息传送到记者的大脑前，记者并没有采访目的，他们压根就没有想到会有什么样的事件发生。

当一条新闻线索出现后，记者（包括编辑）会迅速判断：有无必要到现场或通过电话采访。记者的采访目的往往也在酝酿中。比如，对某处发生火灾的新闻线索，显然记者的采访目的就是报道现场（包括现状、死伤情况），并通过采访获知火灾原因。

除了上述突发性新闻外，在各媒体中，除机动记者外，多是专注于某固定领域、人物和事件的采访与报道者，也就是业界常说的“跑口”记者。他们日常工作中采访和报道的选题来源，多由固定领域的工作人员提供。与突发性新闻不同，这些新闻线索的提供方是国家机关或公司，其信息的可信度相对较高。在新闻采访和写作中，它们往往成为可靠的信息来源。

不过需要指出的是，“跑口”记者在初期往往也只是得到极其简略的信息，比如说对方告知第二天要开一个有关转基因农作物的会议。到底该会上有什么新闻点，记者应提什么问题，是需要现场参会后才能决定的。

2. 采访目的在先，新闻线索出现在后

这种情况在媒体的日常操作中也常出现，最主要体现在专题策划报道过程中。比如 2010 年上海世博会召开前，媒体就会策划一系列的报道，以反映“城市让生活更美好”这一主题。基于这样的目的，编辑、记者就要根据报道策划的需要，寻找采访的对象及事件。

这有些像“主题先行”。在一些典型报道、成就报道、连续报道或系列报道中，正是因为有了提前的策划和设计，才让报道更加出彩。

第三节　选择采访对象

明确了采访目的后，在既有的新闻线索或寻找新闻线索的过程中，选择好采访对象并做好准备工作就成为一种必需。

那么，什么是采访对象呢？艾丰认为，“凡是记者在采访活动中向之索取情况和意见或者那些以各种方式（不只是语言）向记者提供情况和意见的人，都可以称之为采访对象。”①

这一定义显然指广义的采访对象，它包括以下两种：记者主动采访的对象和主动向记者提供信息的人，而后者显然就是我们上文所提到的新闻线索提供者。两者之间的区别在于，前者以记者为主导，后者以信息提供者为主导。

在新闻采访中，往往以记者主动出击为主。即令有主动提供信息的，记者往往也要经过筛选，再针对有新闻价值的线索采访信息提供者或信息相关者。

在新闻采访的准备阶段，还需要明确记者与采访对象之间的关系，并进行相应的准备工作。

---

① 艾丰：《新闻采访方法论》，人民日报出版社 2007 年版，第 156 页。

一、记者与采访对象的关系

在新闻采访中，记者显然是主体，而采访对象则是记者在采访中最主要的客体（其他客体如物证等）。从这一意义上说，记者首先要对采访对象进行主动筛选，选定后还要有一定的了解，才能在采访中形成良好的互动关系。

正如有研究者指出的那样，主体与客体的关系是互相依赖、互相作用、互相决定的，“在采访过程中，记者和采访对象在关系互动中呈现出主客体性。记者的采访写作是主体性的呈现，同时也具有客体性。采访时，记者主体心理本身就具有客体性，即主体在观察感受、分析客体（采访对象）时，在作采访前的各项准备时，在采访过程中思考问题时，都会有一种移情换位意识，以使自己的采访行为符合客体接受心理”。①

同样，我们也应认识到，作为记者采访的对象，他们同样有主体性的一面。这表现在采访对象是社会活动、人际传播中收集加工交流信息的主体，是提供新闻信息的主体。②

在明确上述关系后，记者在挑选采访对象、与采访对象打交道时，显然应该更加理性，从而适应采访工作的需要。

二、如何选择采访对象

之前我们已经提到，采访工作是一种特殊的调查研究工作，因此，选择采访对象并不是随意的，而是有针对性和目的性的。

我们认为，选择采访对象至少应遵循以下两项原则。

1.与报道主旨有相关性

这是一项最基本的原则。记者所有的采访均应围绕报道主旨进行，不然其他采访不但浪费自己的时间，同样也浪费采访对象的时间。

以 2009 年央视新大楼北配楼火灾为例，记者采访的对象中，肯定要有消防中队，因为可以了解到起火的初步原因以及救火的情况。采访普通民众时，也应采访目击者，因为他们可以还原起火时的现场情景。

同样，如果记者去采访一个新闻人物，除了采访当事人外，还应采访其周边的人，比如同事、亲友。设想一下，如果去采访一个不认识当事人的人，显然会答非所问。

2.有利于消除信息的不确定性

选择的采访对象要与报道主旨有相关性，这应是第一位的。此外，新闻作为对新

---

① 靖鸣：《采访对象主体论》，人民出版社 2005 年版，第 89—90 页。

② 同上，第 102—104 页。

近或正在发生的事实的报道，其最基本的职能是传播信息，这些信息公开传播的重要目的是消除信息的不确定性。

举例来说，当汶川发生地震后，人们最关注的是地震的强度和灾害程度，如果没有这些新闻信息，可能就有很多传言流布，导致以讹传讹。在这种情形下，记者采访的要义在于传播一些经证实的事实或信息。

消除信息的不确定性还有一个功用，那就是有利于呈现新闻事件的真相。比如对同一个事件，相关人员有不同的说法，通过对采访对象的选择，找寻一些物证，显然能在最大程度上逼近真相。

三、熟悉采访对象的基本情况

当确定好采访对象后，记者还需要做一些准备工作，也就是人们常说的“做功课”。其中，主要的工作是熟悉采访对象的一些基本情况。

有研究者发现，“采访中，常出现这样的情形：某记者与某采访对象谈了半小时乃至一小时，费了好大口舌仍谈不到一块，于是，或是出现冷场，或是只得结束采访。原因固然不止一个，但采访突破口未选准，是其中的重要原因之一。采访突破口能否选准，直接依赖记者对采访对象特定的心理差异是否有准确的判断，而对采访对象心理差异的准确判断，又直接取决于记者对采访对象基本情况的熟悉和研究程度的深浅。”①

采访对象的基本情况包括姓名、性别、年龄、职业以及兴趣、爱好等，甚至新近的活动及言行等。了解这些基本情况的目的在于更好地与采访对象打交道，从而有利于采访工作的进行。

或许有人认为掌握上述情况很简单，其实不然。举例来说，2009 年 10 月《南方周末》曾推出诺贝尔文学奖得主专题报道，其中一篇名为《诺贝尔新女王赫塔·米勒：我是在书桌前，不是在鞋店里》的文章，采访了任教于德国特里尔大学的刘慧儒博士。后来，《南方周末》特别在次一期说明“向刘慧儒女士致谢”。但实际上刘并不是女士，而是先生。南方周末职业规范委员会对此回应称：“本报在次一期的鸣谢中误称刘先生为女士，这是因为采访由电子邮件完成，而受访者为第三方电子邮件介绍，记者和编辑都未就受访者性别信息予以了解核实所致，在此郑重地向刘先生和广大读者致歉。”②

在采访中，因为姓名写错、性别搞错等问题引发纠纷的情况并不少见。同样还有不了解采访对象背景资料搞错的，比如在世界新闻采访史上有一个经典笑话：英国著

① 刘海贵：《当代新闻采访》（第二版），复旦大学出版社 2004 年版，第 105—106 页。

② 《南方周末职业规范委员会对刘慧儒先生指控的调查结论》，http://www.infzm.com/content/38133。

名影星费雯丽因成功扮演好莱坞影片《飘》中的女主角郝思嘉而一举成名，并获得当年的奥斯卡金像奖。剧组人员风光无限地首次去欧洲巡演，当费雯丽搭乘的班机降落在伦敦机场的停机坪上时，众多记者在下面围着，其中一个记者冲在了最前面，他对刚刚走出舷梯的费雯丽说："请问你在这个电影里扮演什么角色？"一句话说得费雯丽转身走进机舱不肯下来。

与此相反，采访前的准备越充分，越有助于记者深入了解采访对象，采访时越容易与采访对象实现有效的信息交流与双向沟通，也更有助于形成与众不同的采访思路。意大利著名女记者法拉奇1980年在《华盛顿邮报》上发表了对邓小平的访谈，访谈第二部分(《邓小平说要清除毛的封建主义错误》)被世界舆论誉为"这是邓小平历史性的、出色的答记者问"，"中国架起了与世界沟通的新桥"。据资料介绍，法拉奇萌发采访的想法后，开始大量搜集有关中国的历史资料，研究中国国情。她对中国的"大跃进"、"文化大革命"等历史熟稔于心，对邓小平的历史背景以及他在"文化大革命"中的遭遇了如指掌，甚至连邓小平自己"从来不知道"的生日都了解得一清二楚，并以此作为采访的开场白，顺利进入轻松的交谈氛围中。①

这就提醒我们，采访工作不能马虎，需要非常细心地准备。

第四节　创造采访条件

有了新闻线索，明确了采访目的，选择好了采访对象，接下来的工作就是创造采访条件。

作为新闻采访准备阶段的一项工作，创造采访条件主要包括两个方面：说服采访对象接受采访；采访前的准备工作。

一、说服采访对象接受采访

前面我们已经谈到，选择采访对象至少应遵循以下两条准则：与报道主旨有相关性和有利于消除信息的不确定性。因此，采访对象选择的范围是相对固定的，而且是比较小的。

在这些目标人群中，并不是记者选定的对象都愿意接受采访。其中有多种原因，比如认为你代表的媒体不够分量，你的采访由头不具有吸引力，或顾及接受采访后影

---

① 吴菲：《法拉奇的传奇人生》，《文汇报》2007年3月3日。

响到个人或他人利益等。为了说服对方接受你的采访，显然需要做一些工作。

西方研究者提出了有效的策略："首先，你要先说明你自己跟你工作的媒体，让他们概括地了解到你可能要跟他们谈的是什么，大约会花多少时间。很重要的是说出你的要求，所以他们就可以预算他们能得到什么好处。如果你的媒体是有时效性、具名气的媒体，会有所帮助。"①

所以在说服采访对象接受采访方面，最重要的其实是两点：自报家门（媒体名称）以及报道目的。

二、采访前的准备工作

在说服采访对象接受采访的同时，还需要商定好适宜的访问时机和拟定好采访计划。

在商定访问时机方面，特别应注意的是，要确认时间、月份以及星期几，甚至几点几分。如果约定的时间距离当下太远，需要在临近采访的头一天再度与对方确认时间、地点。

有研究者指出，在商定时机时，有两个环节应掌握。②

一是让采访对象自己约时间。这样做可以直接产生两个功效：第一，采访对象自己约的时间，一般是其感到最空闲、最方便的时间，便于注意的指向、集中和稳定；第二，对方一旦约了时间，人皆有之的守信心理随之产生，在这一心理的支配、驱使下，对方届时便会守约……

二是与采访对象一起工作、生活片刻。常有这样的情况，对方约的时间太迟，记者不能接受，而记者约的时间，对方又不能产生注意，此时此刻，记者不妨"客随主便"，与采访对象一起工作、生活一段时间。

上面两种策略的确非常有效，也有现实操作性。但第一种做法往往是针对那些时效性不强的话题或人物采访，若采访看重时效性，那么让采访对象约定采访时间显然不现实。这就需要记者积极主动地约定时间，而当采访对象在约定的时间里无法接受采访时，应该找寻可替代的其他采访对象进行采访。第二种做法也是常见的采访策略，通过这种方式，不但可以拉近与采访对象的距离，还可以借此发现一些新问题或新动向，它们可能成为记者采访提问的新素材。

此外，在采访前的准备工作中，记者本身也要注意外在形象，最基本的要求是着装

---

① 〔英〕萨利·亚当斯、文弗·希克斯：《新闻采访：第一线采访手边书》，郭琼俐、曾慧琦译，上海三联书店 2004 年版，第 29 页。

② 刘海贵：《当代新闻采访》（第二版），复旦大学出版社 2004 年版，第 136—137 页。

与采访的场合应该相符。举例来说，若是在对方的办公楼里采访，显然就应穿得比较正式才对；若是户外采访，倒是可以穿着休闲装。

但在实际工作中，不少记者并未注意到着装问题。比如，笔者在做记者时就发现，有的女记者在公开场合采访时穿着超短裙，浓妆艳抹，显然，这是对采访工作不重视的表现，很容易引起采访对象的反感。另外，试想一下，若采访对象是男士，这显然也会影响到对方的注意力。同样，一些男记者在采访时也不太注意着装，常在夏天穿着人字拖、短裤就参加一些盛大的发布会。

尊重别人，从尊重自己开始，这是采访工作中应该遵循的行为准则。记者应有这样的认识：自己是代表所在的媒体（以及对应的受众）进行采访，而不是私人采访。正因为新闻采访是一种职务行为，所以有行为准则方面的要求。

此外，采访计划的拟定也是新闻采访准备工作中的重中之重。记者在采访前有成文的采访计划，才能做到心中不慌。越是重大的采访活动，计划越应该周密，提问设计越应该细致。

其中，采访计划一般应该包括：(1)主题，即报道的目的或主要内容。当然，在采访过程中可能修改主题；(2)报道类型和篇幅。当写采访计划的时候，要根据报道的类型（比如通讯、消息等）对稿件进行合理的篇幅设计；(3)采访对象及提问的内容；(4)采访的手段、方式（包括采访的流程设计）；(5)采访的时间和地点。

【思考题】

1. 新闻线索和信息来源有何异同？

2. 采访前都有哪些准备工作要做？

3. 富士康公司发生多起员工自杀事件，如果媒体机构派你到该公司去采访，请拟定采访计划。

第三章 采访的访问阶段

新闻采访的方式多种多样，记者采用哪一种采访方式，应根据实际需要而定，做到因人因事而异，因时因地制宜。

比如有研究者就指出，新闻采访的方式有个别访问、群体访谈、观察采访、现场采访、蹲点采访、突击采访、暗访（隐性采访）、电话采访、“迂回”采访、追踪采访、侧面采访、体验式采访、书面采访、易地采访、立体采访、交叉采访、查阅资料和抽样调查（问卷调查）等。[①]

上述分类法基于不同标准而界分，所以显然有重合之处。我们将其列举出来旨在说明采访的方式非常多样，但在实际工作中则不应拘泥于某一种采访方式。

不管哪一种采访方式，都离不开提问这种手段，方法有电话采访、电子邮件采访或面对面采访。除提问外，观察也是记者采访的必要手段之一。

第一节 提问的技巧

作为一种社会活动，新闻采访主要与人打交道，而与人打交道的方式则主要通过对话来完成。从这个角度来说，提问与倾听是新闻采访中的常态，其技巧则是新闻记者应该掌握的。

一、提问的基本原则

由于在采访时，记者往往带有很强的目的性，同时在约定采访对象时本来就花费了不少心思，所以提问首先应遵从一定的原则。

1. 紧紧围绕采访主题

在采访提问中最怕跑题，因为它不但浪费双方的时间，而且对报道毫无帮助。一

① 黄炜：《新闻采访写作》，上海大学出版社 2005 年版，第 100—106 页。

如写作文一样，提问应紧紧围绕采访主题。

但是，这说起来容易，在刚刚入行的一些记者中，广泛存在采访中跑题的情况：一种情况是记者控制或引导不了采访对象，任由对方“满嘴跑火车”，记者充当一个录音机，进行“有闻必录”；另一种情况是记者本身对采访的目的认识不够深入，导致提问的精确度不高。

对上述第一种情况，记者可以做如下工作：(1)事先明确告知采访对象，此次采访的目的是什么，报道的体裁和篇幅大小；(2)在采访过程中，必要时可打断对方的无用陈述，引导到主题上；(3)提高对新闻价值的判断力，从而在采访活动中寻找到最有价值的信息，而不是采访和写作照单全收。

对上述第二种情况，记者应该做好采访的准备工作，多与编辑沟通，理清思路，明确采访目的并拟好采访提纲。

2. 最短时间获取应知信息

记者在提问时还得讲究效率，力争用最短时间获取欲知和应知信息。

节省时间的方法不外乎两种：一是如前所述，紧紧围绕采访主题进行提问；二是记者前期准备要充分，防止临阵慌乱，既浪费采访对象的时间，也浪费自己的时间。准备充分与不充分的判断标准，就在于记者是否已经明确知道哪些信息是自己应该知道的（和受众应该知道的保持一致）。

3. 提问与倾听并重

在新闻采访活动中，记者与采访对象的言行是互动的。就提问而言，采访并不是记者个人观点的宣讲会。在不少记者招待会上，我们都会发现，一些记者获得提问机会后，会大段阐述自己对某一事件或人物的理解，最后才提出一个问题。但前述信息对被提问者形成了巨大的干扰，也浪费了双方不少时间。

记者应该充分认识到，提问不是展示自己的风采，而主要是从对方身上获取利息，因此应该做的工作是引导或激发采访对象回应自己的疑问或展开记者所提到的信息。在这一过程中，倾听应是记者的基本素养。在中央电视台的《实话实说》栏目中，正是由于崔永元善于倾听，简短的插话诙谐有趣，而使该栏目成为一个王牌栏目。崔永元也曾特别提出过“学会倾听”的观点。

笔者曾参加一个座谈会，在提问环节，一个电视台的记者向在座的陈凯歌提问后开始摆弄自己的手机。这让陈凯歌很有意见，当场向这位记者指出：“你提问后应该听我说话。这是起码的尊重。”

对一次成功的采访而言，受众关注的其实不外乎两个方面：记者提了什么样的问题，采访对象都回答了什么。因此，提问与倾听并重，也是受众对记者的要求。

二、提问的基本方法

1.提问的三种形式

一般来说,提问的主要技能与方法可纳入三种形式:正面提、侧面探、反面激。

(1)正面提

正面提是指提问要开门见山、直截了当,而不是拐弯抹角。这一形式一般适用于自己熟悉的采访对象或相对比较正式的采访(如对政府官员)。此外,记者要求对方回应某一传闻或某一评价时,也多采用正面提的方法。

正面提是提问的基本形式,其好处在于有一说一,提问和回答都比较直接。这看起来非常简单,但在实践中,正面提也需要做大量的功课,才能将问题提到点子上。

在体育比赛结束后,某某某得了冠军,我们常常看到电视记者把话筒支上去就问:"你得了冠军,是不是很兴奋?"像这样的提问显然就没有多少技术含量。

意大利记者奥琳埃娜·法拉奇因采访世界政治人物并提问犀利而广为人知,她提问的一个特点就是直截了当,并直指要害。

在《邓小平文选》(第二卷)中,载有《答意大利记者奥琳埃娜·法拉奇问》一文,收入了法拉奇提问邓小平的内容。

> 奥琳埃娜·法拉奇:天安门上的毛主席像,是否要永远保留下去?
>
> 邓小平:永远要保留下去。过去毛主席像挂得太多,到处都挂,并不是一件严肃的事情,也并不能表明对毛主席的尊重。尽管毛主席过去有段时间也犯了错误,但他终究是中国共产党、中华人民共和国的主要缔造者。拿他的功和过来说,错误毕竟是第二位的。他为中国人民做的事情是不能抹杀的。从我们中国人民的感情来说,我们永远把他作为我们党和国家的缔造者来纪念。

在这一提问中,法拉奇选取了一个小的切口(天安门城楼上的毛主席像)进行发问,从而了解官方对毛泽东的态度。可以说,这一提问非常巧妙,既是西方人关注的热点,又是容易引起全球受众好奇的一问。

(2)侧面探

侧面探就像打仗一样,采用迂回战术,实行"农村包围城市"的方法,最终得到想要的答案。这一方法往往用于采访对象不愿谈及的内容。

虽然法拉奇的提问往往非常直接,但她也采用了一些迂回战术。比如她提问邓小平时,有这么一段:

> 奥琳埃娜·法拉奇:对西方人来说,我们有很多问题不理解。中国人民

在讲起“四人帮”时，把很多错误都归咎于“四人帮”，说的是“四人帮”，但他们伸出的却是五个手指。

邓小平：毛主席的错误和林彪、“四人帮”问题的性质是不同的。毛主席一生中大部分时间是做了非常好的事情的，他多次从危机中把党和国家挽救过来。没有毛主席，至少我们中国人民还要在黑暗中摸索更长的时间。毛主席最伟大的功绩是把马列主义的原理同中国革命的实际结合起来，指出了中国夺取革命胜利的道路……

在这一提问中，法拉奇很巧妙地用了一个比喻手法（手指），来探讨“四人帮”的问题，显然要比问“你认为毛泽东在‘四人帮’问题上有没有责任”更有艺术性。

(3)反面激

反面激是指记者通过一定强度的刺激设问，促使采访对象从“要我谈”转变为“我要谈”。这一形式通常用于有顾虑怕谈或自恃地位和身份高而不屑于谈的采访对象。

在实施时，反面激可用两种方法来实现。

其一是激问。

王志在主持中央电视台《面对面》栏目时，质疑的风格非常鲜明。在提问时，他就采用过激问的方式。比如在《与神话较量的人》节目中，王志频频向刘姝威“发难”，刘姝威也不甘示弱：

王志：你指的这个因素是权力吗？

刘姝威：你说呢？

王志：我问你。

刘姝威：我问你。你听了我讲述的话，你认为这个因素是什么？

王志：你是当事人。

刘姝威：这个问题我想应该让公众来分析吧。

王志：你认为会不了了之吗？

刘姝威：我不希望不了了之。

王志：你的预测是什么？

刘姝威：我的预测……我无法预测。

王志：预感呢？

刘姝威：我无法预感。

“你认为会不了了之吗？”“你的预测是什么？”和“我问你”、“你是当事人”，这些都是王志激发刘姝威回答的方式。事实证明，这样的方式让采访产生了戏剧性效果。

2000年8月15日下午，美国哥伦比亚广播公司(CBS)《60分钟》节目主持人麦克·华莱士专访时任国家主席江泽民时也采用了激问的方法：

> 麦克·华莱士：邓小平曾对您讲，“我希望您是这个领导班子的核心”，您当时的答复是：我觉得如履薄冰。您当时肯定是在考虑自己是否做好了挑起这副担子的准备？
>
> 江泽民：今天我可以给你坦率地讲，我从上海市委书记到北京来的，我丝毫没有这个准备来当全中国的领导人，我是希望能够考虑比我更能干更合适的人。最后，我们的邓小平等老一辈的领导人认为我是合适的，同时我是经过中央委员会的正式选举产生的。最后，我只能是“鞠躬尽瘁，死而后已”了。
>
> 麦克·华莱士：您成功的原因之一是如人们所说的“绵里藏针”，它是您成功的秘诀吗？
>
> 江泽民：在中国，“绵里藏针”是一种非常正面的表扬的话，对我们以前的领导人，对邓小平有过这样的评价，我不敢和他相比。但是我可以讲一句，我这个人的性格还是比较果断的，这是肯定的。我当总书记到现在 11 年过去了，我始终抱着一个信念：我始终要为我们的国家、为我们的祖国尽力地做好工作。我的辛勤努力可能得到如你所说的这样的评价。

在提到“绵里藏针”这一词汇时，显然会激发采访对象对此进行深入阐述和说明。

其二是错问。

这一方式的刺激强度超出激问，而且要求记者从事实的反面设问。台湾学者称此为“以误求正法”，即记者若不能从正面得到事实真相，则可以故意从事实的反面问一些问题，对方会急于以正视听。

比如江苏《新华日报》某记者用此技巧让南京某厂就安全生产问题接受采访。虽然记者知道该厂安全生产做得不错，但为了让对方接受采访，开始提问时就说：“听说你们厂今年二月触电死了一个职工，是不是？”对方则会将安全生产方面的管理措施展示给记者看，以答疑解惑。

在互联网时代，传言、谣言满天飞，传统媒体往往需要进行证伪的工作。比如一些网友发帖或在博客上称“某某明星今天因病去世”，甚至发布“一个女教师与 100 个男人的情事”之类的消息，虽然记者通过打听或从常识判断消息不实，但仍要做这样的选题时，往往就应该采用错问的方式。

2. 提问的技巧[①]

记者向被采访者提出需要回答的问题，这是新闻采访全过程的中心环节。我国名

---

① 相关技巧的提法源自谢骏：《新闻采访讲座之二——提问的技巧》，《新闻三昧》1995 年第 3、4 期。

记者邵飘萍总结他的采访经验时说："欲达多得事实之目的，必能先发有效之质问。"提问如何有效，显然是有一定的技巧的。

(1)提要害问题

记者提问需要有一个准备过程，在准备中除了考虑提哪些问题外，更重要的是要排列和筛选出何为要害和关键问题，因为新闻价值主要寓于其中。

所谓要害就是事物内部联系的中心环节。抓住了中心环节，也就掌握了某种事物的本质。如果记者能提出要害问题，一开口就会让人觉得提问者是有思想的，提的问题是有分量的，这样对方谈问题就敷衍不了，很难草率搪塞过去。要害问题会使对方产生强烈刺激，留下深刻印象，促使被采访者向着真实、深入方面作出反应。

前面我们提到的法拉奇就是善于提要害问题的记者。此外，美国哥伦比亚广播公司的迈克·华莱士也是一个突出的代表。他从1968年担任重要的《60分钟》电视节目主持人以来，先后采访过美国历届总统和世界上不少著名人物，在提要害问题方面形成了独特风格。

江泽民接受美国记者华莱士专访问答摘要

《北京青年报》 2000年9月5日

据中央电视台报道　8月15日下午，国家主席江泽民在北戴河接受了美国哥伦比亚广播公司《60分钟》节目主持人麦克·华莱士的专访，就中美关系、中国国内问题等回答了他的提问，阐述了中国在这些问题上的原则立场和方针政策。

麦克·华莱士：您是否可以用简单的几句话概括一下中美关系的现状？

江泽民：我认为中美关系总的来讲是好的，当然这中间就像自然界的现象一样：风风雨雨，有的时候多云，有的时候甚至还乌云密布，但是有的时候多云转晴。我认为现在快到下一个世纪了，大家都有一种良好的愿望使得我们两国关系，向一种建设性的战略伙伴关系前进。

麦克·华莱士：戈尔和小布什必有其一在您还在担任国家主席期间成为美国总统，如果他们正在看这个节目，您想跟他们谈谈您对美中关系会怎样发展的看法吗？

江泽民：对于两党的宣传与竞选纲领，我都看了，但我没有你们自己了解得深。但是有一点我相信，任何一个候选人当选以后，从整个世界的战略利益考虑，都应该进一步改进中美的友好关系。有人也跟我讲，你不要去相信某某所讲的对华不友好的东西，因为那是在竞选期间讲的，将来真正当选以后对中国都是友好的。我但愿如此。

麦克·华莱士：最近，中国一家报纸把美国描绘成是世界和平的威胁。

您真的认为美国对世界和平构成威胁了吗?

江泽民:我今天与你交谈,我很希望给美国人民一个信息,促进我们相互之间的友谊与了解。所以,我不喜欢用太多的很严厉的字眼来进行交谈。刚才我讲得很清楚,你们经济那么发达,你们的科学技术力量那么发达,所以你们有一种比较高的优势地位,往往表现的态度可能不能够对其他的所有的国家采取一种非常平等的地位。我们很坦诚地讲,美国由于经济力量、科技力量比较发达,往往恐怕把自己估计得太高。我的意思是,美国当政的恐怕还是有这种霸权主义、强权政治的色彩。

麦克·华莱士:你是否指美国看不起中国?我们在亚洲的地位是否太显耀?

江泽民:我也不是单单说你们单纯地对中国,中国是一个有五千年历史文化的国家,而且我们有12亿多人口,中国已经通过这20多年的改革开放,有了相当的经济基础,所以恐怕你们还不太敢小看中国。

麦克·华莱士:您到今天是否还认为美国是有意地轰炸了中国在贝尔格莱德的使馆?

江泽民:我只能反过来对你讲,美国是拥有高度技术的国家,所以至今为止,美国的一些解释认为是"误炸",还是难以令人信服。

麦克·华莱士:美国轰炸中国驻南联盟使馆有什么好处呢?

江泽民:那是一个问题,为什么美国的技术这么高度发达,你们的军事指挥系统又是那么先进,你们有先进的无线电通讯设备,而我们大使馆的标志又是那么清楚,为什么最后得出这样的结果,这仍是一个疑问。但是我们还是采取向前看的态度,使得我们中美两国共同进入21世纪。

麦克·华莱士:中央情报局和五角大楼是会犯错误的,愚蠢的错误。这仅仅是误炸,美国人对此毫不怀疑。我们为何要炸中国使馆呢?

江泽民:克林顿好多次对我表示道歉。但是,我对克林顿讲过多次,当时,南斯拉夫使馆被炸以后,我们12亿多人怒吼起来了。虽然我们人口这么多,但是我们人的生命、每个人的生命还是非常宝贵的,有3个人牺牲了,所以我对他讲,我们把12亿多人怒吼的情绪引导到一个理智的轨道上去,谈何容易。主要是因为你是代表美国人的,我是代表中国人的,恐怕我们在这个问题的认识上要达到完全一样是很不容易的。

麦克·华莱士:如果美国发展国家导弹防御系统,中国是否以研制更多的导弹来作出反应?

……

麦克·华莱士：如果美国坚持搞国家导弹防御系统、战区导弹防御系统，中国会增加核力量吗？

江泽民：我们是有核武器的国家，五个常任理事国中我们也是有核武器的。但是我们始终把核武器维持在最低的数量，同时我们宣布我们绝对不第一个使用核武器。

麦克·华莱士：您刚才讲，希望能改善美中关系，那么您想怎样来改善与美国的关系呢？

……

麦克·华莱士：中国的国家领导人是怎么产生的呢？

……

麦克·华莱士：美国，通过几个党派竞争，代表大多数人利益，为什么这种事在中国就是不可想象的呢？

……

在上述专访中，麦克·华莱士提到美国总统选举、美国轰炸中国驻南联盟使馆、美国发展国家导弹防御系统等事件，都与中美关系密切相关。他通过一些具体的事件或动向，向中国国家领导人试探或求证中国的原则立场和方针政策。

(2)提受众最关心的问题

记者的采访并不是单纯的个人行为，实质上是代表广大受众去搜集、了解他们欲知而又未知的信息。受众最关心的问题，记者心中要有数。

比如斯诺当年采访陕北苏区时，他所准备的70个题目，绝大多数都体现了这种精神，即广大受众（中国的、美国的甚至全世界的）最为关心的一些问题：如中国共产党人究竟是什么样的人？他们的领导人是谁？中国的苏维埃是怎样的？共产党怎样穿衣？怎样吃饭？怎么娱乐？怎样恋爱？怎样工作？等等。所有这些问题在当时来说都是人们最关心、最渴望知道的，斯诺在《西行漫记》中都给予了明确的回答。

我们应该意识到，受众关心一些新闻信息的原因，大体不外乎重要性、接近性、必要性、实用性等方面。

所谓重要性，指的是信息对社会产生的效应，那些能够直接影响社会和人们生活的信息，对受众就具有较强的吸引力和影响力。

比如说某地发生地震了，显然对人们的生活会产生大的影响，即令非地震区的人们，也会关注该地区受灾的情况，并决定是否当志愿者或捐钱捐物。作为记者，在向地震部门提问时，显然也应问地震级数和人员伤亡情况。

所谓接近性，指的是与受众接近的程度。越是同受众接近的信息（时间、地域、职业、性别、年龄、知识、心理、志趣、文化等），就越是能引起受众的关注和渴求。

当海外发生坠机事件时，中国境内媒体最关心的是有没有中国人伤亡。若没有伤亡，新闻标题一般都拟作《××国发生坠机事件　机上无一中国人》。看起来没有人道主义精神，但从满足受众需要角度来说，这的确是他们最想知道的。记者在采访提问时，首先应该确认有多少人伤亡，是否有中国人（或华人）伤亡。

所谓必要性，指的是需要让受众了解的必要程度。必要性越大，就越有新闻价值。就采访提问来说，记者一定要问与主题相关的问题。比如我们要是请中国足协官员谈假球风波，显然应围绕足协有何举措这一主题，而不需要问对球员泡吧事件有何看法之类的问题。

所谓实用性，指的是信息对受众有用的程度，是信息作用于社会的直接体现。实用性又表现为获取知识、提高认识、改变态度、影响行动、引导舆论等多方面。

比如在一些人物专访中，可以通过问及受访者面对困境时的态度等问题，从而为受众提供一些人生参考。一个比较典型的案例是杨澜对1998年诺贝尔物理奖获得者、美籍华人崔琦的访谈。崔琦出生在河南农村，10岁前从没读过书，就在家里放羊、养猪。10岁的时候他姐姐遇到一个在教会学校读书的机会，就想让弟弟到香港去读书，而他父亲对独子要远行不大愿意，因为男孩大了可以帮忙干农活，但他妈妈却非常坚定地要送儿子去读书，这一走成了他与父母的永别，父母在后来的大饥荒里都活活饿死了。事后，杨澜坦言："我当时听完故事，问崔教授，如果那个时候妈妈没有送你出去读书，你如今会怎样？其实在我内心里以为他会讲教育改变命运，讲感谢妈妈的话语。但是崔教授却说，'我宁愿当时妈妈没有送我出来，农村家里有一个儿子是很重要的，如果我当时留在农村，或许我一直不识字，但我父母或许不至于饿死。'这番话给我带来极大的震撼。"

（3）提被采访者最熟悉的问题

记者采访要想获得真实可靠而又丰富多彩的信息，提问时就必须掌握和了解被采访者对哪些问题最熟悉，最具有发言权，这样被采访者就可以轻而易举地从大脑信息库中提取出记者所需的信息，从而彼此都会获得满意，既满足了记者的所求，又满足了被采访者的表现欲。相反，提出对方不熟悉的问题，即俗话所说的"哪壶不开提哪壶"，就会造成被动局面，使采访活动"卡壳"。

提被采访者最熟悉的问题，其实是现实的有利选择。一方面，随着信息呈现爆炸性增长及快速流动，每一个人的信息关注度都各不相同，而且各有局限。即令是专家学者，其研究的领域也是比较小的，所以并不是全知全能的。如果记者提一些对方一点儿不熟悉的问题，不仅对方难以回答，就算回答，记者也很难听到圆满的答案。

2004年11月，《艺术人生》邀来香港明星张学友访谈，一开场，朱军就把张学友称为"德艺双馨的老艺术家"。张学友本人感到莫名其妙："'德艺'？不就是'得意'吗？

‘双馨’是什么意思，我不清楚！”朱军顿时面露尴尬。网友随即质疑朱军没有与港台艺人交流的能力。其实，个中原因在于朱军没有意识到香港艺人不熟悉内地的一些奖项，所以采访对象对“德艺双馨”极度陌生。

另一方面，从受众角度来说，人们也希望通过记者的采访，感知采访对象作出与自己身份相符合的回答。比如向专家采访对中国群体性事件频发的看法时，应向社会学家或政治学家发问，显然不应向他们提财经方面的问题。

提被采访者熟悉的问题，最重要的案头工作是要了解采访对象的背景资料，清楚地知道其教育经历和工作经历，以及关注的领域，这样提问时才能有的放矢。2009 年 7 月 20 日，北京电视台科教频道《非常网络》曾播出对易中天的专访。易中天不愿配合“愚蠢的问题”，一再拒绝回答，还称要办个主持人学校培训培训。现摘取当时一些对话如下：

主持人：怎么样让孩子高考考出好的成绩？

易中天：非常抱歉，我没有参加过高考！

主持人：但是您的孩子参加过……

易中天（坏笑回答道）：那得问她。

主持人：作为父亲，在帮助孩子准备高考的时候，你没有做过些什么工作吗？

易中天：做饭！

从上述对话我们看出，采访对象一般都比较排斥那些自己不熟悉或反感的问题。比如当记者问出“怎么样让孩子高考考出好的成绩？”时，已经预设了一个前提：作为文科教授，易中天应对该问题有发言权。但问题在于，他本人并没有参加过高考，而且对孩子参加高考并没有特别的举措，所以其直截了当的回答就会让提问者有些难堪。

但也有特例。近年来，有很多知识分子时常对公共话题发表看法，这其实正是和谐社会的要义（即人人有饭吃，人人有话说）所在。在这种情况下，若相关人士（尤其是知名人士）愿意对一些新闻事件或热点人物进行点评，记者也可以通过采访将其意见呈现给受众。

（4）提问要注意与采访对象的互动

采访活动是采访对象与记者双向性的交际活动。这一点，容易被一些记者忽略，尤其在提问时，记者应明确自己与采访对象的角色：二者的地位是平等的，而在交流时，则是双向的。

首先，记者与采访对象在地位上是平等的。西方新闻界自诩为“无冕之王”，意思是说记者享有凌驾于社会之上的特殊地位。其实这是从记者的社会影响力来说的，并非指这一职业享有什么特权。同样，在中国，由于媒体是党和政府及人民的耳目喉舌，记者成为党和政府与人民的联系纽带，同时也是社会的守望者。从这一意义上说，记者与所有采访对象并没有等级之别，均处于同等地位。基于此，记者在采访任何人物时都不应有畏惧心理，而应根据题材和话题的需要大胆提问。

尤其在一些重要场合，记者更应该敢提问题、会提问题。以每年全国“两会”结束之后举行的总理记者招待会为例，这就充分体现了记者提问的水平。有研究者对温家宝总理担任总理以来举行的六次记者招待会获得采访机会的媒体及记者提问情况加以分析，得出如下结论：①

> 通过提问内容可以看出记者的提问特点和水平：内地记者……提问内容主要是围绕着本届政府工作报告(多为政府自身建设和一些国内宏观问题)展开，除显得单一外，提出的问题大都比较空而且不够具体，大量的老百姓真正关心关注的问题多没有涉及。
>
> 比如“今年3月18日，在温总理的记者招待会上，中国记者的表现就像雇员向老板发问，察言观色，不着边际，无一例外地问总理已在政府工作报告中谈过的问题，类似举国关注的中国股市暴跌、全球最高的证券交易印花税、分歧巨大而又争论不休的小产权房、负利率与利息税、电信垄断与乱收费、2008年大学生就业难、官员财产申报制度的建立等众多的重大话题，没见一名中国记者向总理提问”。更何况，还有许许多多的中外关系问题(如中日关系，胡锦涛主席5月份的“暖春之旅”)、一些重要的国际话题，甚或台湾“大选”和“公决”，这些公众十分关心的问题，让总理在这样一个中外记者云集的场合表明中国的立场和观点该多好啊！
>
> 而外国记者提出的问题多是新近刚刚发生的事件，问题重大(涉及国家关系、言论自由、金融、股权、人权等)，但具体、直率、切口小，比较容易得到回答，公众也比较感兴趣。
>
> 中国记者提问时比较拘谨，中规中矩，话语生硬，有些放不开，可能与我们长期以来养成的采访习惯有关。外国记者则比较放松，如2004年在提到台湾“大选”及“公投”问题时，有的记者问总理是如何说服美国改变对台湾的态度的，使用了“您到底做了什么让美国改变这样的政策？您是拿什么吓唬了美国呢？”这样充满调侃的语言，显得比较轻松幽默，引得在场的记者发出了笑声。

---

① 于松明：《温总理记者招待会中外记者提问特点及内容分析》，《新闻记者》2008年第8期。

之所以出现上述情况，我们认为，这是由于内地记者对自身地位的认知出现偏差所致，所以在提问时往往“图解政策”，而不是将独立思考或观察的结果提出来。而在题材方面，内地记者往往自我设限，所以提问没有针对性，从而也缺乏新闻价值。

因此，记者与采访对象的关系总原则应当是：不卑不亢，谦虚庄重，对任何采访对象都应扫除等级观念，以礼相见，以诚相处。具体又可从两个方面看此问题：一是见了名人、干部、外宾等采访对象，不要低三下四、阿谀奉承；二是见了基层普通群众，也不要眼睛朝天，盛气凌人。①

另一方面，从新闻实践来说，提问的双向性必然要求“对等性”：无论是记者还是采访对象都希望自己遇到的是一个“合格的对话者”。②

1980年女作家韩素音访华时，《人民日报》记者陈有为去采访她。韩素音在华日程安排很紧，要会见许多人。按照事先约定，谈话只进行一个小时，采访时，约定的时间到了，但韩素音主动提出再同他谈两三个小时。因为陈有为对国际问题进行过广泛的研究，韩素音觉得这位记者是一位合格的对话者，不仅能理解她的谈话，而且从记者的提问和谈话中，自己也有所收获。

上述例子告诉我们，记者提问的成功，不在于花言巧语，而在于思想的力量。这需要记者多学习，多积累，而且在采访前要多做功课，这样才能提出好问题和真问题，真正实现与采访对象的互动。

3.提问的注意事项

记者提问时，还有一些注意事项：宜简洁、宜具体、宜间接、宜深刻、宜自然。③

(1)提问宜简洁

记者对每个要提的问题，事先在长短上均应精心设计、推敲，原则是宜短勿长。这是因为人的记忆能力有限，提问一长，采访对象容易前记后忘，以致常常出现采访对象要求记者将问题重复一遍的情况。

(2)提问宜具体

记者在提问时应将一个大的、总的问题破开，化成若干个具体问题，一个一个地细细问清，也就是说，提问具体化了，大的、总的问题也就自然解决了。在采访时，切忌提笼统的问题。

(3)提问宜间接

在采访中，虽然偶尔用封闭型提问（仅要求对方回答“是”或“否”），但大多数时间

---

① 刘海贵：《当代新闻采访》（第二版），复旦大学出版社2004年版，第115页。

② 艾丰：《新闻采访方法论》，人民日报出版社2007年版，第168页。

③ 刘海贵：《当代新闻采访》（第二版），复旦大学出版社2004年版，第156页。

用开放型提问，从而让采访对象回答得更详细。

比如采访一位诺贝尔文学奖获得者，如果问："当你得知获奖时，是不是很兴奋?"不善言谈的受访者可能就以"当然"二字作答。但如果记者问："当你得知获奖时，你在哪儿？在做些什么?"受访者就会有大段的回忆讲出来。

(4)提问宜深刻

一个好的记者，往往能通过现象看到本质。同样，在提问时，他不会浅尝辄止，而是深入事件的核心，通过与采访对象的对话接近真相。

(5)提问宜自然

记者提问其实是在进行一场谈话，所以记者要营造一个亲切、自然的谈话气氛，这样才容易谈得顺畅。

第二节　现场观察的方法

在采访过程中，提问是主要的手段，现场观察同样也是获取信息的重要手段。在文字报道中，由于记者的观察会更丰富和生动。

一、现场观察的重要性

早在20世纪80年代初期，国际新闻界已把现场观察作为采访活动的主要手段与形式加以强调，日本等国的许多新闻学者都指出：现今的国际新闻界已到了现场研究者时代。美国一位学者指出：如果你想当一个一流记者，你就必须到现场去。近年来，不少媒体开设有"现场新闻"等栏目。

所谓新闻采访的现场观察，是指记者的大脑及眼、耳、鼻、舌、身感觉器官同时动作，以眼为主，从而使主观认识与客观实际一致的现场采访形式。卓有成效的采访应该是"协同作战"，也就是除了有提问外，还应有现场观察。

为什么现场观察如此重要呢?

首先，视觉是人最灵敏的感觉器官。人的各种器官从客观现实中接受的信息，85％是由眼睛输入的。因此，在采访活动中，记者应当自觉强化视觉功能。

其次，通过记者观察，可以拿到第一手材料，而第一手材料对新闻非常重要。

最后，直接观察比较容易获得细节材料，这些细节往往是独家新闻的重要组成部分。

比如一个记者去采访奥巴马，如果只是电话采访或面对面提问，那么获取的信息就会相对有限。如果记者能与奥巴马共同生活半天或一天，现场观察他的生活习惯和工作安排，显然可以写出更具可看性和新闻价值的报道来。

二、现场观察的功能

在采访活动中，现场观察所具有的独特功能体现如下：①

1. 能核实新闻事实的真伪，增强新闻的可信性

许多新闻报道失实、人们感到其可信性不强的主要原因之一，是记者仅凭采访对象的口头介绍或摘编网络信息进行报道，没有到现场去看个究竟，也没有进行核实。

虽然"眼见不一定为实"，但只要记者到现场观察后，对各种信息进行筛选和甄别，再加上提问，应该能最大程度地接近真相。

2. 能激发鲜明、生动地表达事实的灵感，增强思维的敏捷性

许多记者常有这样的感受：有时候，一般的材料有了，主题也较明确，但苦于找不到鲜明、生动的表现形式。若是细心观察，或一个很平常的现象或一个细节，就能让大脑豁然开朗，迅速把全部材料有机组织起来，使观点、材料得到深刻而又新颖的表现。

3. 能加深对主题的理解，增强新闻的深刻性

人类对客观事物的认识过程，实质是从现象到本质、由感性到理性的心理活动过程。通过观察，记者可以看到很多现象，有一些感性认识，再通过自己知识的积累、采访所得进行理性思考，从而对采访的题目认识更深刻。

4. 能为通俗地解释事物提供前提，增强新闻的可读性

涉及专业性较强的报道，记者需要形象化地描述一些场景或事件，不然受众接收这些信息时非常费劲。要完成形象、逼真又通俗的报道，记者不到现场观察是不可能做到的。穆青先生曾倡导"新闻散文化"、"现场短新闻"、"视觉新闻"，其实就强调了现场观察的重要性。

5. 能使采访对象触景生情，增强认知的可能性

在采访一起事件或一个人物时，如果抽离特定的环境，采访对象的话匣子不一定能打开。所以在采访时，可以邀请采访对象回到事发现场，使其触景生情，从而打开思绪。

举例来说，要采访一位知名人士，涉及其成长经历时，在办公室直接提问的效果显然比不上与其同往其学习和生活过的地方。而记者到现场，也能发现一些新的素材，

---

① 刘海贵：《当代新闻采访》(第二版)，复旦大学出版社2004年版，第165—169页。

引发更多有价值的提问。

此外，现场观察的独特功能还包括：观察在特殊情况下成为唯一的采访手段。比如记者在暗访时，由于无法以记者身份采访当事人，甚至很难接近现场，所以只能采用观察的方式。

三、现场观察的方法

现场观察要取得好的效果，首先需要提高记者的观察力，而这又是一种综合能力。此外，记者还需有好奇心。

美国哥伦比亚大学教授门彻在其所著的《新闻报道与写作》一书中说："记者必须学会用孩童般的眼睛观察世界，他把每件事都看做是新鲜的、各具特点的；同时，他必须用聪明长者的眼光洞察世界，能够区分出有意义的东西和无意义的东西。"

孩童般的眼光，聪明长者的眼光，两者是对立的，又是相反相成的。两者的对立统一，构成了记者的锐利目光。

在现场观察时，记者还应注意如下几点：

1. 明确目的

正如采访前应拟定采访计划一样，在现场观察时，记者也应先用大脑思索一番：我为什么要观察？观察什么？怎么观察？

如果上述问题没有想清楚，记者到了现场，很容易像无头苍蝇一样，不知观察什么，最终收获极少。

一个窍门是，记者到现场后，围绕报道主题仔细观察。这样既省力，又容易发现一些有价值的事物。

2. 多多请教

记者在现场观察时，应主动请教受访单位的行家或是熟悉情况的人。如条件允许，应尽可能请行家陪同观察。

在采访中，记者要以学生的身份虚心请教，同时保持好学之心。

3. 抓住特点

记者在现场观察时，要抓住现场的特点。如果记者没有抓住特点，那么就没有必要写进报道中。试想，现场给记者都没有留下特别的印象，怎么可能给受众留下深的印象呢？

所以，抓住现场的特点，就成为记者观察的重要使命。

比如二战期间，苏联随军记者波列伏依抓住因战斗激烈而扬起的烟尘做文章："城内的烟尘几乎使人窒息，而且如此浓密"，以致两军交战"在白天也不得不使用手电筒”。这样的描写让人印象深刻。

4.善用大脑

有些记者身临实地采访，亲眼看了现场，却抓不到有价值的材料，症结何在？这主要是看而不察所致，或者是不善用脑所致。

看不同于察，看是指眼睛注视一定的对象，察则指分辨事物，要开动脑筋思索。司马迁说得很富哲理：“不听之以耳，而听之以心；不观之以睛，而观之以心。”

第三节　做好采访记录

前面分析了采访过程中的提问和观察，但在采访时，如果没有做好采访记录，记者就会遗漏或忘记一些有用信息，从而影响报道的生成和质量。

那么，在采访过程中，哪些该记？哪些不该记？记录中应注意什么问题呢？

一、做好采访记录的方式

在新闻采访中，做记录的方式往往有如下几种：笔记、脑记、录音、拍照或摄像。

其中，笔记的优势在于，不易发生差错。正如谚语所言，“好脑子比不过烂笔头”。但它的劣势在于，记录速度较慢，不易记全，在记录时影响与采访对象的交流；有的采访对象见记者记录会有些发憷，从而影响采访效果。

脑记也是心记，全凭脑子记忆，把观察到的、听到的默记于心。由于解放了记者的手和眼，这有利于记者与采访对象交流。

录音记录的好处在于，可以将记者与采访对象的对话一字不漏地记下来，实现“有闻必录”。但缺点是录音整理耗时耗力，若有多人谈话，则易出现整理错误。

拍照和摄像可视性强，比较生动、形象，有助于丰富报道的形式。

综合以上几种记录的方式，不少方式虽然有长处，但也有短板。记者在记录时，应根据采访对象、采访题材以及报道时间的要求选择不同的方式。

我们认为，记录最好以笔记为主，心记为辅。若有可能，则应全程录音或录像。另外，即使是电视采访，虽然全程摄像，也应做一些笔记，以方便事后整理。

二、做好采访记录的方法技巧

一般来说，记者在记录时，内容应有所侧重，在方法上也应有所讲究。列以下几个要点供参考：

1.记采访要点

除录音、摄像外，记者无法将采访内容事无巨细地记下来。再加之并非采访内容对报道都有用，所以在笔记、脑记时，记者应该择其要者而记之。

所谓要点，是指新闻事实的关键材料或新闻事件发展过程中的关键之处。记者记录时，尤其应偏重与报道主题有关的可能用在报道中的内容。

2.记易忘点和疑问点

其中，易忘点是指一些时间、地点、人名、数字及各种专业术语。因为记者容易搞错，所以应当场记录，并对不清楚的地方及时与采访对象核对。

疑问点是指记者在采访对象回答问题时，或在现场观察时，发现的一些不明白或有问题的信息。这些是记者特别需要记录的。

3. 记观察所得

在采访时，记者可以观察采访对象的一举一动，此外，还可以观察现场的情形。记者应该多记有新闻价值的细节。

比如在做人物专访时，采访对象的衣着、面部表情、办公室书柜的图书等都是有意思的信息，值得记者记录，并呈现在报道中。

同样，在突发事件的报道中，现场观察也非常重要。比如央视新大楼北配楼发生大火时，记者在现场看到的情景及现场群众的反应就应该记录下来。

4. 录音摄像的技巧

在录音前，应该先测试电量是否足够。录音采访最好使用有计数器的录音机或采访机，这有利于录音的整理。录音时，记者也应做一些笔记。

摄像时，也应注意电池电量，同时要注意录影带的容量。此外，在户外采访时，最好使用防风话筒。

【思考题】

1.提问有哪三种形式？

2.提问有哪些技巧？

3.提问有哪些注意事项？

4.现场观察为何重要？有哪些方法？

5.采访记录有哪些方式？

第四章　后采访阶段

前面我们讲到了采访的准备阶段和访问阶段，在采访的后期，还有不少工作要做。相较而言，采访后期的工作量虽然不大，但却关系到对前阶段采访效果的巩固、扩展，又关系到下阶段新闻写作的基础是否扎实和完备。因此，它是一个承上启下的关键阶段。

第一节　整理采访记录

在后采访阶段，整理采访记录是第一步工作，这是记者整理已有采访成果及理清思路的重要一环。整理采访记录的方法有多种，比较常用的有如下几种。

一、重读采访材料

记者采访后要尽快重读自己的笔记，当然最好在几小时内做这件事，趁对采访的记忆还很鲜明时。

短暂的记忆消失得很快，而如果中间还插入其他的采访，记者可能就会把不同受访者的一些话搞混。

重读采访材料的最大目的是让记者对采访材料有一个宏观认识，以方便采访主题的提炼及做好报道。

二、梳理采访材料

重读一遍采访材料后，还应做一些梳理工作。梳理的方法主要有以下两种：

1. 以主题词来梳理

在记者的采访中，不论是提问、回答，还是现场观察，都可以归纳为不同的主题。通过一些主题词，可以让记者理顺采访材料，在写作时也可以迅速地找到需要的材料。

举例来说，在人物专访中有十个提问，可能有三个问题涉及如何面对苦难，那么，记者在梳理时就应在笔记上标注出来。若是录音或影像资料，则应标注出出现的时间节点。

2.检查是否有遗漏

在对采访材料的梳理工作中，还有一种方法是查漏补缺，也就是将遗漏的内容补齐。

对笔记内容来说，由于采访中不可能记得完整，所以记者需要将认为重要的内容补充完整。可行的方法是根据录音资料进行补充。此外，记者观察部分，若有遗漏，也应补上。记者漏问的问题也应列出来。

即令是采访过程的录音、影像资料，也应检查在采访时是否有遗漏的地方，如漏问的重要问题或采访对象未回答的问题等。

第二节　验证采访材料

在整理完采访材料后，还有一项重要工作，那就是对其进行验证。验证的目的在于去伪存真，从而防止新闻失实。

在验证工作中，主要涉及两个方面：证实、证伪，它们针对的都是采访材料中模糊不清的部分或是有疑问的部分。其中，证实是指进行验证后发现材料内容为真，证伪则是指材料内容为假。所有这些工作，都是为新闻的真实性负责。

在新闻写作的基本原则中，真实性是重要的原则之一。它是指新闻报道必须反映事物的原貌(或客观事物的本来面貌)，通常也称为准确性。《中国新闻工作者职业道德准则》(中华全国新闻工作者协会第七届理事会第二次全体会议 2009 年 11 月 9 日修订)第三条就要求新闻工作者："坚持新闻真实性原则。要把真实作为新闻的生命，坚持深入调查研究，报道做到真实、准确、全面、客观。"

坚持新闻的真实性，一个重要的方法就是仔细验证采访材料。在这一过程中，记者的工作要认真负责，尤其是人名、数字、专业术语，以及采访对象提出的一些观点，尤其是那些不同寻常的观点。

在验证采访材料的技巧方面，主要有以下两种方法：

一、常识判断法

所谓常识判断法，是指依据众所周知的知识对人物或事件进行判断。这需要记者不断更新头脑里的认知版图，从而形成很好的认知坐标。一个简单的例子是，气功"大师”王林号称能用意念实现“空盘来蛇”，这显然有悖于现有的科学认知。事实证明，它不过是一种魔术而已。

上海《新闻记者》杂志评出的“2009 年十大假新闻”中，“谢才萍包养 16 男”是其中之一。据《时代周报》2009 年 9 月 28 日报道称：谢才萍，江湖上人称“谢姐”，是重庆目前已逮捕的 19 个黑恶团伙首犯中唯一一位女性，江湖地位甚高。在这次打黑成果展中官方首次披露她与文强是“亲戚关系”：她是文强的弟媳。让人瞠目的是，谢才萍在个人生活上极度荒淫。重庆市打黑成果展称，她长期包养 16 个年轻男子供自己玩乐。

不过，这条新闻的消息来源不实。光明网上有篇评论，极有见地：“从谢才萍包养 16 个年轻男子的假新闻中可以读出，无良媒体职业操守的缺失，社会公众消费心理的畸误，以及职能部门的懒政与不作为。谢才萍包养情人的假新闻如此，其他形形色色的假新闻，又何尝不是如此呢？”[①]

其实，当记者看到这样的信息时，通过常识判断就应该知道不可信。从这个意义上说，记者应该不断“充电”，成为通才式的人，这样才能对人物或事件的判断更加理性、准确。

二、多方查证法

除常识判断法外，还有一种方法是多方查证法。对采访材料或观察所得有疑虑时，记者可向包括采访对象在内的相关人士收集其他相关材料进行查证。

在“2009 年十大假新闻”中，有一条是“英皇证实巨星洪金宝去世”。《现代快报》2007 年 12 月 9 日刊载的这条新闻称：“一代功夫巨星洪金宝昨夜突然去世。记者从香港同行处获悉这一噩耗后，紧急联系上香港英皇的某位高层，对方证实了这一消息。到记者截稿时止，洪金宝的死因尚未明朗，只知道他不是在香港去世。”

不过，在见报当天，洪金宝好友郑志豪打通了洪金宝的电话。洪金宝表示，自己正在山东，同时感谢所有关心他的人。他还说自己正在悠闲地喝普洱茶，完全没有事情。有记者询问了报道该消息的记者，她回复记者的短信上写“我被整了”四个字，再问她，就不愿多说了。而一位港台媒体的同行则表示，他也收到了这样的消息，但查证后却发现是假新闻，所以并未作报道。

我们有理由相信，所谓“香港英皇的某位高层证实”应该纯属杜撰。试想，如果上述记者在得到消息源时采访一下洪金宝的亲人或友人，也许就不会写这样的虚假新闻了。

再看一个例子。“2009 年十大假新闻”中还有一篇名为《陈永贵之子陈明亮涉赌涉毒被刑拘》的报道（载《收藏人物》2009 年总第 4 期），该报道称：

---

① 转引自贾亦凡、陈斌：《2009 年十大假新闻》，《新闻记者》2010 年第 1 期。

6月5日，随着重庆市公安局对位于重庆解放碑大世界酒店一次突袭行动的结束，重庆市传出一条爆炸性的新闻：重庆市最大的古玩商、重庆泰古三峡古玩城老板、重庆江州集团董事长陈明亮涉毒涉赌，被警方当场抓获。陈明亮何许人也？此人乃是毛泽东主席当年亲自树立的全国农业学大寨的样板、中国农民的典型代表和标志性人物、曾任国务院副总理的原大寨党支部书记陈永贵之子！

可是世间不止一个陈明亮，而且此陈明亮非彼陈明亮，却硬生生地被记者"张冠李戴"。其实，如果记者细心一点，多方求证一下，就不会犯与前述假新闻"洪金宝去世"一样的错误。

需要说明的是，在互联网时代，由于信息的发布与传播更加容易，所以会导致一些记者对采访材料把关不严。记者在采访过程中和采访材料的整理工作中，都应更加严谨，做到"核实、核实再核实"，以达到"准确、准确再准确"之效。

第三节　补充采访

如果说整理采访记录的意义在于对采访已有成果形成整体认识并提炼报道主题，验证采访材料则是确保材料的真实可信，那么，补充采访则是在上述两项工作之后的行动表示。

那么，哪些情况下需要补充采访呢？

一、事实不清

在采访材料中，不论是提问部分还是现场观察部分，往往都容易出现纰漏，其中最常见的是事实不清。

事实不清主要表现在时间、地点、人物缺失或不明确，事件描述不完整。当出现事实不清时，不但会影响记者对所涉材料的判断，也会影响报道的准确。当然，如果报道中有事实不清的部分，这也会影响受众对事实的判断，从而质疑记者所在媒体的专业水准。

事实不清的原因有多种，比较常见的是记者没有问及相关事项，而采访对象也没有提及。还有一种情况是，记者记忆有误，导致事实不清。

二、材料有疑点

除了事实不清之外，记者在遇到采访材料中的疑点时，也需要进行补充采访。

有疑点的情况主要表现如下：

1. 采访材料有歧义

在采访时，记者提问后得到的回答，或记者对内容的判断都有可能产生歧义。此外，还有一种情况是采访材料与公开报道或官方资料不一致。

记者提问后得到的回答有歧义的情况在实践中不少见。比如说，“他才来，许多人还不认识”、“三个学校的校长参加座谈”、“几个工厂的工人”、“学生的天职是读好书”，上述句子都有可能产生歧义，如果在记者的采访材料中有这样的回答，一定要再次采访以确认其真实的意思表达。

记者有时对内容的判断也有可能产生歧义。比如有如下一条新闻：

> 过去，在打击使用和持有假币方面，数额达到4000元以上才能引入《刑法》标准，“起刑点太高，某种意义上会导致打击的真空”。为此，广东省公安厅下发《广东省公安厅关于加强打击假币违法犯罪若干问题的意见》，强调用足用好所有法律政策手段，严厉查处少量持有、使用假币违法行为。具体而言，对明知是假币而持有、使用的，一次持有、使用但数额不够刑事追诉标准的，将采取行政拘留等措施进行处罚。两次或多次持有、使用，累计数额达到追诉标准的，要追究行为人的刑事责任。尚不够刑事处罚、数额较大或者情节较严重且符合劳教条件的，依法处以劳动教育。

这条新闻的标题是：《广东规定少量使用假币也将被刑拘或劳教》。如果单看标题，还以为广东出台了打击假币犯罪的新规定，看完报道才知道并非如此。而且标题有些耸人听闻，与内容也并不相符。显然，这是记者对采访材料的解读产生了歧义。在这种情况下，记者应该采访法律人士或相关部门，明确自己的理解是否有误。

在采访材料与公开报道或官方资料不一致时，记者需要对采访对象进行补充采访以验证信息或对信息来源进行甄别。在采访或前期收集的材料中，尤其是日期、人名和数据等与其他资料出现冲突时，记者就需要细心查证。

2. 采访材料逻辑混乱

在采访材料中，材料有疑点还体现在逻辑混乱。出现这一情形的原因有多种，采访对象思考不周全或故意含糊其辞等都有可能。其结果之一就是让记者对相关内容产生疑惑，对一些关键事实或观点认识不清。

比如说有网络媒体就提出，回顾一下近年来，我们好多地方在应对自然灾害和极端气候时，除了救灾，说得最多的就是“我们遭遇了N年不遇的大旱或者洪水或者冰雪或者严寒或者地震”；往年看汛期新闻，最常见的也就十年、二十年甚或五十年一遇，百年一遇已属罕见。现在“百年”已成小儿科，先是有南方某地发生“五百年一遇”的特大洪涝，紧接着，青海又出现格尔木河流量超“两千年一遇”的洪水。所以有评论称，“百年不遇年年遇，不是免责的‘挡箭牌’”。[①]

与上述案例类似，这种思考不周全的情况在媒体中也不少见。近年来，媒体特别喜欢使用“史上最牛(强)……”这种标签，其实也是考虑不周全而导致逻辑混乱的表现。

故意含糊其辞导致的逻辑混乱更多。举例来说，针对一位知名人士学历造假事件，记者采访当事人时，有如下的问答：

记者：有人质疑你的博士毕业证有问题。对此你想对公众说些什么？

某人士：中国有句古话：“英雄不问出处”。对于关于我的一些非议，我一笑了之。

记者：可是，有人会说这关乎诚信问题……

某人士：一个人能否取得成功，与学历高低有关吗？

记者：关系不大。

……

从上述对话我们可以看出，采访对象在受访时“罔顾左右而言其他”，记者并没有得到确切的回答，反倒被采访对象引到另外一个话题上。

还有一个类似的例子。《南方人物周刊》曾在报道中提到，1997 年道士李一在电视节目里表演水下憋气 2 小时 22 分钟，而迄今为止此项吉尼斯世界纪录为 19 分钟 21 秒，李一“胎息”142 分钟是世界纪录的 7 倍。有网友质疑：“这位道士已经超出了哺乳类的境界，进入了爬行动物的王国？”李一在接受记者采访时则说，当年有三个机构在挖掘能水下闭气的人上节目，对于修行的人来说，只是告诉世人道家有这种方式，但拒绝回答水下闭气 142 分钟是否真实：“我只回答你有关大众关注的一些养生的问题”。显然，李一对记者的提问是避而不谈。

针对含糊其辞或避而不答的情况，记者若在采访材料中有所发现，可以对当事人补充采访。若对方仍不正面回应，记者可选择采访其他相关对象对相关疑点进行对照或说明。

【思考题】

1. 整理采访记录有哪些方法？

2. 如何验证采访材料？

3. 哪些情况下需要补充采访？

---

① 《“千年一遇”难掩推责的混乱逻辑》，搜狐网，http://news.sohu.com/s2010/dianji470/。

第五章　新闻采访方法

新闻采访之所以比其他调查研究活动“特殊”，是因为新闻采访有其独特的属性。要完成一篇新闻作品，必须经过新闻采访和新闻写作这两个阶段，而两者的关系是，采访决定写作。也有人把这种关系数字化：七分采三分写，可见采访在新闻创作中的重要地位。采访是为写作搜集事实、素材，写作则是把采访搜集来的事实与材料加以表现。采访是写作的前提和基础，写作是采访的结果和归宿。采访的广度和深度，决定着写作的广度和深度，采访的成败决定着写作的成败。

新闻报道必须先有深入细致的采访，但凡采访得深、掌握的材料丰富，写起来便觉畅快；但凡采访马虎飘浮，写起来便异常艰难，以至写不下去。正如炒菜，如果没有充足的原材料，手艺再高明的厨师也不可能炒出好菜来。所以，必须注重新闻采访的方法，新闻采访的方法是多种多样的，包括直面采访、上下结合采访、点面结合采访、易地采访、精确采访、交叉采访、跨行业采访等，我们只有掌握了一定的采访方法，才能达到我们采访的目的。

第一节　直面采访

直面采访也叫面对面采访，是指记者直接面对采访对象、通过口头提问、用一问一答的形式、了解客观情况、搜集新闻素材而进行的采访。[①] 在新闻采访方式发展的历史长河中，这是最早出现的一种采访方式，也是现在用得最多的一种采访方式。在进行这一类型的采访时需要掌握如下三个原则：

一、平等采访

新闻采访中，记者会面对形形色色、各行各业的采访对象，任何身份的被采访者和

① 蓝鸿文：《新闻采访学》(第三版)，中国人民大学出版社 2011 年版，第 147 页。

记者之间的关系都是平等的，采访者与被采访者之间既没有上下级之别，也没有尊卑之分，记者采访领导和罪犯的态度都应该同样客观。这不仅是记者完整人格的显示，也是记者对采访对象尊重的职业要求。

美国CNN著名谈话节目主持人拉里·金在《非凡旅程——拉里·金自传》中有一个片段谈到了这个问题，他深有感触地说：

> 我会带着同样的好奇心看待总统和水管工。我觉得这就是我与众不同之处。我不会因为要采访的人是总统而花数小时伏案准备，想出数百个问题。这不是我的风格，也不是让我获得今天这些成绩的秘诀。有时候，在一个重要的访谈快开始时会有人对我说："今天晚上你一定要拿出最好的表现。"那意思就是说我要格外加把劲儿了。他们这么说是因为他们想给我鼓劲儿，但却常常让我觉得不舒服。他们的意思是不是说，如果我采访的是一个水管工就不用格外加把劲儿了呢？当然，在采访总统的时候，我很清楚我是在采访总统，但是如果我对待总统的方式和对待其他人有分别的话，我就不是我了。①

下面我们来比较针对同一采访对象的两个案例。

2008年的北京奥运会上，湖北体操名将程菲被寄予了夺金厚望。尽管程菲顽强拼搏，但是因为各种各样的原因，她的成绩并没有达到人们的预期。

在比赛之后，程菲心情忐忑地回到家乡，当天在机场面对潮水般的记者，她一直咬着唇低着头。现场有一位记者，开门见山地用极快的语速问程菲："这次奥运会你的成绩不算太好，你是怎么看待自己的成绩的呢？有没有觉得辜负了家乡人民？"不仅问题尖锐，而且语气十分莽撞，有直截了当的指责和不满，程菲当时眼圈就红了。显然记者以这样居高临下的姿态直接对程菲发出"成绩不算太好"的指责，违背了"平等对话"的要求。

另外一家媒体的记者则采取了不同的采访方式。记者和程菲说的头几句话基本没有提到她心中最在意的成绩问题，而是攀起了老乡，以家乡人民的身份热切欢迎程菲回来，并像个大哥哥一样安慰程菲。很显然，在这样的交流中，程菲的情绪也逐渐调整过来。仿佛是因为家乡的温暖，7分钟左右的采访将近结束的时候，程菲已经非常放松了，甚至露出了笑脸。在承受这样的压力后，程菲在"平等对话"所营造的氛围中表现出来的小女生最淳朴、天真可爱的一面，无疑是最动人的，这一切都被摄像机完整记

---

① 〔美〕拉里·金、卡尔·福斯曼：《非凡旅程——拉里·金自传》，朱丽丽等译，中信出版社2010年版，第234页。

录了下来。“程菲笑着回家”成为了宝贵而精彩的新闻素材。

通过这两个采访实例的对比，我们可以看出在采访过程中，“平等对话”的采访态度的重要性。在今后的采访实践中，记者要不断提醒自己：尊敬采访对象，同时也不妄自菲薄、盲目崇拜，坚持与采访对象做到“平等对话”。只有这样，才能写出真实、客观、可信的好报道。

二、因人而异

采访者不能感情用事，要从实际出发，因人而异。这里我们把采访对象具体分为五类。

第一，愿意与采访者配合又能说会道的。一般在采访知识分子、机关干部或者是文化水平比较高的普通市民时常遇到这种采访对象。采访这类人，不妨采取开门见山的方法提出问题，然后专心地听、记就可以了。

第二，采访对象愿意谈出来，但又不大会说，“茶壶煮饺子——肚里有货倒不出来”。这就要求采访者有足够的耐心，善于旁敲侧击，采访这类人最好选取一个切近的较小的题目谈起，逐步引导深谈下去。

第三，采访对象是肚里有货但不愿说或不敢说的，这类人大多有某种思想情绪或其他难言之隐。这类人比较复杂，有的是怕出名，怕宣传了自己遭别人讽刺、嫉妒，因而总是拒绝记者采访，这就要靠软磨硬缠，努力通过各种渠道解除他的顾虑；还有的是因为一些新闻报道失实，在社会上造成不良影响，甚至给被采访者带来了麻烦，因此造成采访对象疑虑重重，这时，记者首先要保证报道绝对真实，最好经过采访对象审阅同意后再发。

第四，采访对象是既不愿谈，又不善谈的。记者遇到这类人不能性子急，要有信心、有诚心、有虚心。首先要取得他的信任和支持，然后再启发诱导他说出他所掌握的重要情况。

第五，采访对象是夸夸其谈的人。记者采访这类人需要注意的是不能被夸夸其谈所迷惑，要多打几个问号，反复调查、核实，避免出现失实报道。

具体采访中，有时不但要因以上五类人而异，还要因地、因时、因事而异，切忌用一个大的模式去套。实践证明，成功的采访能做到具体问题具体分析。相反，访问不看对象、时间、地点、条件，是不可能成功的。

三、把握主动权

在面对面采访中，记者面对的采访对象各有所异，遇到的客观事物千姿百态，采访的新闻事件也在瞬息万变，这种报道对象的多变性，决定了记者必须随时准备应付千变万化的情况，要善于针对不同的采访客体，调整自己的思维方式和应变策略，做到机智灵活、随机应变，牢牢把握采访工作的主动权。

下面具体谈一下掌握采访主动权的五点注意事项：

1. 注意事先准备采访提纲

一般情况下，准备的问题写成文字提纲最理想，时间来不及的话，记在脑子里也可以，采访提纲应尽量简明扼要。著名记者、前经济日报总编辑艾丰同志针对采访提纲的准备曾经提出了六个"不要提"，很有针对性：一是不要提太大的问题（不要企图"一口吃成胖子"）；二是不要提过多的外行问题（一点不提是难以做到的，但要争取少些）；三是不要提暗示性的问题（即不要强加于人，给人竖根"竿子"，让对方"顺竿爬"）；四是不要提过于轻率的问题（毫无意义和目的地卖弄技巧，会导致提轻率的问题）；五是不要提太"硬"的问题（就一般情况、一般对象、一般记者而言，直率不等于生硬）；六是不要提审问式的问题（即要善于引导，在交谈中发问，在发问中交谈）。[①]

2. 注意因人而异的提问方式

在新闻采访中，记者如何恰到好处地向采访对象提问是经常碰到的问题。其中，最关键的是开放式提问与闭合式提问的不同运用。所谓开放式提问，它的特点是给对方回答问题的限定面比较宽，只要是和提问有关的情况、印象、看法、意见、建议等，都可以谈出来。它适用于那些文化理论水平较高和社会阅历较丰富的人，如领导、专家、知识分子等。反之，对于知识层次较低的社区干部、农民、工人以及老人、小孩等采访对象，就不能用这种"请谈谈你对这次活动的看法、体会"之类的开放式提问，这样会使采访对象一头雾水，不知从何说起。这种情况应该选择化整为零的闭合式提问，从简单具体的问题开始问，这样对方答得也具体，避免交谈中产生"节外生枝"的现象，也便于记者掌握采访的主动权。

3. 注意尽快进入正题，避免拐弯抹角

"不愿谈"是新闻采访中几乎人人都会碰到的"拦路虎"。"不愿谈"的现象背后，情况是错综复杂的：名人或有特殊背景者，有的为避免曝光，有的怕出名而不愿谈；普通群众，有的因表达能力差，有的对某些事件有抵触心理而不愿谈……这些"不愿谈"的现象给我们的采访工作带来了一定的阻力和困难，因此，记者应善于引导，千方百计打开采访对象的话匣子。比较奏效的方法有：通过对采访对象进行恰当的赞许，使对方对记者产生好感，改变态度，继而打开话匣子；可以通过与对象套近乎、聊天的方式，拉近彼此间的距离，再去寻找采访的突破口；故意制造错误，引发采访对象开口等。

---

① 艾丰：《新闻采访方法论》（第四版），人民日报出版社 2010 年版，第 282 页。

4．注意先打外围、再攻主阵

记者在做人物采访时最苦恼的是碰到不善谈或不大愿意谈的采访对象，还有工作忙碌抽不出时间谈的采访对象。对于类似情况，采取“先打外围、再攻主阵”的办法可以取得比较好的效果。也就是说，进入采访工作之后，先不忙找采访对象本人谈，而是找熟悉他的领导、同事、家属、朋友谈，在掌握了基本情况后，再找采访对象本人有针对性地细致谈，以便挖掘更生动、更新鲜、更细致的材料。

5．注意细心寻找“接近点”

记者在新闻采访中经常遇到的一个问题，就是如何快速接近采访对象。一般的新闻采访时间都是非常有限的，如何迅速接近被采访者，在最短的时间内做最深入的采访，或挖掘出真实感人、新鲜生动的报道？在采访实践中我们会发现，不论采访对象是什么样的人物，记者、通讯员与其之间总是或多或少存在着共知、共有、共会、共爱的东西。这些共同点是采访中引起话题、开阔思路、活跃气氛、交流思想、密切感情的重要“媒介”，也是迅速接近采访对象的“突破口”和“接近点”。这种接近点大致有：地理的接近点，如采访对象和记者是同乡或同属一个地区，这样双方很快会产生亲近感；兴趣爱好上的接近点，如记者发现采访对象与自己有共同的爱好时，借此引出话题，会很快进入采访状态；此外还有经历、年龄、性别接近点等。

第二节　上下结合采访

1943年，毛泽东同志在《关于领导方法的若干问题》一文中提出：“我们共产党人无论进行何项工作，有两个方法是必须采用的，一是一般和个别相结合，二是领导和群众相结合。”①这句话应用到新闻采访方法中，上下结合采访就是领导和群众相结合，点面结合采访就是一般和个别相结合。

一、自上而下的采访

记者下去采访，不少时候是这样的：有一个采访意图、打算，也有要去的地方，但写什么没有具体线索。怎么办呢？通常的做法是：在到达采访目的地之后，先和领导机

---

①《毛泽东选集》(第三卷)，人民出版社1991年版，第852页。

关接触，了解领导意图、了解全面情况，从中发现新闻线索，然后再逐级深入下去，这叫做自上而下的采访方法。实践证明，这种自上而下的采访方法可以使记者较快地掌握情况、选准采访对象，有目的地深入，避免盲目性。

传统媒体的新闻采访基本上都采用自上而下的“俯视”视角，形成一种传者和受者界限分明的单向线性传播模式，媒体始终处于主导地位，受众处于被动地位，基本上没有自主话语权。而在移动互联网的时代，更多的新闻采访是自下而上完成的。

二、自下而上的采访

一些突发事件如重大事故等，记者往往都是直奔出事现场，待采访告一段落后再找有关领导部门。有些记者采访的虽不是突发事件，但他们在到达采访目的地后，往往喜欢先到群众中去，了解“下情”，然后再采访领导机关。

2003年，“温家宝总理帮四川农民熊德明讨工钱”引发了数以千计的报道。其中，新华社和《重庆日报》的两篇报道脱颖而出，绝无仅有地并列荣获2003年度中国新闻奖二等奖。

> 10月24日下午5时许，三峡库区腹地蜿蜒起伏的山间公路上，几辆面包车正从万州区向云阳县城方向疾驰。此刻，坐在汽车里的中共中央政治局常委、国务院总理温家宝望着车窗外一一闪过的田野，若有所思。上午11时许，他和随行的国务院有关部门负责人飞抵重庆万州后，就开始走访移民。万州是三峡库区最大的移民区，搬迁人口25万。在三峡工程进入三期建设的关键时期，移民安置至关重要。在连续走访了多户移民后，温家宝感到：尽管移民的居住条件有了较大改善，但长远生计仍需好好谋划，库区经济要加快发展。①

这是新华社《总理为农民追工钱》的开头，这段报道交代了总理视察的相关背景，但在表现总理思想活动上给人以想象之感。与新华社的报道不同，2003年10月28日《重庆日报》的《总理帮农民工追工钱》一文开头是这样的：

> 10月24日下午5时，云阳县人和镇龙泉村。一缕缕夕阳的余晖透过密密的树林洒在田坎上，正在地里劳动的村民曾祥万突然发现，一大群人正沿着又滑又陡、有些立不住脚的林中陡坎，深一脚浅一脚地走向山脚下自家的院子。颇感诧异的他仔细一看，踩着潮湿泥土、走在队伍最前面的竟是温家

① 资料来源：http://news.xinhuanet.com/newscenter/2003－10/27/content_1145427.htm。

宝总理！“温总理快到我们家了！”曾祥万来不及抹掉满腿的泥土，打着赤脚惊喜地往家里跑。

该文撇开了传统的自上而下的“官—民”式采访流程，以当地农民曾祥万“目光所及”的场景展开自下而上的报道。总体而言，新华社的报道因为采访视角选择上的失当，存在着一些瑕疵。如文中出现的“天色渐暗，丝丝寒气隐隐袭来，但村民们心中却暖洋洋的”等合理想象的描述给作品在客观上造成了细节性伤害。而《重庆日报》主要采用自下而上的视角，再现了总理视察云阳某村的一个场景，用当地农民的眼光和语言为读者构建了一个活灵活现的场景，让读者享受到了与新闻同步推进的快感。

三、上下结合

在实际采访活动中，无论是自上而下进行采访还是自下而上进行采访，一般都要辅之以另一方面：自上而下时要有自下而上这一面；自下而上时又要有自上而下这一面。上下的范围很多，要视采访对象的情况而定。只有把自上而下的采访和自下而上的采访结合起来，才能更全面地掌握情况，弄清一个事物的本来面目，避免主观性、片面性、表面性。有时候碰到复杂的问题，一次上下结合还弄不清楚，需要反复多次：下去、上来、再下去、再上来。

第三节　点面结合采访

由于采访对象不同，采访的具体任务不同，每个记者的素养、水平、习惯各不相同，所以采用的采访方式也各不相同。而点面结合的采访方法，应该是任何记者在采访中都会使用的基本方法。原因很简单：人们认识一个事物，总要经历从个别到一般、再从一般到个别这样两个过程。这种个别和一般的关系反映在采访上就是点和面的关系。

这个点和面，就采访地区来说是重点地区和一般地区；就采访单位来说是重点单位和一般单位；就采访对象来说是重点对象和一般对象；就了解情况来说是重点情况和一般情况；就搜集材料来说是重点材料和一般材料。可以说每一次采访都有一个点面结合的问题，点面结合这种采访方法立基于典型报道和综合报道的需要。

一、点上采访

点上采访是指记者深入一点的采访活动，也即考察一个典型的活动，人们通常把这种活动叫做“下马观花”，这是典型报道的需要。[1] 这种采访的特点是深入细致、调查系统周密。但要知道你采访的点是否典型、是否值得报道，又必须了解面上的情况，方能有比较、有选择。从这个意义上说，点的采访又必须和面的采访结合起来。

2011年8月中旬，中宣部、中央外宣办、国家广电总局、新闻出版总署和中国记协在全国新闻战线开展“走基层、转作风、改文风”活动，组织新闻工作者深入基层，深入群众，深入一线，以踏踏实实的采访作风，采写出一批反映基层实践，反映基层群众心声的新闻作品。记者的足迹从云南怒江拉马底村的过江索道，到新疆喀什皮里村孩子们的上学之路，再到为白血病儿童马子硕开通的爱心平台，涌现出《新疆塔县皮里村蹲点日记》、《达茂旗：土豆大丰收 销路遇难题》、《桥通拉马底》、《北京同仁医院、儿童医院蹲点日记》等一批接地气、有底气、聚人气的新闻作品。从这些新闻采访报道中，我们看不到以往那种或表扬或曝光、非黑即白式的类型化采访报道，也看不到以往那种综合化和概念化的“联播体”，报道中的典型人物也是有个性的，是具体而生动的；报道多了故事化表达、纪实性表达、悬念式表达、细节式表达，大大提升了读者的兴趣。其中有些报道甚至有意识地触及了就医、上学、就业等热点、难点问题，尝试从最具体的人和事着手对行业机制体制缺陷进行舆论监督。

以上的“走转改”蹲点采访报道一改以往浮光掠影式的采访方式，真正走进了基层，发现了以前不曾发现的内容，随之而来的，是让自己的文风慢慢地改变起来，原先八股文、公文式的教条化采访语言，逐渐变得鲜活起来、通俗化起来。与之前常写的“命题作文”式新闻相比，记者“挖”出来的稿件，刊发后得到了观众的肯定，“少了洋气，接了地气”。

二、面上采访

面上采访是和点上采访相对而言的，是指了解面上的情况，这是综合报道的需要。[2] 综合报道是在一个主题思想的统率下，把许多点的具有不同特色的情况综合起来，这样的报道在报纸上是常见的。面上采访的报道虽然不像点上的典型报道那样有深度，但它又不是典型报道所能代替的，透过它我们可以看到面上的概貌。

了解面上的情况，常有两种做法：其一，通过采访有关领导机关，达到了解面上情况的目的。这种做法优点是比省事，缺点是得来的材料以二手的居多。其二，亲自跑一些地方，作“走马观花”式的采访。这种做法优点是能增加感性认识，缺点是浪费时间。

---

① 蓝鸿文：《新闻采访学》(第三版)，中国人民大学出版社2011年版，第174页。

② 同上，第175页。

记者采访，如果只做“走马观花”式的面上采访，当然是不深入的。如果既能“走马观花”做面上采访，又能“下马观花”做点上采访，则至少可以起到两方面的作用：一是可以多跑些地方、多看看、多掌握些情况，这就便于进行综合分析；二是在面上发现了问题，再深入到点上去做文章、找答案，这样的文章就更有针对性。

三、面上找题目，点上做文章

从面上找题目，在点上做文章，是点面结合的一种形式。从采访的要求看，记者首先要对面上的情况有一个了解，然后再找具有代表性的事物进行报道。这就是我们通常所说的：记者的一只脚要站在中南海，另一只脚要站在老百姓的四合院。这样的点面结合才能够有的放矢，减少盲目性。

时下，医院的医德医风建设是社会关注的热门话题，也是人们普遍关注的“面上”的一个热门话题。只有在一个点上来做文章，才能反映这个主题。以北京电视台 2009 年 12 月 18 日《第七日》栏目播出的一篇记者对北京人民医院的报道为例，记者在具体采访时抓住了病人诊病的各个环节，并对重点人物进行了重点报道。该报道从一开始就反映该医院采取各种措施解决病人挂号难、诊病检查难、住院难等难题，反映医务人员早上班、晚下班、夜间门诊抢救病人、对病人热情周到服务等感人场景。在面上采访的同时，突出对一位年近 80 岁的老专家的深入采访，这位老专家给病人诊病极为细致，一上午只能看 10 个人，有的特殊病例，她一看就是半个多小时。采访时专家说了这样一段话：“这些患者不远千里来北京看病，找到我们医院，我们医生不给他解决问题，他们还到哪儿去解决问题?”这则新闻播出后，取得了良好的社会反响。它的成功之处就在于，既选取了群众关注的社会热点问题这个面，又立足于医院这个点进行深入采访。

四、由点看面，由点到面

所谓由点看面就是“解剖麻雀”，要了解一般麻雀的构造，不必也不可能解剖所有的麻雀，只解剖一只就可以了解一般了。这在较为深入的典型报道中是经常使用的方法，正所谓大处着眼、小处着手。新闻不怕小，小中见大才能把报道做活。点面对照、反复比较，是记者在采访中必须运用的辩证思维方法，也是记者在采访中全面认识事物的过程。在新闻中运用点面对照的方法，便于让观众对整个新闻事实有一个更为全面的认识。

在 2008 年汶川大地震的采访报道中，观众在电视上经常看到的全景和特写交叉使用的画面，就是点面镜头交叉使用的方式。例如用特技的方法做出汶川的具体位置，而后镜头直接剪接到一辆疾驰的救护车上；记者跟随第一批次直升机飞入震中汶川，航拍整个受灾具体情况；震中映秀镇倒塌的房屋，直接剪接到战士在废墟中救人的手指特写。这一连串点面镜头的使用，能够让观众在很短的时间内，对汶川大地震的灾情，对人民子弟兵抗震救灾的行动，有一个比较全面和细致的了解。

总之，在新闻采访中有点无面不能算完整，有面无点不能算深入。我们提倡点面结合，正是为了使我们的采访工作做到既完整又深入，既有广度又有深度。

第四节　易地采访

2011 年，中央电视台和台湾东森电视台联合主办了《印象台湾》易地采访活动，来自北京、上海、天津等 10 家省级电视台的记者分别赴台北、新北、花莲、台南、彰化和高雄等十几个市县，就台湾的旅游观光、民俗文化、风土人情、养生美食、文化创意、传统特色产业以及现代化交通建设等 10 个选题进行采访、拍摄，在社会上引起较大的反响。易地采访其实是中央电视台已经开展了 20 多年的一项大型品牌活动，记者长期待在一个地方，好处是地熟、人熟、情况熟，但如果不流动，也有弊端，如眼界容易狭窄、感觉灵敏度降低等。解决这个问题的办法之一，就是用一定时间易地采访。

一、易地采访是新闻采访的一种特殊形式

"易地"在《辞海》中的解释为"对调所处的地位"。易地采访是改革开放后出现的一个新的采访术语，是指记者到自己分工范围以外的地区去采访。易地采访是相对于属地采访而言的，属地采访是记者在所属电视台负责报道区域内进行的采访，是记者的常规性本职工作；易地采访则是记者超出所属辖区范围，在其他地方进行的采访活动，所以说易地采访是记者采访活动中一种非常规的特殊采访活动。①

中央新闻单位的机动记者，不存在易地采访的问题，他可以今天到这个地区，明天到那个地区，属于"满天飞"记者。而中央新闻单位派出的地方记者（包括新华社分社记者）、地方新闻单位的记者（包括机动记者和地方记者），都有一个易地采访的问题。

一般情况下，易地采访都是结合某一地区的重大宣传任务，由当地党政部门和新闻部门共同发起，主办者有选择地邀请国内媒体参加，按照主办单位预先设计好的选题进行采访、开展活动。一般情况下，采访活动时间为 7 至 10 天，这样在一定的时间内，就形成了一个不同层次的对外宣传的高潮。

---

① 刘海贵：《新闻采访教程》（第二版），复旦大学出版社 2011 年版，第 13 页。

易地采访集多家媒体的力量，可以在较短的时间内写出一批有较高水平的文章，并在相应的时间内集中对外刊登。这对主办者来说，无疑是一种影响大、覆盖广、见效快的好形式。所以有人形象地把这种采访活动比喻成“借船出海”。

二、易地采访关系的建立

记者的易地采访较常规采访会遇到很大困难，在陌生的地域环境下，以较短的时间、平等而又快捷地完成规定的选题采访任务，这是对一个记者或编导业务素质的考验。对易地采访的记者来说，要想使自己成为被采访群体内的一名成员，以保证采访工作顺利进行，就需要建立尽可能平等、互惠的采访关系。

1.建立平等的采访关系

在易地采访中要建立尽可能融洽的人际关系，首要的问题是尊重采访权、被采访权和他人的“面子”。“面子”即个人希望在公众中呈现的自我形象。在采访中该提什么问题？如何提才适宜？如何关照双方采访关系的建立、顾及对方的“面子”？这些确实要从被访者的社会地位、身份、资历等方面考虑其心理的承受能力，避免因采访提问不当而产生尴尬。

2.建立互惠的采访关系

在易地采访过程中，应以互惠规范来指导采访关系的建立。美国传播学者史蒂夫·莫滕森曾提出：“一个人必须不忘对别人的帮助予以回报，但是一定不要向被自己帮助的人索求回报。”①易地采访活动本身就规范了彼此间互惠的原则，包括两个方面：一方面以“精品意识”来制作易地采访节目，与主办方保持良好的合作关系；另一方面对主办方的承诺要兑现，主办方才会视易地记者、编导为内群体的“自己人”。当然，这种关系要建立在“获得利益和给予利益”的基础上。

三、做好易地采访的具体方法

易地采访会给采访活动带来一定的魅力，但同样会带来不适应。陌生的环境、陌生的题材、陌生的采访对象，尤其是要在有限的时间内完成突击采访，这对记者的业务水平和综合素质都是一个考验。这就要求记者首先有不怕苦累的思想准备，其次要有良好的观察力、想象力、快速捕捉和反应能力，最后还要看记者能否引起被采访者的兴趣，顺利完成采访。以下是做好易地采访的具体方法：

---

① 〔美〕史蒂夫·莫滕森编选：《跨文化传播学：东方的视角》，关世杰、胡兴译，中国社会科学出版社1999年版，第14页。

1.有备无患

在易地采访出发之前，要做好充分的资料准备，与被采访人进行联系，同时要结合报道主题对该地区的相关概况有个总体了解，免得采访起来一问三不知。另外，记者证、录音笔及其他一些必需品也要准备好。

2.主题要单一

易地采访应该充分考虑到“易地”的陌生性，策划不能贪多贪全。摊子铺得过大，会使被采访者觉得题目太大，没什么好谈的，而采访者也费力，采访半天都是空话。

3.小选题、巧切入

对于采访者来说，如何在生疏的环境中迅速进入工作状态，采访到有价值的素材，这是采访成败的关键所在。一般来说，小的选题容易切入，较好把握，而大的选题在有限的时间内、陌生的环境下很难做好。

4.不屈不挠，谦虚认真

易地采访，很容易碰到对方不合作、不接受采访的情况。遇到这种情况，不应扭头便走，而应冷静下来，认真分析一下被采访对象不接受采访的原因，及时采取对策，找到打破僵局的办法，这离不开谦虚认真的态度。

5.平等求同

在具体的采访活动中，面对采访对象时，记者要有平等的心态，刚开始接触采访对象，寻找共同点非常重要。易地采访要在短时间内迅速进入被采访圈，记者就必须尽可能地寻找彼此的共同点以引起话题、活跃气氛、开拓思路。比如，在北京奥运会采访期间，采访对象很多都是外籍人士，要寻找一些对方感兴趣的话题，就像聊天一样，比如表达一下自己也有同样的爱好、同样的审美情趣等，容易引起对方的好感，这些都有利于在易地采访中开展工作。

四、易地采访的意义

易地采访发展到今天，已成为媒体同行公认的一种很好的外宣形式。它既能配合某一地区的重大宣传活动，扩大该地区的知名度；同时参加的媒体又能把易地采访的节目或稿件在当地刊播，互相学习、交流经验。其具体意义表现在如下三个方面：

1.扩大知名度

例如由中央电视台和地方电视台联合举办的易地采访活动，不仅把全国几十家电视台集中拍摄的专题经过评选后在中央电视台播出，而且各参加电视台还把自己拍摄的专题在本台播出，同时，东道主台还将整个活动拍摄的专题全部播出，这样就形成了海内外、中央、省、市多层次的覆盖面，无疑对宣传和扩大某一地区的影响、提高这一地区的知名度起到了重要作用。

2. 借鉴经验

1992 年邓小平南行讲话发表后，各地政府要求新闻单位在宣传方面重点突出广东省改革开放的做法，借鉴广东经验，加大地方经济的对外开放。这一想法正好与当时中央电视台和广州电视台联合组织的“珠江三角洲采访活动”相吻合。为此，很多省级电视台纷纷派出摄制组赴广东采访，沿着邓小平南行路线，遍及深圳、珠海、中山等六个城市，拍摄专题片，对地方对外开放、经济建设起到了促进作用。

3. 锻炼队伍

面对经济全球化的发展趋势和移动互联网“地球村”时代的来临，媒体对外宣传越来越重要。从事这项工作的记者的素质如何，直接决定着对外宣传水平的高低。组织举办易地采访活动就是一种锻炼和提高媒体外宣队伍水平的良好形式。首先是打破地域界限，给地方媒体记者一种新的感觉、新的境界，这种强烈的感染力会刺激记者的创作欲；其次，易地采访活动把多家媒体组织起来针对某一地区集中采访报道，这本身就是一种竞争；再次，多家媒体相聚一起，互相学习、取长补短，这本身也是一种很好的学习方式。

总之，易地采访是一种多赢互利的好形式，这一点已被更多的人所认识。易地采访中选题和策划很重要，如果主办者在提供选题方面没有重点、面面俱到，就会造成选题大而空；或者是把对内宣传的题材当做对外宣传的题材，就会使宣传达不到应有的效果。组织易地采访活动时应注意，不能是谁给钱就给谁办，也不管条件具备不具备都办，这样会使易地采访活动过多过滥，表面上虽然轰轰烈烈，但实际上宣传效果已经大打折扣，所以易地采访活动应严把质量关，宁缺毋滥。

第五节　精确采访

2012 年中秋、国庆期间，中央电视台进行了以“你幸福吗”为主题的调查采访。众多记者奔往中国各地，在街头采访了教授、游客、医生、民工等各阶层人士。节目在中央电视台《新闻联播》及新闻频道各档整点新闻节目中播出后引发了铺天盖地的讨论。之后，央视陆续推出关注孩子性教育问题的街访调查“你从哪里来”、十八大后续街访调查“我的小康”和在交通安全日的街访调查等。这些采访中用到的精确采访方法正越来越多地出现在央视及各大媒体的新闻报道中。那么到底什么是精确采访呢？在这之前我们先要了解一下精确采访中所使用的抽样调查方法。

一、抽样调查方法

抽样调查是一种非全面调查，它是从全部调查研究对象中，抽选一部分单位进行调查，并据以对全部调查研究对象作出估计和推断的一种调查方法。显然，抽样调查虽然是非全面调查，但它的目的却在于取得反映总体情况的信息资料，因而，也可起到全面调查的作用。①

抽样调查数据之所以能用来代表和推算总体，主要是因为抽样调查本身具有其他非全面调查所不具备的特点，主要包括：

第一，调查样本是按随机的原则抽取的，在总体中每一个单位被抽取的机会是均等的，因此，能够保证被抽中的单位在总体中的均匀分布，不致出现倾向性误差，代表性强。

第二，以抽取的全部样本单位作为一个“代表团”，用整个“代表团”来代表总体，而不是用随意挑选的个别单位代表总体。

第三，所抽选的调查样本数量，是根据调查误差的要求，经过科学的计算确定的，在调查样本的数量上有可靠的保证。

第四，抽样调查的误差，在调查前就可以根据调查样本数量和总体中各单位之间的差异程度进行计算，并控制在允许范围以内，调查结果的准确程度较高。

如何实施抽样调查方法？大致有以下五个步骤：

首先，确定调查主题，分析可行性和现实意义。

其次，确定调查计划、实施方案。依据是调查目的、要求、时间、人力、物力、财力等，实际就是做好特定抽样调查的财政预算。

第三，界定调查总体，实施抽样，设计问卷。调查问卷的问题设计有两种，一种是封闭式：事先编写好问卷中某个问题的可能答案，供被调查者选择；一种是开放式：问卷上只有问题没有答案，被调查者可以自由发挥。

第四，实施调查，包括人员访问、邮寄访问（电邮）、电话访问、网站粘贴问卷等，访问过程中要进行督导复查，以保证调查结果的准确。

最后，资料汇总分析，撰写报道。

抽样调查被公认为是非全面调查方法中用来推算和代表总体的最完善、最有科学根据的调查方法。在社会学领域中，抽样调查方法运用得最为频繁，所以它常被视为

---

① 柯惠新：《传播研究方法》，中国传媒大学出版社 2010 年版，第 71 页。

社会学所独有的方法。其实，它在很大程度上也为经济学、法学、舆论学等领域所共享，现又成为新闻学领域中一个重要方法。把抽样调查运用于新闻报道，最早见于美国。1824 年，《宾夕法尼亚人报》在总统选举前进行了“假投票”式的民调，并刊登了结果。1932 年，乔治·盖洛普运用抽样调查对米勒夫人竞选爱荷华州州务卿进行民调，准确预测了结果；1936 年，他又准确预测了总统大选，使抽样调查受到肯定，全美报社开始尝试精确新闻报道，到 1976 年总统大选时已蔚然成风。民调是伴随竞选而产生发展的，但今天其内容已超出原有范围，可以适用于相当广泛的新闻题材。

二、精确新闻报道——抽样调查在新闻采访中的应用

在日常的新闻活动中，记者对某一社会现象或事件进行报道，如果对涉及的整个群体都进行采访，显然是不可能的。比较理想的办法就是选择采访其中的一部分，从这部分个体反映的情况中还原出总体的情况。因此，选择能代表总体的一部分个体，也就是总体的抽样，是新闻采访首先必须解决的问题。对于现今社会越来越多的突发性事件和日益复杂的采访生态，仅仅凭借个别的记述和经验性的观察是远远不能满足要求的。那么，怎样才能规避在我们的采访中经常遇到的错把“偶然性现象”或“假象”当做“本质性现象”的问题呢？

精确新闻学对传统新闻学的遗憾进行了修正，它在方法论上把社会科学研究的方法与传统新闻报道的技巧融合在一起。开创精确新闻报道风气的是美国北卡罗来纳大学新闻系教授迈尔。他在 1967 年担任底特律《自由报》记者时，恰遇该市发生严重的黑人暴动，他和另外两位社会科学家采用随机抽样的方法，在暴乱地区抽选 437 位黑人进行访问，随后将访问所得资料输入电脑，以统计方法仔细分析黑人暴乱的原因，并依据研究结果，为《自由报》写了一系列报道。迈尔的系列报道不仅为该报赢得了普利策奖，也使精确性报道名声大噪，逐渐受到美国及世界各国新闻界的重视。迈尔于 1973 年撰写出版《精确新闻报道》一书，较为详尽地论述了该报道形式的起源、功能及操作程序。该书出版后产生了广泛影响，后来成为美国各大新闻学院普遍采用的教科书，在书中迈尔提出了精确新闻的报道手法和概念：“强调搜集处理新闻素材的手段完全科学化，以数字上的精确分析来体现客观性。”

在精确新闻采写的过程中，抽样调查是记者使用的唯一手段，其结果也是报道的唯一内容，完全客观化的精确新闻相当于抽样调查报道。几乎与此同时，即 1968 年至 1972 年美国两届总统大选期间，是美国新闻界重视精确性报道的转折点，到 1976 年美国总统大选期间，该报道形式已蔚然成风。新闻传播学者麦康伯于 1970 年年初在北卡罗来纳大学新闻学院的新闻报道课中首先讲授精确新闻报道内容。另一学者瑞恩在 1978 年调查全美七所设有新闻硕士班的大学，发现 61％的学校把社会科学研究方

法列为必修课。由于新闻学院愈来愈重视研究方法，新闻学院的毕业生中精通研究方法的人数也逐年增加，因此，新闻机构愈来愈容易雇佣到能够执行精确新闻报道研究的记者，这是1970年精确新闻报道能在美国新闻界迅速扩展的重要原因之一。

三、精确新闻报道在我国的发展

我国的新闻实践引进抽样调查方法是改革开放以后的事，主要经历了三个阶段：第一阶段为萌芽阶段，主要是对媒介受众情况的调查；第二阶段为成长阶段，主要是调查结果被引用到传统的报道形式中，以加强说服力；第三阶段为发展阶段，是以"精确新闻"形式出现的抽样调查报告。

1.萌芽阶段：20世纪80年代

自社会学在我国恢复重建以来，新闻界便较早地将社会调查方法引入新闻传播研究活动中。20世纪80年代初，上海复旦大学新闻系率先开办了传播学课程，组织学生在上海开展小规模的民意测验。1982年，由北京新闻学会发起，中国社会科学院新闻研究所、人民日报社、工人日报社、中国青年报社参加的北京新闻学调查组，对北京市居民读报、听广播、看电视的情况进行了一次抽样调查，这在我国开了用抽样调查方法调查受众的先河，在新闻界颇有影响。20世纪80年代中期，民意调查机构在国内不断出现。1986年10月，中国第一个非官方的舆论和新闻调查机构——中国人民大学舆论研究所宣告成立，甘惜分教授担任所长。此后各类大小不一、性质各异的调查机构纷纷成立。这些调查机构和它们的调查成果，为精确新闻学的产生奠定了物质基础。

2.成长阶段：1990年至1995年

随着大量社会调查机构的出现，新闻媒介越来越多地注意将调查统计分析后的数据运用到新闻报道中，以量化的方式反映社会现实的新闻报道明显增多起来。如1987年经济日报研究所的同志为了解"关广梅现象"讨论的效果，前往沈阳和本溪就租赁经营和有关问题进行追踪采访，就运用了问卷抽样调查这种方法。20世纪90年代，不少新闻机构十分注重刊播各类调查结果，进而开展与调查机构的合作。电子媒介在这方面的报道走在了行业的前头。1990年，中央人民广播电台便与中国社会调查所联合推出《调查与回声》专题节目；随后《北京青年报》等报刊媒体也推出《公众调查》、《公众焦点》等专版，从衣食住行、旅游娱乐及文化消费等方面，将社会调查机构的成果以量化的报道方式公布出来，以挖掘具有新闻价值的事物的更深层面，形成了传媒新的关注热点。这样的报道其实已颇具精确新闻报道的特点，它们多以一个话题为中心，有图表数据、专家评论，还有科学方法为后盾。当时新闻界却没有意识到这一点，直至

1996年《北京青年报》才正式启用“精确新闻”一词。

3.发展阶段:1996年至今

1996年1月3日,《北京青年报·公众调查》专版一篇题为《1995年,北京人你过得还好吗》的报道,正式被冠以“精确新闻报道”的头衔,从此拉开了我国新闻界科学、规范的精确新闻报道的序幕。此后,其他媒体也陆续开辟了“公众调查”、“调查新闻”、“精确新闻”等专版,刊登按照严格的抽样调查方法得来的数据以及由此产生的报告。这些精确新闻的来源,多半是专业社会调查机构受媒体委托进行的调查,它的表现形式和一份完整的抽样调查报告差不多,从此精确新闻报道方式在中国蓬勃发展起来。

1999年,睢安奇拍摄了纪录片《北京的风很大》,全片围绕“你觉得北京的风大吗”采访了形形色色的路人。记者或突然闯入发廊问躲避镜头的发廊小姐,或直接采访蹲厕所的人,颇有“暴力”色彩的采访记录下了路人多样化的反应。睢安奇用一种解构的方式消解了传统采访,给采访带来新面貌。

2004年,央视《纪事》栏目播出纪录片《你想要什么》,记者以街访方式问采访对象最想要的是什么。2005年,《纪事》栏目播出纪录片《幸福在哪里》,记者同样以街访方式问采访对象“你幸福吗”和“幸福是什么”。整部纪录片配了少量欢快的音乐,情感氛围更浓厚。

2012年,中央电视台《走基层·百姓心声》连续推出“你幸福吗”、“父亲母亲最在乎什么”等街访调查。十八大召开前夕,央视又推出“聚焦十八大·百姓心声:关注盛会预祝圆满成功”调查,记者在街头问采访对象在十八大上最关注什么和最期待什么,营造了公民参政、议政的良好氛围。之后,又陆续推出关注孩子性教育问题的街访调查“你从哪里来”、十八大后续街访调查“我的小康”和在交通安全日的街访调查等。如今精确新闻报道正越来越多地出现在央视及各大媒体的新闻报道中,成为一个新的“新闻增长点”。

四、大数据时代下精确新闻报道的不足和未来发展方向

随着新媒体技术更新换代的速度日益加快,每时每刻都有大量数据在全球快速传播。大数据时代对新闻采访是一次挑战,更是一次机遇,新闻采访要在大数据时代提高报道的专业性。

“你幸福吗”式精确新闻调查为新闻采访报道提供了一个新方向,但在实践中精确新闻报道还存在以下两方面的不足和缺憾。

1.信息加工程度低

在从事精确新闻报道时,新闻研究人员和从业人员在熟练掌握社会调查方法和理

论知识方面尚有较大的欠缺，他们往往直接采用调查公司的成果，简单地就此发一消息，造成信息资源的极大浪费。至今新闻界仍有部分人对精确新闻报道持观望态度或将其视为“二流信息”，与这种做法不无关系。

2. 新闻性较差

这具体表现在三个方面：其一，现实针对性差。由于新闻从业人员不能独立自主地对社会调查所得数据进行整理、分析，因而在报道时往往不能从数据中发现有现实针对性的、有新闻价值的东西，报道只是就调查谈调查结果，而不是就调查谈社会，致使大多数精确新闻报道的题材较窄。其二，真实可靠性差。由于不能科学地掌握和运用社会调查方法，新闻界的此类调查往往粗糙，如无效的因果推论、从不具代表性的样本中概括结论、用自愿样本推论，因而使有些报道相互矛盾，严重影响了精确新闻报道的可靠性和科学性。其三，新闻时效性差。在查阅报纸时我们往往见到一些报道所引的调查结果是一年前的数据，虽说从搜集数据到整理资料、得出结论需要一段较长的时间，有其运作的特殊性，但这种延误的报道恐怕更多地与新闻从业人员自身素质水平有限，又缺乏积极地跟踪数据的热情有关。

针对我国精确新闻报道信息加工程度低和新闻性较差的不足，我们需要在如下方面做些改进。

第一，加强培训。要在新闻研究人员和从业人员中加强社会学等基本研究和应用方法的教育培训，新闻院系应开设相关课程，使新闻人掌握科学的调查、统计、分析方法，摆脱依靠他人的尴尬局面，灵活自如地将社会调查法用于新闻报道中。

第二，加强外联。新闻界在增强自身调查能力的基础上，应加强与专门调查机构的配合协作。这种联系不应仅仅体现为新闻媒介是调查机构数字的发布者，而应建立一种新型的关系，即调查机构是新闻媒介的代理者，新闻媒介需要了解与公众生活密切相关的事实及环境的客观情况。

第三，确定选题，制订计划。一方面需要确立科学的选题，更有效地进行调研，一般精确新闻调查报道面都很宽，且时效性要求不是很高，记者在选择报道题材时，应把握民生民意，尽量选用非商业性的、具有社会价值的报道题材。另一记方面要制定完善的报道计划，包括抽样方法、问卷设计等，并分配合理的人力和物力实施计划。

第四，确定对象，开展调查。调查者要加强前期的采访，最大限度地获得样本资源。在能力范围内，媒体要建立权威的调查机构，打造一支掌握社会科学研究方法的记者队伍，由他们独立调查，并对调查过程进行把关；或者委托社会上的相关机构进行调查，并对调查机构的实力、信誉进行把关。此外，也可以进行跨媒体合作，这不仅能减少调查成本，做到人员、技术共享，还能充分利用其他媒体的影响力，提高调查的知名度和报道深度。

第五，整理数据，分析结果。记者既利用"线上"鲜活的采访方式、质朴的纪实性文字和图片等形成注意力，又在"线下"进行专业化调查和数据分析，这样才会在公布结论时形成报道影响力。媒体主动介入的报道方式，可实现个性化和专业化的报道，在全媒体时代建立自身的公信力。在客观把握数据的基础上，新闻记者应跳出调查报告的窠臼，将数字与现实结合起来，开阔思路，运用多种报道方式有点有面地进行报道，使信息资源得到合理的利用。

第六，展示结果，升华报道。媒体不仅要客观展示专业化数据，还要选择具备新闻价值的数据，运用更灵活的手段传播数据，使数据的表达更生动形象，增强新闻的可读性。首先，数据表达要简单，尽量使用简洁的数据形式；其次，数据表达要形象，通过配上图表、运用透明背景等方式，生动分析数据背后的信息；第三，展现数据背后的生活气息和人情味，反映典型事件和人物，展现富有感染力的细节。经过种种改进和努力，在 21 世纪数字化的浪潮中，精确新闻报道必将获得进一步的发展，以其真实、全面、科学性成为最有生命力的报道方式之一。

第六节　其他采访方法及采访方法误区

除了以上提到的五种常用采访方法外，日常采访中还会用到其他一些采访方法；在使用这些采访方法时，我们需要注意避免一些误区。

一、其他采访方法

1. 交叉采访

记者到一个单位或地区采访时，可能发现很多新闻线索，对这些线索记者若在采访第一条新闻的同时，顺便为第二、第三条新闻搜集材料，待第一条新闻采访结束，第二、三条新闻的材料已搜集了一部分或一大部分，这种做法就叫交叉采访。①

2. 跨行业采访

对于专业记者来说，实际采访中一般有两种情况：一是记者的采访任务涉及另一行业，需要跨行业采访；二是记者在采访中发现了非本行业的重要新闻，只要时间允许就应该跨行业采访。

---

① 刘海贵：《新闻采访教程》(第二版)，复旦大学出版社 2011 年版，第 12 页。

二、采访方法误区

以下我们将重点强调在采访中需要避免的四大误区。

1.越位式采访

所谓越位式采访，指记者的采访活动超出了新闻伦理和道德的底线，记者以一种不恰当的角色，强行索取信息。越位式采访现象主要存在于特大自然灾害等特殊环境中。特大自然灾害发生后，抗灾救人高于一切，新闻报道活动的时效和抗灾抢险的时效成为一对矛盾体，个别记者为了完成报道任务，在采访中时有越位，而他自己未必意识到这种采访方式的危害性。

例如：汶川地震中有一个女孩儿刚刚从废墟里被救出来，说不出话来。医生说她有心力衰竭的迹象，需要马上抢救。这个时候，四川电视台的记者居然把话筒对着女孩儿反复问："你现在有什么感想?"以人为本，其精神内核是尊重生命。是被采访对象的生命重要，还是新闻信息的采集重要？显然在这种情况下，受众的知情权可以稍稍延后，而被抢救出来的女孩的生命安全刻不容缓。记者的采访和医生的救治"争分夺秒"，所获取的新闻信息越多，对被采访对象的生命威胁越大，这种盲目追求新闻时效性的采访显然是一种越位的表现。

2.极限式采访

新闻采访是记者为收集新闻线索和素材而进行的调查研究工作，是了解新闻事实的重要手段。采访活动是有度的，而这个度既包括记者提问的时间和用语限度，也包括话题范围程度，还包括被采访对象能够容忍的最大限度。适度的采访活动，记者与被采访者之间可以达到最佳的状态，进而取得比较理想的采访效果。超出这个尺度，则属于极限式采访，受伤害的往往是被采访对象。

在汶川地震采访中，极限式采访的例子屡见不鲜。在四川电视台播出的一则报道中，记者对一个被压在废墟中的男子陈坚的采访即是一例。

记者：你是哪里被压到了呢？

陈坚：全身都被压到了。（只露出个头）

记者：那么，你现在还能呼吸不呢？

陈坚：还能微弱呼吸，你快点喊人来救我嘛。

在水泥板下埋了72小时的陈坚身体已经严重虚弱，记者却不停和他说话，为了配合直播，还拨通直播间的电话连线让他说话。记者的现场煽情，使其情绪一直处于亢奋的状态，当他被救出时，体力已经消耗殆尽，最后离开人世。在这则采访中，记者希望被建筑物压住的幸存者提供有价值的新闻信息，而被困者希望记者能够通知救援队尽快解救自己。一句“你快点喊人来救我嘛”，显然是被采访者终止采访的“逐客令”，从一个侧面表明极限式采访注定以失败而告终。因此，极限式采访是新闻记者的禁区，不能涉足。

3.刺激式采访

真实是新闻的生命。采访活动收集信息，同样以信息的真实性为前提。但信息的真实，需要记者根据自己的知识和经验去伪存真，进行甄别，而不能苛求被采访对象说实话。比如记者不能强迫被采访者回忆地震遇险期间的特殊经历，每一次回忆，对于包括采访者在内的人来说，是在了解一段惊险的经历，而对被采访者来说，则是一种痛苦的折磨。

以下，成都电视台记者对一位在地震中流产的高龄产妇的采访即属此类：

记者：您在这次地震中失去了孩子吗？

产妇：是的。

记者：你想过为你的孩子取一个什么名字吗？

产妇：没有，我不想想这么多。

（画外声：因为是高龄产妇，她已经不能再生育了）

记者：你老公是喜欢男孩还是女孩？

产妇：……

（画外声：流产的是男孩）

明明已知孕妇流产，记者还追问她是否给孩子起过名字，问她的丈夫喜欢男孩还是女孩。这究竟是抚慰，还是刺激？记者绝对不能为了求真而采取刺激式采访，这种采访得到的结论其实是非常低级的“真实”。

4.装傻式采访

在新闻采访实践中，有一种装傻式采访，为让被采访对象说出某句话，记者明知故问。这种采访方法，不能机械地套用。遗憾的是，这样的装傻式采访，在采访实践中时有发生。

以下是几个汶川地震报道中装傻式采访的案例。

来自重庆的一家四口人，开着车子赶赴灾区为群众送食物。途中，央视记者采访这家人，最后一个问题是：“你觉得他们需要这些吃的吗？”重庆市民给问愣住了，隔了几秒钟才说：“需要！”地震刚发生的那几天，灾民最短缺的是食品和饮用水。给灾民送食物，可谓雪中送炭，灾民需要这些吃的，这还用问吗？

某记者到都江堰聚源中学采访收到保险公司3万元死亡赔款的家长们，竟然问一位家长收到赔款时的心情如何，高兴不高兴？地震给灾区人民造成的精神伤痛，是任何金钱都无法弥补的。保险公司及时赔付受灾者相应的损失，3 万元的意外死亡赔偿金对家破人亡的学生家长而言，只是一种有限的补偿。试问，有哪个父母愿意以自己孩子的性命换取这笔钱？

一位老太太家里的平房倒塌，收到保险公司 500 元赔款，那位记者又去问她，这笔钱作用大不大？500 元的财产损失赔偿金和老太太家的平房倒塌相比不成比例，这笔钱虽然有作用，但对修缮房屋而言还是杯水车薪。记者渴望的是被采访者满脸喜悦地回答“很高兴”。在这里，采访已经沦为“装傻式诱问”。

为了再现抗震救灾现场的“真实感”，一些记者将新闻媒体追求的“用事实说话”异化成用同期声和直接引语说话。为此，不惜与救援者争抢时机，逼迫被采访对象说话。特大灾难事件的采访，“此处无声胜有声”应是首要原则。采访中的“此处无声胜有声”，并非取消记者的提问权，而是尽可能做到惜言如金，用最少的提问，捕捉最有报道价值的信息。

总之，新闻采访中综合运用各种采访方法的能力，集中反映了记者的综合素质。当然，仅仅靠采访前的“临阵磨刀”是远远不够的，更重要的是靠平时持之以恒的长期积累。要多读书，坚持不懈地涉猎各个学科的知识，还要注意收取和追踪新知识、新信息，时刻关心国内外大事和社会上各种各样的事物，不断丰富和积累自己的知识。只有这样，才能做到“养兵千日，用兵一时”，无论遇到什么样的采访任务都能应付自如。

【思考题】

1.什么是直面采访？直面采访中应遵循哪些基本原则？

2.什么是上下结合采访？实际应用中有哪两种具体形式？

3.请结合具体实例论述如何做好点面采访。

4.简述进行易地采访的具体方法。

5.简述精确新闻报道在我国的发展历程。

下编　写作

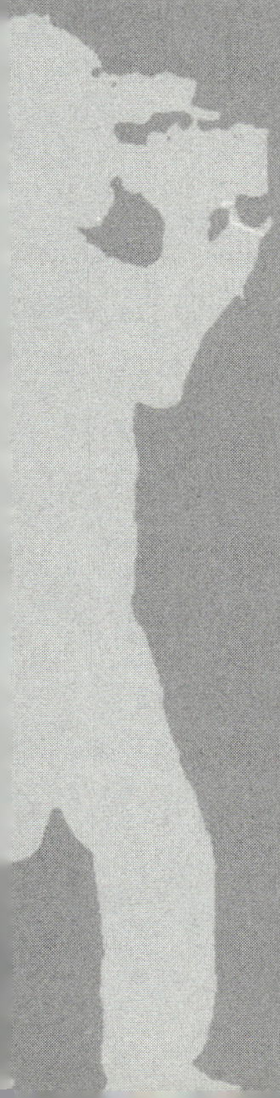

第六章　新闻写作的一般要求

从活动性质而言，新闻采访是认识实际，新闻写作是反映实际。只有正确认识实际，才能正确反映实际。就此意义而言，采访是写作的基础，写作则是采访的归宿，新闻采访决定新闻写作。在新闻实践中，应当首先确立这一观念；同时需要熟悉掌握新闻写作诸种技巧。唯有深入采访、精心写作，才能不断提高新闻报道水准。

第一节　新闻写作的基本常识

进行新闻写作，首先必须对何谓新闻有明确的认知。在繁多的说法中，陆定一的观点——"新闻是对新近发生的事实的报道"，比较广泛地被新闻界认同。不过，这一传统定义过于宽泛，并没准确地揭示出新闻的内涵。从记者采写的角度而言，新闻可定义为"经过媒体报道的对不同人有不同兴趣的最新的信息"。① 由此，新闻写作需要呈现受众"需要知道"和"想要知道"两方面的内容。为了实现这一目标，在新闻写作过程中应当遵循一些基本准则。至于此点，已有不少相关论述，诸如"充分体现对象主体的价值"、"严格遵守新闻真实性原则"、"注重发挥事实本身的作用"、"在真实的前提下追求时效"是新闻写作的"共同规律"。② 在充分关照中西方新闻生产理论与实践的基础上，我们认为：恪守新闻专业主义、尊重受众的真实需求，应当被视作新闻写作的基本常识。

一、恪守新闻专业主义

新闻工作是一门职业(occupation)，当称之为专业(profession)时，特指从事专业工作必需特定的专业技能、行业规范和评判标准。"新闻专业主义"这一概念最早由谁提

---

① 李希光：《关于新闻的定义与新闻写作》，《新闻与写作》2013 年第 3 期。

② 丁柏铨主编：《新闻采访与写作》，高等教育出版社 2009 年版，第 161—181 页。

出尚不清楚。[①] 美国学者盖伊·塔奇曼认为：19世纪90年代出现了新闻工作的专业主义。[②] 20世纪90年代之后，新闻专业主义已经成为西方新闻传播学研究的核心概念之一。陆晔和潘忠党将其基本内容归纳为：(1)媒体是社会的公器，新闻工作必须服务于公众利益，而不是仅仅服务于任何政治或经济利益集团；(2)新闻从业者是社会的观察者、事实的报道者，而不是某一利益集团的宣传员；(3)他们是信息流通的"把关人"，采纳的基准是以中产阶级为主体的主流社会的价值观念，而不是政治、经济利益冲突的参与者或鼓动者；(4)他们以实证科学的理性标准评判事实的真伪，服从于事实这一最高权威，而不是臣服于任何政治权力或经济势力；(5)他们受制于建立在上述原则之上的专业规范，接受专业社区的自律，而不接受在此之外的任何权力或权威的控制。[③] 这一归纳从社会责任、身份识别、社会共用、职业价值取向、专业自律准则五个方面，对专业主义内涵进行了相对明晰的判断。

在域外，专业主义被认为具有服务于既定体制的功能和保守趋向；在当下的中国，新闻专业主义的理念和实践却具有"解放"的作用。著名记者卢跃刚就曾提出："专业主义是对付专制主义最有力的武器"，它"不仅可以给有职业追求的记者以标准，还可以给自信"。[④]

在当前的新闻实践中，有职业追求的媒体机构和新闻记者，开始自觉遵循新闻专业主义准则，并以此作为对自己的"保护"。兹举一例：2012年2月20日，《新世纪》周刊的封面报道《奢侈动车》中，提供了一组关于CRH2型动车配件的采购价格数据，因其远超出市场价，引起舆论高度关注。面对涉事公司发出的"报道与实际严重不符"的指控，编辑部发布声明称"在该报道的采访、写作和编辑过程中，财新编辑部严格遵循了新闻伦理和新闻专业主义的要求，尤其注意到相关事实对公众和有关单位所可能产生的影响，保持了相当的审慎"。

当然，由于历史传统以及传媒体制，新闻专业主义在中国的发展有其自身特征。有研究者分析：该理念的三个核心观念——自由度、社会责任和客观性，在自由主义新闻业和中国特色新闻业中被赋予了不同的含义。[⑤] 参照众家论述，并结合中国的新闻实践，我们认为：在新闻写作中，恪守新闻专业主义，意味着应当努力实现客观和平衡。

---

① 吴飞：《新闻专业主义研究》，中国人民大学出版社2009年版，第26页。

② 〔美〕盖伊·塔奇曼：《做新闻》，麻争旗、刘笑盈、徐扬等译，华夏出版社2008年版，第156页。

③ 陆晔、潘忠党：《成名的想象：社会转型过程中新闻从业者的专业主义话语建构》，《新闻学研究》（台湾）2002年第4期。

④ 张志安：《有悲悯之心，但以专业为标准——〈中国青年报〉"冰点"原副主编卢跃刚访谈》，《新闻大学》2007年第4期。

⑤ 童静蓉：《中国语境下的新闻专业主义社会话语》，《传播与社会学刊》（香港）2006年第1期。

1.客观

从新闻传播史的角度看，客观性理念是一个不断建构与完善的社会产物。新闻报道能否实现客观，长期起来一直受到质疑，在理论和实践上都面临着挑战，但其地位并未真正被颠覆，无论中外，“客观”已经成为新闻从业人员信仰体系中一个不可或缺的部分。其实，“客观”也是公众对媒体的期望，尽管他们或许没有一个明确定义，但在对新闻好坏与否的评价中，常常会将“报道是否客观”作为一个基本依据。“客观”虽然难以彻底实现，但并不妨碍我们将其作为追求目标，如法国学者贝尔纳·瓦耶纳所言：“客观性是有局限的，但是不能降低要求。同科学家的客观性一样，新闻工作者的客观性也完全是可能的，因为二者性质相同，尽管后者不如前者伟大，也不如前者那么精确。”①

如何在新闻写作中实现客观？这意味着记者需要尽可能抛弃个人的任何成见，追求事实的准确和方式的冷静，以一种公正、超然的态度进行写作。好的新闻作品，记者是隐身的。当然，这并非要求记者进行不具情绪、毫无立场的“零度写作”。在此，《新民周刊》高级记者胡展奋的一个观念值得关注。他以特稿为例，指出其中的叙事语境有“低温”和“高温”之分。前者是基本叙而不议，或在关键之处偶尔议之，目的是尽可能地把客观事实和本质最准确地传递给受众。后者的一个明显特征就是夹叙夹议，充溢着大量正面的说教或负面的煽情，目的是以记者个人的价值观或报社的立场影响受众。在他看来，有立场又以客观叙述为主的“低温叙事”才是特稿的理想表达。②

扼要言之，在新闻写作中，事实与意见必须明确地分开，以陈述事实为主要目标，尽量杜绝渗透主观判断，才有可能实现客观。美国报业编辑协会1923年发布的《新闻规范》第5条提出：“中立——清楚区分新闻与意见的报道方式。新闻报道绝对不应掺杂任何形式的意见与偏颇。”这一原则性的规定值得认真学习运用，尤其是在特稿、特写等通讯类体裁的新闻作品中，更加需要审慎克制，在表达上应该避免刻意渲染和煽情，尽量准确地反映事实的真相与本质。

兹举两篇调查报道作品以供比较。2003年4月25日，《南方都市报》的报道《被收容者孙志刚之死》，全文5000余字，以克制、简洁的客观叙述，呈现了一桩令人发指的惨案，其中对受害者的“大学生”身份只在三处必须提及之处点出，但更显出公民在恶劣制度下的困境，获得社会广泛认同。形成对比的是，2010年12月22日《成都商报》的报道《夜上黄山，谁让救援队变敢死队？》，全文4000余字，出现18次“复旦”、24次“学生”，在情绪上过于渲染“名校效应”，诸如“这些被困者身份特殊，复旦大学的学

① 〔法〕贝尔纳·瓦耶娜：《当代新闻学》，丁雪英、连燕堂译，新华出版社1986年版，第37页。
② 胡展奋：《特稿的“低温表达”》，《南方传媒研究》2013年总第42期。

生”,“‘夜不上黄山’是惯例,可被困者是复旦学生啊”等叙述,容易让人误读。

2. 平衡

平衡是西方新闻报道普遍遵循的基本原则之一。1729 年,本杰明·富兰克林接办《宾夕法尼亚报》,他提出“当人们各持异议的时候,双方均应享用平等的机会让公众听到自己的意见”。这被看做是“平衡原则”的首次提出。合众社的创办人斯克普斯也对记者要求:“在争论中,你一定不要带有倾向性或站在某一方面。你不可能做到总是完全客观,但你必须永远力争把争论双方的观点都反映出来。”美国密苏里新闻学院的经典教材《新闻报道与写作》中强调:“新闻报道应当求得平衡、公正和客观。”在中国,学者孙旭培于上个世纪 80 年代率先提出“新闻报道应当平衡”的观念。迄今,平衡报道被认为具有独特优势:“平衡”不仅能保证每一篇新闻的真实,同时也能保证新闻整体布局符合实际,能如实地描绘社会上某一群体的图景。[①] 运用平衡的报道方法,能有效地提高信息量,较为准确地反映事物及其内外联系,寓倾向性于全面、客观、公正之中,使人更加信服。[②] 平衡报道有利于构建一个所有人都能参与的公共空间,亦能帮助媒体人克服自身不可避免的视野局限。[③]

如何在新闻写作中实现平衡?这首先需要对何谓平衡有准确的理解。平衡不是天平的正中央,“各打五十大板”式并非真正的平衡,而只是最为初级和简陋的报道,往往存在漏洞,可能导致偏差。在具体写作中,平衡远非罗列甲乙丙丁的说法。“平衡就是在突出报道一种主要因素时,还要顾及其他因素,特别是相反的因素;在突出报道一种主要意见时,还要注意点出其他意见,特别是相反的意见。”[④]在新闻写作中运用平衡手法,必须注重从不同的信源获取相关信息,将相对的事实和观点尽量同时呈现出来。

兹举一例:2005 年初,北京市有政协委员提出“抬高进京门槛,限制北京人口”的建议。对此,1 月 25 日,《新京报》的报道《政协委员建议对进京人口实行准入制度》,既有与提出“人口准入制度”的张惟英委员的对话,也采集了其他政协委员,以及发改委、卫生局、警方、劳动部、教委等相关部门人士的观点。同时,该报当天配发社论《“人口准入制”难过宪法关》,指出所谓准入制度实质就是“人口甄别制”,不仅是一种制度上的倒退,且有违宪之嫌。通过平衡呈现各方意见,报道传递出“人口总数要控制,但其解决方案只应在宪法与法律的框架内寻求”的信息,既揭示出事件本质,又坚持了舆论导向。

需要强调的是,在调查报道中,“平衡是一种认识事物的方法,它的出发点不是激

① 翟先锋:《平衡报道才能达到整体真实》,《新闻记者》1998 年第 8 期。
② 吴麟:《平衡报道:增加信息量的一个有效途径》,《新闻知识》2005 年第 9 期。
③ 方可成:《平衡报道≠各打五十大板》,《青年记者》2012 年 10 月(上)。
④ 孙旭培:《新闻学新论》,当代中国出版社 1994 年版,第 237 页。

起义愤，或是控诉和指责，而是指出需要解决的问题”。[①] 因此，需要尽可能给每一方尤其是受到指证的一方说话的机会，尽量以多维度的视角观察同一问题。2012 年 6 月 21 日，《南方周末》的报道《方法：方舟子与他所影响的论战法则》引发业内不少争议，其中一种批评即为：报道在平衡性上发生了重大的失误。资深媒体人连清川撰文分析：“平衡性，是这个报道的最大问题。对于一个对抗性如此明显的报道选题，它的报道角度不是两个，而是最起码要有五六个。而《方法》只有一个半：方舟子的反对者，以及少量的方舟子支持者。这个报道要成立，起码要有以下的角度：方舟子本人及其直接支持或关系者；方舟子的反对者，包括韩寒；在这场论战中居于中立者；外围的看热闹者；对这个事件进行研究的人；公共部门包括法律部门的人；网络从业人员（方的方法对网络的影响）；论战法则专家等等。”[②]

二、尊重受众的真实需求

改革开放以后，中国新闻界面临着一系列的观念更新与转型，其中根本点在于“以传者为中心”向“以受众为中心”的过渡。虽然这一观念转变过程多年前已开始，[③]但是迄今仍在进行之中，以致在当前国内的新闻写作中，一些早已为人诟病的现象还广泛存在。教育部精品课“采访与写作”主讲教授李希光就批评：“越是重要的新闻、越是重要的人物、越是重要的讲话、越是重要的外事会见、越是重要的颁奖大会，中国的媒体越是程式化、模板化和脸谱化。”[④]

观察中外优秀新闻作品，可以发现一个共同规律：它们都能够满足其时受众的需求。此处，我们提出：新闻写作应当尊重受众的真实需求。在“需求”前加一限定词“真实”，有其特殊意蕴。新闻传播不能沦为政治权力或商业利益的附庸，而应尽量从真实的世界、复杂的人性出发，认真分析受众“想要知道”和“需要知道”的信息，以真正满足其需求。尤其要警惕的是，当前传媒产业化催生了“受众即消费者”的观念，这与媒介公共性的本质属性相去甚远，易导致传播形态的娱乐化和传播内容的庸俗化。[⑤] 我们需要抵御这一消费主义观念对新闻生产的侵蚀。在具体的新闻写作中，如何才能实现尊重受众的真实需求的目标？这就需要尽可能提供富有价值的、易于接受的信息。

---

① 柴静：《话语权的另一半——调查性报道中的平衡原则》，《电视研究》2005 年第 10 期。

② 连清川：《〈方法〉的错误方法》，《南方传媒研究》2012 年总第 37 期。

③ 朱光烈：《关于“以受众为中心”观念的讨论》，《北京广播学院学报》1993 年第 3 期。

④ 李希光：《关于新闻的定义与新闻写作》，《新闻与写作》2013 年第 3 期。

⑤ 马锋：《“受者本位”幌子下的“传者本位”—— 社会转型期“受众即消费者”观念本质论》，《新闻与传播研究》2006 年第 1 期。

1. 提供富有价值的信息

新闻报道如何才能提供富有价值的信息？扼要言之，该则新闻应能解答受众可能会提出的问题。受众可能关心的最基本的问题通常可归纳为七类：(1) Who——关于谁的事？(2) When ——什么时间发生的事？(3) Where——在哪儿发生的事？(4) What——发生了什么事？(5) Why——为什么发生？(6) How——发生了什么事？(7) So what——有什么意义？这些是构成新闻的基本要素。在新闻写作中，尤其需要关注其中的时间、故事和意义三大要素。

其一，时间要素。告知新闻是何时发生的，时间需要尽量限定得准确和清楚，绝对需要避免“最近”、“近日”、“日前”、“近来”之类模糊的时间概念。同时，还要有强烈的时间观念，充分重视新闻的时效性。硬性新闻写作更是如此，因为这是一类时效性极强的刚发生、正在发生或即将发生的事件。新华社曾要求自己的记者撰写电讯“必须时刻存在一个观点——‘为了最迅速的报道’”。[①] 相对而言，软性新闻在时间上的紧迫性没有那么强烈，但也要讲究时效性。“软性新闻的内容都有一个‘新闻钩’，也就是和当前正在发生的新闻事件、热点问题联系起来，否则读者不太会去关注。”[②]还有一个问题需要注意：由于多方面的原因，记者常常会错过采访新闻的最佳时机，或是未能及时获知而造成时过境迁的遗憾，或是由于受制于不可控的因素而未能及时发稿，而这些“迟到的新闻”仍有价值，应当如何处理？有研究者提出：“运用好新闻根据，可以抢回失去的时效。”[③]所谓新闻根据，简言之是指一件事何以能成为新闻的由头。例如：1976 年唐山大地震的死亡人数直到 1979 年 11 月 22 日才由新华社公布，当时电讯中提及该数据是在 11 月 17 日至 22 日举行的“中国地震学会成立大会上宣布的”，突出了时效感。

其二，故事要素。尽量具体地告知受众究竟发生了什么新闻，关注新闻事件中人的故事、人的命运，信息切忌笼统，尤其是需要摆脱官腔太重的惯性宣传模式。例如：2013 年 2 月 1 日上午 9 时许，连霍高速义昌大桥上一辆装载烟花的货车发生爆炸，同一时间大桥部分被炸毁，出现坍塌事故，共致 8 辆车坠落，10 人死亡。当日，河南媒体大河网上出现一篇千字新闻报道《连霍高速义昌大桥发生垮塌事故 省市组织抢险救援》。该文 1300 余字，其中 1134 字用于渲染 16 位领导如何重视该事件，未提及任何伤亡人员或家属名字。这样一篇“满是官腔”的报道引发了公众的反感。采写软性新闻更要注重故事要素。因为硬性新闻是以陈述事实为主，客观地记述发生何事、为何发

① 刘保全：《充分发挥新闻时效特有的威力》，《新闻界》2003 年第 3 期。
② 李希光：《新闻写作基本要领》，《新闻与写作》2012 年第 5 期。
③ 刘保全：《运用好新闻根据，抢回失去的时效》，《新闻三昧》2009 年第 5 期。

生，以及可能会产生的影响；而软性新闻(又称“讲故事新闻”)，需要选取某一新颖角度，并以具有人情味的故事展示人物、事件或问题的某一方面。例如：2008 年 5 月 28 日，《中国青年报》的“冰点特稿”《回家》广受读者好评，也得到了同行的高度认可，荣获《南方周末》“2008 年度传媒致敬之特稿写作奖”，致敬理由如是写道：“8 万多人的生死劫难中，有一篇讲述寻常百姓故事的《回家》，是幸运的；但只有这么一篇，却是令人遗憾的。在大部分媒体耽于信息快报和面上悲壮的渲染时，以 8000 字的篇幅聚焦一个寻常‘草民’的悲欢，已足显情怀，回归最纯粹的寻找好故事的冲动，收获了好评。”在触目皆是新闻的震区，《回家》一文克制住求大求全的报道欲望，反躬常人，讲述一对普通夫妇带着已遇难的儿子回去“让他在家里最后过一夜”的故事。它在众多地震报道中脱颖而出，印证了一个常识：普通人的情感悲欢，才最容易打动普通人。

其三，意义要素。在告知新闻时，需要注重发掘出相关性：这与受众有什么关系？受众为什么要关心？国内著名记者艾丰曾言：新闻写作“最重要的不是技巧问题，而是读者观念、对象观念问题”。[①] 很多新闻作品难合人意，一个重要原因就是未能回答受众最具挑战性的问题：那又怎样？我需要在乎吗？一篇新闻报道，与其目标受众有强相关性，才有可能获得关注。以时政报道为例，在当前中国的语境中，不仅难以操作，资深媒体人江艺平曾用“最敏感、最不具专业性、最容易被撤稿”形容，而且难以让公众对其喜闻乐见。一些常规型的重要时政活动，诸如全国“两会”，尽管媒体报道铺天盖地，但真正能让公众关注的并不多。2012 年 3 月 15 日《南方周末》的报道《两会保障，多少部门在付出》则很出彩，该文围绕一个多年来社会关心的话题——年年“盛会”，花费几许？投入几多？从来没有人给出明确的答案——展开。显然，依靠记者一己之力难以直接回答。这篇报道另辟蹊径，从众多部门“保障服务两会”的角度切入——“两会期间，国家图书馆、气象局、邮政局……许多您想不到的单位，都深度参与到两会保障之中，从大局的高度，不惜成本确保两会顺利进行。”通过这一新颖视角，发掘出“两会”与普通公众日常生活的相关性，将常规时政新闻做得灵活且专业。

2. 提供易于接受的信息

新闻报道如何才能提供易于接受的信息？扼要言之，该则新闻的可读性要强。可读与否，首先当然与内容相关，应当如前所述——提供富有价值的信息；另外，还要讲究写作的技巧，能够进行简练清晰的写作。

关于此点，中外论者颇有不谋而合之处。著名记者艾丰将“简明”视为新闻写作的“最高技巧”，认为“简而不明，不太难；明而不简，也不太难；难在既简又明”。他还提出五条提高可读性的具体建议：“(1)字汇之难易程度。难字越少，可读性越高。(2)字汇

---

① 艾丰：《新闻写作方法论》，人民日报出版社 2010 年版，第 43 页。

的具体或抽象程度。具体字汇越多，可读性越高；抽象汇字越多，可读性越差。(3)句子的平均长度。越长，可读性越低；越短，可读性越高。(4)人情味字汇和句子的比例。所占比例越高，可读性越高。(5)分段的长短程度。一般说，越短越好读，通篇不分段，读者有坠入'字海'之感。"[①]美国学者罗伯特·加宁的论述则更为全面，提出清晰写作的十条原则："(1)保持句子短小(指句子的平均长度)；(2)宁可简单而不复杂；(3)尽量使用熟悉的词；(4)不用多余的词；(5)使用动作性强的动态动词；(6)按说话的方式写作；(7)使用读者可以想象的词语；(8)与读者的经历联系起来；(9)充分利用多样的变化；(10)通过写作来表达而不是追求轰动效应。"[②]

对专业性强的领域进行报道，更要虑及受众对信息的理解与接受程度。例如科技新闻写作，如果未能对有关专业概念进行新闻化的处理，甚至在自己都还懵懂的情况下就照本宣科，以致术语堆砌，令人望而生畏，传播效果自然不佳。尤其需要考虑的是，中国公众科学素养程度很低。2004 年 5 月 20 日，《科技日报》发布的我国第 5 次公众科学素养调查结果显示：我国公众具备基本科学素养水平的比例仅为 1.98%。早在 1985 年，美国公众达到基本科学素养水平的比例为 5%，到 1990 年时，已经达到 6.9%。此外，对 18 个国家公众对科学知识了解程度的调查显示，我国名列最后，仅有 18%；瑞典第一，高达 70%。科技新闻被认为在提高全社会的科学素养方面具有关键作用。注重解释、巧用修辞，在科技新闻写作中兼具"科学性"与"通俗性"，做到深入浅出，才可能取得良好的传播效果。

兹举一例：1998 年 11 月 27 日，新华社播发的《科学家说，地球上第一枝花盛开在中国》，就是一篇科技新闻的范例。该文报道了一项重大的科学成果——中国科学家发现了最早的被子植物化石。文中将"被子植物"这一专业术语解释成"花"，在导语中写道："国际科学界今天证实：中国科学家在 1.45 亿年前的火山灰里发掘的 8 块有漂亮花纹的化石，是地球上最早出现的花。"之后，进行更具体的描述："这些被子植物开花时花瓣呈螺旋状排列，与现今常见的木兰花相似。"并且，关照到这一科学发现与日常生活的关联："现今地球上存在的有花植物约有 25 万种，占植物总数的一半左右。花朵、谷物、水果等绝大多数都是被子植物。"这些细节既充实了文章，又使受众易于接受信息。[③]

---

① 艾丰：《新闻写作方法论》，人民日报出版社 2010 年版，第 33、48 页。

② 〔美〕布鲁斯·D·伊图尔、道格拉斯·A·安德森：《当代媒体新闻写作与报道》，贾陆依、华建昌译，中国人民大学出版社 2009 年版，第 30—37 页。

③ 吴小军：《深入浅出 贴近读者——评〈科学家说，地球上第一枝花盛开在中国〉》，《写作》2000 年第 5 期。

第二节 新闻写作的基本环节

新闻媒体所传播的新闻作品的各类载体形式,通常称为新闻体裁,是新闻内容与表现形式相统一的报道样式的统称,一般由新闻报道与新闻评论两大类组成。长期以来,中国新闻界对体裁的分类颇为精细。例如有论者将其分为五大类和三十余种:(1)典型的新闻体裁,含消息、报道、通讯、特写、速写、小故事、述评、采访札记、记者来信、专访。(2)边缘性/杂交性的新闻体裁,含报告文学、调查报告、座谈纪要。(3)其他文字作品体裁,含评论、编者按、署名评论、杂文,其中评论又分为社论、编辑部文章、本报评论员文章、短评。(4)广播及电视的特有体裁,如录音报道、配乐广播、口头报道、录音访问、广播讲话、实况转播、实况直播。(5)探索性体裁。[①] 其实,依照新闻传播实践而言,在体裁上如此细分大可不必,如古人所言"大体须有,定体则无"即可。本书着重讲解消息与通讯这两类最基本新闻体裁的写作。

新闻写作过程有其基本环节。有论者认为:新闻写作需要处理新闻主题、新闻材料、新闻角度、新闻语言、新闻结构、新闻导语、新闻背景、新闻结尾"八大环节"。[②] 我们认同这一判断,由于角度、结构、导语、背景、结尾等要素在以下"消息"和"通讯"的相关章节中会有具体分析,此处仅讨论主题、材料和语言三个要素。并且我们认为,对任何新闻体裁而言,讨论这些要素更具共性。

一、新闻主题

新闻主题是指通过新闻事实提炼出的主要问题及其表明的中心思想。它可以被视为新闻的"灵魂",是决定新闻思想意义和指导作用的根本要素。新闻作品能否真正富有价值,同其主题的选择与提炼息息相关,正如古人所言"文章成败在立意"。

新闻主题源自何处?扼要言之,它源于现实生活,是对客观事实的反映和升华。在具体的新闻写作中,它是从采访及其所获材料中选择、提炼而出,进而形成一篇新闻所要表达的核心观点。在新闻报道中,有两种常见的主题处理现象:其一,主题芜杂,以致报道不深不透;其二,议论偏多,使报道缺乏说服力。如何避免?对于前一个问题,我们必须牢记一个准则:一篇新闻一个主题。在此,清代作家刘熙载在《艺概》中的

---

① 艾丰:《新闻写作方法论》,人民日报出版社 2010 年版,第 55—71 页。

② 刘海贵:《中国新闻采访写作学》,复旦大学出版社 2011 年版,第 114 页。

一段名论很有启发意义，他提出了“文有七戒”：“旨戒杂，气戒破，局戒乱，语戒习，字戒僻，详略戒失宜，是非戒失实”，其第一戒即为主题不要芜杂。对于后一个问题，我们需要强化一个认识：坚持用事实说话是新闻报道的基本要求，应当善于通过事实表达主题，而非以议论来直接说明主题。当然，这并不是说排除任何议论，在解读新现象、报道新事物等必要情况下，记者为了说明本质、升华主题，可适当进行少量精辟而准确的议论。在此，我们需要认真领悟高尔基的一个观点：“主题产生于对生活的观察，产生于日常生活描述的事实”。

如何确定新闻主题？这首先涉及一个选择问题，因为现实生活纷繁复杂，但媒体资源和受众精力都非常有限，必然需要有所取舍。对此，我们认为应关注真正具有新闻价值的事实，从而为受众提供他们“需要知道”和“想要知道”的信息。兹举一例：2013 年夏，北京、深圳等地出现多例精神病人挥刀伤人事件，如何制止此类恶性事件发生？这是关系到普通公众切身利益的问题，因为有数据显示“我国有重性精神病患者 1600 万人，其中‘约 10%有肇事肇祸行为及危险’”。但是，国内精神病的治疗、康复等公共资源严重不足，多数患者的家庭又难以对其进行完善监护。对此，2013 年 8 月 21 日《中国青年报》选择以“精神病患者的监护之痛”为主题，刊发了一篇很有新闻价值的报道《家庭不能承受之重》。

选择主题，只是揭开序幕；若要深刻反映相关新闻事件，还需要提炼和深化主题。这意味着：必须要对材料进一步进行去粗取精、由表及里的分析与综合，找寻新闻事实中具有普遍意义的要素，在此基础上挖掘出其所反映的本质问题。能否顺利提炼出好主题通常取决于两个要素：其一，对全局情况理解的清晰度；其二，对具体材料分析的透彻度。在这一过程中，还要注意几点：主题应与事实相符，不能硬性去迎合形势的需要；主题应当集中具体，面面俱到只会导致空泛无力；主题不可流于一般，应善于通过个性来体现共性。

2012 年 11 月 22 日，《南方周末》刊发的报道《传销新“圣地”》，在新闻主题确定上就富有启发意义。此文主题明确，着重介绍宁夏贺兰县传销行业谎言系统的建立及其体系内部的光怪陆离。作者后来在采写手记中提及，当时在采访材料的取舍上面临“极大的痛苦”，因为“每一方面的信息都得来不易”。最终，他在与编辑的反复讨论中，将主题确定为专注于介绍这个传销系统内部新的组织结构以及对现实世界的模仿——贺兰的传销人员“不聚众授课，也不限制人身自由……通过结合国家政策、截取领导人讲话衍生出一套完备的理论体系，从而完成对成员思想上的控制”。[①] 由于作者对国内传销组织情况的整体了解，以及对贺兰传销组织情况的透彻分析，该文深入地

---

① 雷磊：《找到一只麻雀——〈传销新“圣地”〉系列报道采写手记》，《南方传媒研究》2012 年总第 39 期。

揭示出传销"新圣地"的危害——一个由谎言建构起来的世界如何将普通人吞噬成为体系的一部分,从而让人性在谎言里变得扭曲丑陋,以致将良知与灵魂都奉于魔鬼。

二、新闻材料

新闻材料是指构成新闻事实的各种原始情况、材料的总称。它是新闻写作的基石,因为正如"巧妇难为无米之炊",若是缺乏新闻材料,纵使写作水平再高,也是难以下笔的。一篇新闻作品要想成为佳作,充分占有材料非常必要,应当以"宁可我不用,不可我不备"的准则,以"上穷碧落下黄泉,动手动脚找东西"的精神去广泛采集相关资料。日本知名记者辰浓和男曾言:"如果你要写 100 行的报道,就要积累 2000 行的素材。如果用 100 行素材写 100 行报道,就会失之肤浅。想写出深刻的报道,必须用 2000 行素材'垫底'。"①

新闻材料通常被划分为三类:(1)第一手材料——记者亲自通过观察、访问等方式所获得的材料,无需任何中转环节。(2)第二手材料——记者通过当事人口头或书面提供所得的材料。(3)第三手材料——记者通过知情者口头或书面提供所得的材料。我们提倡记者要抓第一手材料,但也应重视第二手和第三手材料的获取,三类材料可以互为补充,记者在条件允许的情况下应当兼而得之。需要注意的是,应格外注重对后两类材料真伪的验证。作为记者,对于任何经过中转环节的材料都要始终保持质疑;而且对于自己直接获取的第一手材料也要怀有警惕之心,尤其是有争议的、复杂的情况,需要反复进行求证,执著地去刨根问底。

在此方面,《中国青年报》年轻记者秦珍子的经验值得借鉴。在一次人物报道中,经过多次采访,稿件都已发给编辑,但她仍不放心,于是"那一边,编辑改着稿子,这一边,我疯狂地穷尽各种社会关系,继续寻找采访对象。我要刨,继续刨下去,对于这棵招摇、挺拔的'大树',我一定要看见树根、树根上的泥土、泥土下的岩层、岩层间的暗流……"最终,她找到"盲点"——当事人隐瞒了一些关键信息,于是稿子在上版前被她亲自拦下。后来在采写札记中,她反思道:"人性的复杂,远非此望闻问切可及。因此才需要记者,持一柄'柳叶刀',将发肤筋肉,骨骼血管,一一剖来。在完美中寻找残缺,在残缺中寻找根源。"②

冯友兰先生论及哲学史研究中的史料问题时,提出一个四步程序:"第一步的工作是收集史料,这一步工作的要求是求'全'……第二步的工作是审查史料,这一步工作的要求是'真'……第三步的工作是了解史料,这一步的工作是求'透'……第四步的工

---

① 蓝鸿文:《中外记者经验谈》,中国人民大学出版社 1983 年版,第 522 页。

② 秦珍子:《发稿前最后一刻,也不能放弃追问真相》,《中国青年报》2013 年 8 月 14 日。

作是选择史料，这一步工作的要求是求‘精’。"[1]对于新闻采写而言，这一程序也很适用。在采访阶段，对新闻材料应求"全"，多多益善；在写作阶段，对新闻材料应求"精"，以质取胜。例如：记者魏巍在写作通讯《谁是最可爱的人》时，实地采访收集了100多个感人事例，他起初从中选了23个，发现传播效果不佳；最终成文时，只精选了3个事例，却收到了如郑板桥所言的"以少少许胜多多许，着墨无多而形神兼备"之效。

三、新闻语言

新闻语言是指符合新闻报道要求、体现新闻特性的语言。新闻语言有其鲜明个性，有论者提出它是一种"独立语言"，[2]其总体特色是"以白描作为主要特征"，[3]这一论断能够成立。语言是记者最主要的工具，因为新闻采写在实质上是"一项以语言作为工具进行人际交流的活动"。[4] 作为传播的重要途径，语言有三个基本功能——"传递信息、思想和情感"；"建立认可、联系"；"娱乐"。[5]

对于一篇新闻作品，如果说用优美的文字讲述好故事是一个高标准，那么行文流畅准确、不会造成阅读障碍则是底线。为此，应该使用准确、通俗、简明的语言进行新闻写作。

新闻语言需要准确。真实是新闻报道的基本原则，语言运用不够准确，有损新闻的真实性，影响报道的传播效果。怎样才能准确？应力求做到以下三点：第一，慎用模糊语言。新闻报道要让受众可感可触，信息的叙述应尽可能量化，例如"近来"等模糊时间、"某市"等模糊地点、"一致认为"、"基本达标"等模糊评价，需要尽量避免运用。第二，语言有分寸感。在新闻报道中，需要杜绝大话、空话、绝对表述；需要避免使用歧视性称谓，以及由刻板印象产生的称谓；尤其需要尊重常识、常理、常情，语言要尽可能契合具体语境。例如：将民工无奈的抗争行为称作"跳楼秀"、将枪击平民的犯罪分子称为"爆头哥"等，都是极其缺乏分寸感的表现。第三，语言要有规范。新闻语言固然包容性强，但对于社会上出现的新词，需要审慎衡量之后再加以吸纳，无标准地照单全收，尤其一些网络流行语有强烈的亚文化特色，并不适用于新闻报道，脱离语境的照搬往往只是东施效颦。例如：2011年6月8日《羊城晚报》将"坑爹"用在标题中，不仅过于媚俗，而且太过粗鄙，类似不规范的用法都将严重影响新闻语言的准确性。

新闻语言需要通俗。在准确的基础上，需要尊重受众的普遍心理需求，通过运用

---

① 冯友兰：《中国哲学史史料学》，载《三松堂全集》第6卷，河南人民出版社1989年版，第312—313页。

② 艾丰：《新闻语言是一种独立的语言》，《新闻与写作》2010年第11期。

③ 艾丰：《新闻语言的总体特色》，《新闻与写作》2011年第1期。

④ 刘海贵：《中国新闻采访写作学》，复旦大学出版社2011年版，第123页。

⑤ 李希光：《运用新闻语言的技巧》，《新闻与写作》2012年第8期。

通俗的新闻语言，使信息尽可能易懂。反之，则会影响传播效果。例如：在2012年雅安地震报道中，《三联生活周刊》刊登的《龙门山断裂带》被同行认为“在信息增量上”可以算是“难得的亮点”，但由于“写法上过度僵硬和学术化”，未能形成较广泛的传播度。[①] 如何才能通俗？刘海贵教授认为在业务手段上应当努力体现“六多六少”——“多动词，少形容词”、“多细节，少议论”、“多比喻，少笼统”、“多解释，少晦涩”、“多白话，少文言”、“多具体，少抽象”。[②] 这一总结非常到位。此外，在之前论述“提供易于接受的信息”部分时，我们对此有所涉及，这里不再赘述。

新闻语言需要简明。言简而意明是新闻作品的一个重要特征，相较文学作品，它只能以较少的篇幅去概述全貌和勾勒细节，我们应树立“简比繁好”的理念，惜墨如金，以简明的语言进行新闻写作。如何才能简明？首先，需要透彻分析材料、理顺逻辑关系，思路若是芜杂，文字必难清晰。其次，在具体写作中，保证能准确清楚呈现事件的前提下，精心锤炼修改，尽可能删去冗余的段、句、词、字。需要如海明威所言：“写作最重要的事，起码对于今天的作者来说，就是剔掉文字的肥肉，让白骨露出来。”2010年4月18日，《中国青年报》的《废墟边的新生》，全文只有1200余字，却清楚地叙述了青海玉树地震中发生的一个故事——“37岁藏族妇女被困66小时后获救，11小时后产子”，传播出人与自然的搏斗、人和人之间的互助，以及绝望中的希望等多种信息，语言简明但富有感染力。

【思考题】

1. 结合实例说明在新闻写作中如何实现客观和平衡？
2. 举例说明在新闻写作中如何才能尊重受众的真实需求？
3. 哪些因素影响了新闻主题的确定？
4. 如何才能获得真实和全面的新闻材料？
5. 结合实例说明新闻语言的基本特征是什么？

---

① 陆晖：《纸媒的一次滑铁卢》，《南方传媒研究》2013年总第42期。

② 刘海贵：《中国新闻采访写作学》，复旦大学出版社2011年版，第124—125页。

第七章 消息写作的基本要素

第一节 什么是消息

一、消息的定义与特征

据专家考证,“消息”一词最早见于《易经》:“日中则昃,月盈则食,天地盈虚,与时消息。”意思是说,太阳到了中午就要西斜,月亮圆了就要逐渐亏缺,天地间的事物,或盈或虚,都随着时间的推移而时有消长。近代,“消息”一词,指事物变化的信息,在新闻学中,也用来指一种固定的新闻体裁,有时又叫新闻。一般我们在狭义的意义上使用新闻这个词的时候,指的就是消息。消息作为一种文体,指的是报道事情的概貌而不讲述详细的经过和细节,以简要的语言文字迅速传播新近事实的新闻体裁,也是最广泛、最经常采用的新闻基本体裁。

消息作为一种文体,具有鲜明的特征,主要反映在以下方面。

第一,用事实说话。

消息报道,一般要求对事物最近、最新的变化加以报道,用事实说话。

一般如通讯、特稿等新闻体裁,都可以有一些记者个人的直接的感情抒发或者分析,但消息不同,要求的是客观、冷静的报道,尽量不用记者个人的观点或感情去影响报道,强调的是对事物的准确的描述和最新消息的传递。有人说,消息写作就是回答5W+1H的问题,即When(何时)、Where(何地)、Who(何人)、What(何事)、Why(何故)以及How(如何)的问题,不涉及其他分析或议论。这六个要素,包括引用的背景材料、数字,都要真实、准确,绝不允许虚构和添枝加叶。有时候根据实际情况,可省略个别要素。最短的消息可以就是一句话,将以上要素交代清楚即可。

第二,短小精悍,概括性强。

消息非常强调时效性,要求在最短篇幅内用尽量精练的语言,传播出尽量多的最新信息。因此，消息的采写要求叙事直截了当，语言简洁明快。从整体看，消息一般篇幅较为短小，简明扼要，很多新闻史上著名的消息，只有寥寥两三百字。和通讯等新闻体裁比较起来，消息长于做动态报道，报道信息最新最快。因此，消息一般只选取最重要的事实加以报道，对细节不是很重视，短小精炼，在语言上也要求干净利落，用词准确。

第三，时效性最强。

消息在新闻诸体裁中时效性是最强的，要求争分抢秒，迅速完稿，“立马可待”。可以说，时效是消息的生命。为了将消息写短，具体写作中应注意一事一报，及时概括事实，必要时可以选取代表人物或标志性事件加以报道，以便窥一斑而见全豹。对于一些重大事件或复杂事件，不妨化整为零，或者先简后详进行连续报道，等等。

第四，具有固定的结构方式。

消息由于对时效性要求较高，所以在写作上形成了一套固定的程式。这种固定的程式是消息体裁在外在形式上最为明显的特征。一般是将最重要、最吸引人的新闻事实放在最前面进行报道，这种结构形式尤其在一些对事件做动态报道的消息中表现得最为突出。

第五，大多数消息有电头或“本报讯”作为外在标志，有人因此将其称为“消息头”。

大家在报纸上看到的消息，开头部分往往冠以“本报讯”或“XX 社 XX 地 X 月 X 日电”的字样，这就是“消息头”。消息头是消息的外在标志。其中，“XX 社 XX 地 X 月 X 日电”一般被称为电头，表明电讯稿发出的单位、时间和地点，加上括号或者用显著字体标出，置于稿件正文的开头。“本报讯”指消息是由本报记者或者通讯员采写的，如果是外埠采写的稿件，一般也要注明发稿时间和地点，这时候消息头一般变为：“本报 X 地 X 月 X 日专讯”。

消息头的主要作用是：表明新闻来源，以利读者判断。消息头是消息的文体特征，是与其他文体区分的基本特征之一。但是目前，新闻界对于消息头的使用已经有所变化，有的报纸如《环球时报》就全部取消了消息头。在消息头的使用上，各报也不一致，如对于本报记者采写的本地新闻，大多数报纸还是用“本报讯”，但是也有报社直接将报社名称用上，如《晶报》的消息头就是“晶报讯”，《东方今报》的消息头是“今报讯”。

二、消息和通讯的区别

以下是对同一新闻事件的两篇报道，一为消息，一为通讯。

我一民航客机在港着陆时坠海

6 名机组人员 1 名乘客死亡 15 人受伤

本报香港(1988 年)8 月 31 日电　记者黄车群报道　中国民航 CA301 航

班客机今天上午在香港启德机场着陆时失事。

截止到记者发稿时，6名机组人员和1名乘客死亡，其余72名乘客和另5名机组人员获救，其中有15人受伤送入医院。

客机坠海之后

8月31日清晨，香港上空乌云密布，大雨滂沱。启德机场如同笼罩在朦胧的纱帐中。

9时许，中国民航客机——“CA301”班机从广州飞来，对准机场跑道向下降落。

不幸的事故发生了！

飞机接触地面后，失去控制，冲出跑道，冲向机场边的九龙湾。这架载有89人的三叉戟坠海了！

记者闻讯赶往失事现场。

据目击者说……（以下为目击者所见飞机坠海情景，以及各方救助行动）

以上报道，第一篇为消息，第二篇为通讯，从中我们可以很清楚地看出两种体裁的区别。前者，简明扼要，基本都是关于事实的报道，没有抒情和描写，直接报道事件的最新发展、最主要的事实，靠的是时效性和信息的重要性取胜。后者，则是对事件的进一步详细报道，有描写，笔法也可以看出记者比较多的个人感情色彩和语言风格，在报道事实之外，对于叙事也要引人入胜。

一般来讲，在实际新闻实践中，由于消息时效性强，能够及时回答群众关心的问题，所以多半由新闻打头阵，由通讯在随后对事件做进一步详细报道，包括事件的来龙去脉、背景分析等，起到对事件进一步释疑解惑的作用，让关注事件的群众能够得到更为详尽的资讯。

在新闻报道中，不是所有事件都可以写成通讯，只有能够引起受众较大兴趣或者比较复杂的事件才能写成通讯，但所有新闻事件都可以写成消息。可以说，消息是新闻报道中最重要的体裁，它短小、快捷，报道事实灵活直接，这些让它成为报道事件的首选体裁。

三、消息的种类

消息作为新闻体裁中的一大类，有不同的类型。其中，按照写作笔法以及报道内容的性质来划分，可以分为以下四类：

1. 事件性消息

它是消息中最重要的一类，也是最能够发挥消息体裁优势的消息类型。这种消息迅速、及时地报道国内国际的新闻事件，关注的是事物的最新变动。其中，动态消息是事件性消息最主要的形式。此外，事件性消息中有不少是简讯（短讯、简明新闻），内容更加单一，文字更加精简，常常一事一报，几行文字。

以下是一则典型的事件性消息：

日本小笠原群岛发生7.4级地震

（《人民日报》2010年12月22日）

本报东京12月22日电　（记者崔寅）日本气象厅宣布，当地时间22日凌晨2时20分（北京时间22日凌晨1时20分），日本小笠原群岛附近海域发生里氏7.4级地震，包括东京在内的日本东部及东北部地区普遍有震感，日本政府一度为此设立了官邸联络室。

此次地震震中位于东经143.4度、北纬27.5度的小笠原群岛海域，震源深度约为10公里。据日本警察厅称，目前尚未发现受害情况。

地震发生后，日本气象厅迅速发布了海啸警报，同时宣布已经在伊豆群岛八丈岛和小笠原群岛父岛分别观测到高度60厘米和30厘米的海啸，东海地区到鹿儿岛县奄美大岛的太平洋沿岸观测到20厘米到几厘米的海啸。

2. 非事件性消息

报道的是社会新问题和社会新现象，包括某些可以参考的信息、方法、经验等。该类新闻不需要有明确的行为主体，对时间要求也不是很严格，可以是反映某段时间内的比较大的变化。

以下是一则典型的非事件性消息：

武汉发展“菜园子”稳定“菜篮子”

（《人民日报》2010年10月6日）

本报武汉10月5日电　（记者杜若原）夏末秋初，是湖北武汉蔬菜市场的“淡季”。但今年的“淡季”，菜市场上却是格外丰盛，除了传统的大路菜供应充裕外，本地的快生菜、省内的高山精细菜源源入市。

今年夏季的暴雨曾导致不少地区的蔬菜价格快速上涨。尽管武汉也同样遭受严重雨涝灾害，但全市蔬菜市场波动很小，蔬菜价格居全国大中城市和省内市州平均水平以下。

从化解蔬菜“淡季”的供求矛盾到灾害气候的及时应对，武汉市精心打造的“菜篮子”，实现了由总量不足向主要品种自给有余、季节性应市到周年均衡生产、追求数量增长向注重优质安全的历史跨越。

近几年，武汉市切实加强"菜篮子"生产能力建设，兴建了一批高产稳产的"菜篮子"标准化基地。虽然城市不断扩张，但武汉菜地没萎缩，反而逐年增加。到2009年底，全市发展蔬菜常年种植园60万亩，水生菜基地30万亩，蔬菜生产总面积达到251万亩；淡水产品养殖面积达到153万亩；规模化畜禽养殖小区达到254个，年出栏生猪250万头。

武汉市依托区位优势，着力建设区域性农产品批发市场。目前全市共有各类农产品批发市场70多家，其中，区域性批发市场2家，年交易额达532亿元，初步形成了"买全国、卖全国"的市场格局。与之相应，武汉市大力发展蔬菜销售终端市场。此外，武汉还在蔬菜集中产地建起45个市场，网络专业合作社600家。

既要让老百姓"菜篮子"里有货，更要让大家放心、安心地吃。为此，武汉市加强农产品质量安全体系建设，引导农民和企业实施标准化生产，已建立了覆盖产地、市场的750个质量检测室。2009年，在农业部组织的市场抽检中，武汉市场上畜禽、食用菌的合格率均为100%，名列全国第一。

为了稳定"菜篮子"产品价格，武汉市积极发挥市场无形的手和政府有形的手的双重作用：一方面，政府以广开货源渠道、加强价格预警、实行产地储备等措施，牢牢掌握蔬菜市场价格主动权；另一方面，在遭遇自然灾害等突发事件时，政府采取减免市场交易收费、降低零售入门费用或对蔬菜运销车辆补贴通行费等方式，既有效遏制了菜价上涨，也强化了武汉的区域性蔬菜集散地作用。

丰盛而多彩的"菜篮子"让武汉市民享尽口福。过去紧俏的洪山菜薹、藜蒿、芦笋、毛豆等10多种特产菜，通过政府与企业的合力培植，品种升级，产量大幅增长，已经成为百姓餐桌上的家常菜。

3.描写性消息

该类消息以描写作为基本手段，特点是"再现"，即以文字重现新闻事件的现场，其中又可以分为现场短新闻、视觉新闻、情景新闻等。

以下是一则典型的描写性消息：

别了，"不列颠尼亚"

在香港飘扬了一百五十多年的英国米字旗最后一次在这里降落后，接载查尔斯王子和离任港督彭定康回国的英国皇家游轮"不列颠尼亚"号驶离维多利亚港湾——这是英国撤离香港的最后时刻。

英国的告别仪式是30日下午在港岛半山上的港督府拉开序幕的。在蒙蒙细雨中，末任港督告别了这个曾居住了二十五任港督的庭院。

4点30分，面色凝重的彭定康注视着港督旗帜在“日落余音”的号角声中降下旗杆。根据传统，每一位港督离任时，都举行降旗仪式。但这一次不同：永远都不会再有港督旗帜从这里升起了。4时40分，代表英国女王统治了香港五年的彭定康登上带有皇家标记的黑色“劳斯莱斯”，最后一次离开了港督府。

掩映在绿树丛中的港督府于1885年建成，在以后的近一个半世纪中，包括彭定康在内的许多港督曾对其进行过大规模改建、扩建和装修。随着末代港督的离去，这座古典风格的白色建筑成为历史的陈迹。

晚6时15分，象征英国管治结束的告别仪式在距离驻港英军总部不远的添马舰军营东面举行。停泊在港湾中的皇家游轮“不列颠尼亚”号和临近大厦上悬挂的巨幅紫荆花图案，恰好构成这个“日落仪式”的背景。

此时，雨越下越大。查尔斯王子在雨中宣读英国女王赠言说：“英国国旗就要降下，中国国旗将飘扬于香港上空。一百五十多年的英国管治即将告终。”

7点45分，广场上灯火渐暗，开始了当天港岛上的第二次降旗仪式。一百五十六年前，一个叫爱德华·贝尔彻的英国舰长带领士兵占领了港岛，在这里升起了英国国旗；今天，另一名英国海军士兵在“威尔士亲王”军营旁的这个地方降下了米字旗。

当然，最为世人瞩目的是子夜时分中英香港交接仪式上的易帜。在1997年6月30日的最后一分钟，米字旗在香港最后一次降下，英国对香港长达一个半世纪的统治宣告终结。

在新的一天来临的第一分钟，五星红旗伴着《义勇军进行曲》冉冉升起，中国从此恢复对香港行使主权。与此同时，五星红旗在英军添马舰营区升起，两分钟前，“威尔士亲王”军营移交给中国人民解放军，解放军开始接管香港防务。

0时40分，刚刚参加了交接仪式的查尔斯王子和第28任港督彭定康登上“不列颠尼亚”号的甲板。在英国军舰“漆咸”号及悬挂中国国旗和香港特别行政区区旗的香港水警汽艇护卫下，将于1997年年底退役的“不列颠尼亚”号很快消失在南海的夜幕中。

从1841年1月26日英国远征军第一次将米字旗插上海岛，至1997年7月1日五星红旗在香港升起，一共过去了一百五十六年五个月零四天。大英帝国从海上来，又从海上去。

4.分析性消息

这类消息往往在叙述新闻事实的同时，由作者直接发出一些必要的议论和分析，简明地表示作者的观点。它以传播观点意见为主，相对其他类型主观色彩较重。其中又可以分为新闻述评、解释性新闻、新闻分析等细类。

以下是一例典型的分析性消息：

社科院报告称两年后我国劳动力将现短缺

本报讯 （记者刘薇）中国社科院昨天发布报告认为，我国农村剩余劳动力远没有想象的那么多，我国正在由劳动力过剩向劳动力短缺的时代转变，这个转变的拐点将在“十一五”期间出现，确切的时间可能是在2009年，这个转变会带来城乡劳动者工资的上涨。

昨天，在中国社科院庆祝建院30周年系列讲座中，社科院人口与劳动经济研究所所长蔡昉发布题为《中国就业增长与结构变化》的报告介绍，农村剩余劳动力是我国劳动力市场的主要资源，目前普遍的说法是我国农村大约有三分之一的劳动力是剩余的，绝对数大约有1亿到1.5亿，但这个数字并不准确。据其研究，目前40岁以下的农村剩余劳动力，绝对数量只有5212万，这与剩余比例三分之一的说法差距甚大。

报告因此认为，目前我国的劳动力供给结构，已经从劳动力过剩向劳动力供给平衡乃至短缺转变。由此而带来的影响是，我国城乡将普遍出现劳动力短缺现象，2004年开始出现的以“民工荒”为表现形式的劳动力短缺现象，已经从沿海地区蔓延到中部地区甚至劳动力输出省份。

此外，消息按照报道内容所属的领域，又可以细分为政治新闻、经济新闻、文化新闻、灾难新闻、体育新闻、法制新闻、科技新闻等类型。按照消息刊登的媒体，又可以分为广播新闻、电视新闻、网络新闻等。这些不同类型的新闻，对写作者的要求也不一样，需要记者具备相关领域的知识和采写经验。

第二节　消息的结构

消息的结构，通常有两个方面的意思。一是指消息的构成，即一篇消息稿内容上的结构成分。二是指消息的结构形式，即作者对已过滤的新闻材料进行总体性安排或布局的方式。

一、消息的构成

如果我们留心一下报刊发表的消息，就会发现消息的构成要素是比较固定的，一般分为：标题、消息头、导语、主体、结尾，并在文中穿插背景。

1. 标题

指消息的题目。

2. 消息头

正文开头部分往往冠以“本报讯”或“XX社 XX地 X月 X日电”的字样，表明消息来源，这就是“消息头”。现在也有不用消息头的，但大多数消息仍然有消息头。

3. 导语

导语是消息这一体裁特有的，是消息的开头部分，一般是对事件或事件中心的概述。消息最重要、最吸引人的信息都放在导语部分。多数消息的导语就是消息的第一个自然段，但也有少量消息的导语是两个自然段。

4. 主体

主体指在导语之后的部分，作用是承接导语，对导语概括的事实作比较具体的叙述。

5. 结尾

指消息的结束部分，或交代新闻事件结果，或指出事情发展方向等。结尾可有可无，视具体情况而定，可以是一句话，也可以是一个段落。一般和主体不可分开。在不少消息中，不讲究结尾，将信息报道完毕就自然结束了，但在某些情况下，结尾还是具有一定的点明主题、深化报道的作用。

6. 背景

指与报道的新闻人物和事件有关的信息材料，能对新闻事实起到说明、补充、衬托作用，有利于读者了解新闻发生发展的来龙去脉，加深对新闻的认识和理解，深化新闻的主题，并有丰富内容、增加知识性和趣味性的作用。新闻背景在消息写作中一般穿插使用，没有一定之规。

二、消息的结构形式

消息的结构形式主要可以分为倒金字塔式、华尔街日报体、时间顺序式、并列式、散文式几类。

1.倒金字塔式结构

大多数消息的结构都是倒金字塔式的，即最重要的材料放在开头，次要材料放在后面。倒金字塔式结构可以说是一种“头重脚轻，虎头蛇尾式”的结构，它从导语至结尾，按重要性程度递减的顺序来组织安排新闻材料。一般认为该形式起源于19世纪美国南北战争时期，当时由于电报经常发生故障，所以战地新闻记者为了尽快将新闻传递出去，形成了先报道最重要的事情的习惯。

一般在具体写作中，其排列如下：(1)导语：对最重要的事实的概括性描述；(2)详尽阐述，展开导语；(3)与导语相关的直接背景；(4)导语中未说明的事实要素；(5)更多相关背景。

该结构形式后来成为消息最重要的结构形式，原因在于它无意间符合了新闻传播的客观规律。一方面，该结构形式将最终结果或后发生的却富有吸引力的材料，置于开头，增加了对于读者的吸引力，也便于读者迅速掌握最新消息，读者寥寥数眼就能够判断是否继续阅读。另一方面，该结构形式按重要性程度来安排材料，决定段落层次的顺序，符合新闻工作者的工作规律。它既便于记者迅速报道新闻，将最重要的新闻事实最先发出去；也便于编辑选稿、组版、删改，如在版面不够时，可直接从后往前删，无须重新调整段落。

下面这则消息就是典型的倒金字塔式结构：

尼日利亚骚乱造成500人死亡

《人民日报》(2010年3月9日)

本报阿布贾3月8日电　(记者殷淼)尼日利亚中部高原州首府乔斯7日凌晨发生骚乱，已造成约500人死亡。

高原州政府发言人格雷戈里·延朗在接受当地记者采访时证实了这一数字。他说，这完全是一次种族清洗行为。此前有报告显示袭击者来自尼北部的富拉尼族。然而，当地一个富拉尼族组织的秘书穆罕默德·阿布杜拉希否认其组织成员与此次袭击事件有任何关联。

尼日利亚代总统古德勒克·乔纳森在得知该事件后，已于当日命令高原州及其周边各州的武装安全力量处于红色警戒状态，严防事态向周边地区扩散。在其发表的声明中说：“目前要认定谁对这起暴力事件负责还为时尚早。我们要告诉尼日利亚人民我们的安全力量已经高度戒备。”

高原州首府乔斯，地理位置特殊，处于尼日利亚南北方民族、穆斯林和基督徒交错杂居的中部，容易积累和激发矛盾。自1994年4月发生第一次骚乱至今，乔斯至少已发生过5起大规模暴力骚乱。最近一次骚乱发生在今年

1 月，造成约 356 人死亡，上千人受伤，数千所民房被毁和上万人无家可归。

上述消息，导语也就是第一自然段是报道事实中最重要、最精彩的部分，或事实的关键点。导语包括电头在内，已经把时间、地点、事件等要素都作了交代，用一句话将消息的基本要素大多表达出来，相当简练。第二自然段进一步说明或解释导语中谈到的事实，包括消息的来源以及对相关消息进一步加以补充，补充与导语事实相关的直接背景。第三自然段对事件的后续部分——政府的反应加以报道，补充导语中未说明的事实要素，是对事件的进一步交代。最后部分对发生骚乱地区的地理和政治背景加以介绍。这些材料都是按照重要性递减的原则组织的，我们可以看出，越到后面的段落，重要性就越低，与主体新闻事实关系越不重要。

一般来说，倒金字塔式结构比较适宜写时效性强、事件单一的突发性新闻，用它来写非事件性、富有人情味、故事情强的新闻，就不太适合。另外，在采用这种结构形式的时候要注意避免程式化、单一化。

2. 华尔街日报体结构

该结构形式又称钻石体、菱形体。由于是美国《华尔街日报》首先采用和推广的，所以被称为华尔街日报体。

该结构形式的基本模式如下：(1)以一个趣事、场面、事件或者对主题的解释描绘开篇；(2)紧接着向主题过渡，对主题进行清晰阐述，将真正的新闻内容推到读者眼前；(3)对主题的展开，集中而有层次地阐述新闻主题，包括回答读者可能的疑问；(4)回到开头，写一强有力的结尾，总结性的阐述。

这一模式强调点面结合，以点带面，以面概点，从小处落笔、向大处扩展，感性、生动，有人情味，尤其适用于非事件类题材的叙述。目前，该结构形式受欢迎程度仅次于倒金字塔式，尤其受到一些都市类报刊的青睐。

下面这则消息就是典型的华尔街日报体结构：

两根竹竿铺出脱贫路

(新华社昆明 4 月 3 日电)小凉山农民哲里布清楚地记着 10 年前县里挖坑种苹果时发了两根竹竿。

他说："这两根竹竿一根代表坑挖多宽，一根代表要挖多深。我们村里人多数不识字，跟我们说有多深多宽没用。"

这"两根竹竿"可能是中国扶贫工作中采用的最简便有效的工具之一。正如国务院扶贫开发领导小组一位官员指出的那样："我们缺少的不是农业技术，而是如何使它简单易学，以便于在落后地区推广。"

在过去 10 年中，中国政府设法使农村贫困人口从一亿两千五百万减少到五千八百万，主要靠普及技术以发展种植业、养殖业和以农副产品为原料的加工业。

我们可以看到，该消息实际要说的是中国政府如何推广技术帮助农民脱贫这一严肃的主题，但由于采用了“竹竿帮助推广技术”这一个有人情味的故事，枯燥的数字变得生动可感，所以给读者的印象也更深刻。如果说倒金字塔式结构对于细节疏于表达，容易导致读者“只见森林，不见树木”的话，那么华尔街日报体则很大程度上弥补了这个缺陷，让读者“既见森林，又见树木”，通过对典型的有代表性或趣味性的场景、细节乃至话语等的描绘，让读者对新闻事件有切实体验。

要写好华尔街日报体结构消息，关键要注意以下几点：

首先，开篇的趣事、场面、事件、人物的话语或者对主题的解释描绘，一定要选好，既要能够从新闻事件中找到引起读者兴趣的焦点，又要能够将读者带入新闻核心，展示新闻全貌和意义，不能够过于牵强。在具体写作中，常常利用个体切入主题。但要注意，不能随手选择某个人或某件事作为引子，只有选择具备一定的普遍性和代表性，最好有一定的戏剧性或悬念性的人或事，才能够引发读者的兴趣，并自然过渡到新闻主题。

其次，要注意细节描写和情节描写。华尔街日报体要求记者有较强的讲故事的能力和抓细节的能力。华尔街日报体的吸引力在于有感性的细节和材料，需要记者具备较强的观察和描写能力，善于将新闻视觉化、形象化，能够讲故事。主体要有起伏，情节在该结构中极为重要，应该通过细节描写让读者有“目睹”之感。

再次，要注意材料和细节、故事的结合。读者的兴趣不仅取决于故事和细节，还取决于材料的精心安排。报道要能够顺利自然地从具体的故事、场面、案例转入到面上的叙述，需要记者具备较强的写作能力。此外，叙述要清晰，新闻事件与背景材料的交接组合要自然。

最后，结尾要写好，注意用事实结尾。相比倒金字塔式结构，华尔街日报体对结尾要求比较高，有时候甚至新闻的主旨就在结尾部分，所以在谋篇布局之初，就需要对结尾有所考虑，要和开端结合起来一起考虑，才能够做到首尾呼应。

3. 时间顺序式结构

又叫金字塔式结构，也有论者称其为编年体结构。记者完全按照事件发生的顺序来写，通常不一定有单独的导语，往往按时间顺序来安排事实，先发生的放在前面，后发生的放在后面。这种结构叙事条理清晰，现场感强，具有一定的悬念，也能激发读者的阅读兴趣。其缺点是开头平淡，难以一下子吸引受众，消息的精华也可能淹没在长篇的叙述之中。

下面一则消息就是典型的时间顺序式结构：

向劳模鞠一躬

（《人民铁道报》1992 年 11 月 17 日）

本报哈尔滨 11 月 16 日专电　（通讯员刘英贵　记者周子平）文化宫大厅里一片寂静，坐在前排的劳模们胸戴红花，肩披红色绸带，聚精会神地倾听分局长王冉的总结报告。

11 月 12 日下午 3 时，齐齐哈尔铁路分局正在召开安全生产 3000 天祝捷大会，分局长的讲话，句句叩击着人们的心扉。他说："有个火车司机叫董振东，他的父母一瘫一傻。不幸的是，5 年前，他的妻子得了脑溢血，瘫痪在床，董振东一个人担负着全家十几口人的生活担子。出乘前，要一次做好两三天的饭，送到老人和妻子的床前。更不幸的是，去年春的一天，妻子病情突然恶化，董振东本想请假照料妻子，但当时车间人手紧，他话到嘴边又咽了回去。当他驾驶机车刚走完单程，单位领导和亲友就赶过来了。到医院后，他看到的是妻子的遗容，他曾向妻子许诺，'再有两年，我就实现安全行车 25 年，那时，我就退休，好好伺候你，等我两年吧！'他猛地扑到妻子冰冷的身上，放声大哭：'亚芳，我对不住你！'"

讲到这里，王冉同志再也抑制不住内心的激动，泪水夺眶而出。他泣不成声了。坐在主席台上的铁道部部长韩杼滨和黑龙江省省长邵奇惠也跟着落起泪来。顿时，会场里一片抽泣声。

许久，人们才渐渐恢复了情绪。王冉用手绢擦了擦脸上的泪珠，嗓门提高了些："在我们分局正是有了像董振东这样的职工，才有安全生产的今天，我作为分局长，向你们深深地鞠一躬，谢谢你们啦！"

王冉离开讲台，站好立正的姿势向劳模们恭恭敬敬地弯下了腰……

时间顺序式结构还有另外一种写法，就是用导语将新闻中最重要或最吸引读者的信息写出来，但在接下来的消息主体中按照时间顺序进行写作。该写法不仅条理清楚，同时有效地避免了将消息的精华淹没在长篇叙述中，更能够吸引受众，在实际消息写作中更为常见。例如：

外交部要求日方立即放人放船

（《京华时报》2010 年 9 月 9 日）

本报讯　（记者周宇）遭日本扣留的中国渔船，昨天早晨被带至冲绳县石垣岛，船长詹其雄被逮捕。对此，中国外交部部长助理胡正跃奉命召见日本大使，提出强烈抗议，要求日方立即放人放船，并确保中方人船安全。

7 日 10 时 15 分许，一艘有 15 名船员的中国拖网渔船在钓鱼岛附近海域进行捕捞作业时，日本海上保安厅一艘巡逻船赶到现场，并冲撞渔船，冲撞未造成人员伤亡。随后，日方又派出两艘巡逻船跟踪渔船。13时左右，日本巡逻船上的22名海上保安官登上航行中的中国渔船，命令渔船停止航行，并宣称违反日本“渔业法”对渔船进行检查。

7日晚间，中国驻日本大使程永华就事件紧急向日本外务省负责人提出严正交涉，指出钓鱼岛及其附属岛屿自古以来就是中国固有领土，中方对日本巡视船非法扣留中方渔民渔船表示强烈抗议，要求日方立即放人放船，避免事态进一步升级。8日晨，中国驻日本使馆就日方对中方船长采取司法措施向日方提出严正交涉。

昨天，外交部部长助理胡正跃奉命召见日本驻华大使丹羽宇一郎，对日方在钓鱼岛海域抓扣我渔船事提出强烈抗议，要求日方立即放人放船，并确保我方人船安全。

中国驻日本使馆已派员赶赴冲绳县石垣岛探视中方渔民。

该篇报道导语中交代了主要新闻事实，在接下来的消息主体中，按照时间顺序，交代了事件的整个过程，条理非常清楚明晰，这类写法对于一些按照时间顺序发展的新闻事件、具有明显因果关系的事件，以及具有生动情节的事件新闻比较适合，尤其适合写现场目击记。

4.并列式结构

这一结构方式开始是用一句概括式导语统领全文，之后主体部分的几个自然段呈并列结构。此种结构适用于消息所叙述的事实的重要性大致相等的情况，常见于综合消息和经验消息中，因为用并列式结构叙述，既条理清晰，又能让人一眼便看出并列的内容具有同等重要的意义。

下面是一则典型的并列式结构的消息：

“十二五”改革明确八大重点

着力在农村土地、户籍管理等多个领域取得突破

（《人民日报》2011年4月8日）

本报天津4月7日电　（记者朱剑红）7日，国家发改委副主任彭森在全国经济体制改革工作会议上，介绍了“十二五”时期和2011年重点推进的八个方面的改革。

一是坚持和完善基本经济制度。进一步完善国有资本有进有退、合理流动机制，健全国有资产监管体制，加快推进垄断行业改革，完善和落实鼓励非公有制经济发展和民间投资的政策措施，营造各种所有制经济依法平等使用生产要素、公平参与市场竞争、同等受到法律保护的体制环境。

二是推进行政体制改革。进一步转变政府职能，在创新公共服务体制、优化政府结构和职能责任、完善绩效评估制度、推进依法行政等方面加大改革力度，加快建设服务政府、责任政府、法治政府和廉洁政府。

三是加快财税体制改革。理顺各级政府间财政分配关系，健全公共财政体系，强化县级政府财力保障，完善预算和税收制度，加快构建有利于转变经济发展方式的财税体制。

四是深化金融体制改革。健全金融组织体系，完善金融调控和监管体制，进一步发挥市场在金融资源配置中的基础性作用，着力提升金融创新能力和服务水平，增强金融业的综合实力、国际竞争力和抗风险能力。

五是深化资源环境价格改革。以水、电、油、气、矿为重点，完善反映市场供求关系、资源稀缺程度和环境损害成本的资源性产品价格形成机制，切实发挥价格在提高能源资源使用效率、控制污染排放和调整经济结构中的杠杆作用，更好地促进能源资源节约和环境保护。

六是加快社会体制改革。切实推进社会事业领域政事分开、管办分开、营利性与非营利性分开，强化政府提供基本公共服务的责任并创新提供方式，放开经营性社会服务市场，充分发挥市场机制和社会组织的作用。创新社会管理机制，提高城乡社区自治和服务功能。

七是深化收入分配和社会保障制度改革。按照初次分配和再分配都要处理好效率和公平的关系、再分配更加注重公平的要求，完善初次分配机制，增强财税调节和社会保障在再分配中的作用，进一步理顺政府、企业和个人的分配关系，努力提高“两个比重”。

八是建立统筹城乡发展体制机制。牢牢把握城镇化发展蕴含的巨大机遇，因势利导，大力推进改革创新，着力在农村土地、户籍管理、基本公共服务等多个领域取得改革突破，促进公共资源在城乡之间均衡配置、生产要素在城乡之间平等交换，推动城乡经济社会发展一体化。

5. 散文式结构

该类结构方式吸收散文在结构和表达等方面的特点，材料和层次安排自由、灵活，语言表达不拘一格。

下面是一则典型的散文式结构的消息：

金山同志追悼会在京举行

新华社北京1982年7月16日电　(记者郭玲春)鲜花、翠柏丛中，安放着中国共产党党员金山同志的遗像。千余名群众今天默默走进首都剧场，悼念这位人民的艺术家。

“雷电、钢铁、风暴、夜歌，传出九窍丹心，晚春蚕老丝难尽；党业、民功、讲坛、艺苑，染成三千白发，孺子牛亡汗未消”，悬挂在追悼大会会场的这幅挽联，概括了金山寻求光明与真理，为人民鞠躬尽瘁的一生。人们看着剧场大厅里陈列的几十帧照片，仿佛又重睹他的音容笑貌，他成功地塑造的爱国诗人屈原的形象，他在电影《松花江上》的拍摄现场，他为演《风暴》与“二七”老工人谈心，他在世界名剧中饰演的角色，他在聆听周总理的教导，他与大庆《初升的太阳》剧组在一道……他1911年生于湖南，1932年加入中国共产党，自此献身革命，始终不渝。

哀乐声中，人们默念着他的功绩。30年代，他在严重白色恐怖中参加中国反帝大同盟和左翼戏剧家联盟。抗战爆发，他担任上海救亡演剧二队副队长，辗转千里，演出救亡戏剧，尔后接受周恩来同志指示，组织剧团远赴东南亚，向海外侨胞做宣传。解放前夕，又担负统战工作。他事事以党的利益为重，生前曾对他的亲人说：“我首先是一个共产党员，演员是我的第二职业。”

解放后，他将全副心力献给党的艺术事业，不断进取、探索、求新，被誉为“人民的艺术家”。

他遭受过“四人帮”的摧残，但对自己的信仰坚贞不移。近年致力于戏剧教育，并以多病之身，担负起繁荣电视文艺事业的重任。

夏衍在悼词中称金山的不幸辞世，是我国文学艺术界的重大损失，高度评价他几十年来的革命、艺术活动，号召活着的人们学习他对党的事业的忠诚，学习他在艺术创造上认真刻苦、精益求精的精神。

他半个世纪前便结下革命情谊的挚友阳翰笙在追悼会上的讲话中说，是党造就了金山，是党把他培养成革命的、杰出的人民艺术家。

与金山一起工作、生活过的大庆人，惊闻噩耗后，派代表星夜兼程，来和他的遗体告别。在今天的追悼会上，他们说，金山是人民的艺术家，人民将会怀念他。

文化部部长朱穆之主持追悼会。参加追悼会的有习仲勋、王任重、胡愈之、邓力、周扬、贺敬之、周巍峙、冯文彬、罗青长、唐克、吴冷西、李一氓、傅钟、刘导生、赵寻、荣高棠以及文艺界人士林默涵、陈荒煤、司徒慧敏、艾青、吴作人、李可染、江丰、吴雪、袁文殊、周而复、张君秋、戴爱莲、陶钝等。

消息的结构最主要的是以上几大类。在实际写作中，可以根据具体情况，有所变化。所谓法无定法，但不论采用什么结构形式，也不论有什么创新，消息的结构始终取决于消息的内容,要根据内容的需要,选取最能够传递信息、吸引读者的结构形式。

第三节 消息的标题

标题是消息的眼睛,消息的标题必须简明、准确地概括消息内容,帮助读者理解报道的事实。标题写得好,可以吸引读者;标题写得差,一篇好消息也会被埋没。可见,标题有着推荐阅读、吸引眼球的作用。

一、标题的结构

消息的标题具有一定的格式,主要有三行题、两行题、单行题之分。

1. 三行题

第一位在奥运会上破举重世界纪录的中国选手

唐灵生堪称举坛金刚

力举170公斤"忘情"地挺立10秒钟

在这个标题中,第一行题叫引题(又叫眉题/肩题),第二行题是主题,第三行题叫副题。其中,引题一般用来交代背景、说明原因、烘托气氛,一般没有实际的新闻内容。主题用来表示消息最主要的内容或者记者对消息内容的评价,最为重要,一般在版面编辑中字体最大,占据的位置最重要。副题一般用来补充、注释和说明主题,同样具有新闻内容。

我们可以看出,在上面的新闻标题中,引题"第一位在奥运会上破举重世界纪录的中国选手"交代的是选手的国籍、破纪录的意义等背景材料,没有实际的新闻内容。主题"唐灵生堪称举坛金刚"表达的是对举重运动员唐灵生打破纪录的评价,这也是记者要传达给读者的最重要的信息。副题"力举170公斤'忘情'地挺立10秒钟"则是对主题表达的新闻内容的详细补充,对主题进一步提供信息上的支持。

在三行题之外,还有一类四行题,其实就是三行题的变种,一般是在副题部分再加一行标题,有的地方叫尾题,进一步对副题的信息进行补充。例如:

展现城市生活美好前景　开启人类文明崭新篇章——引题

上海世界博览会圆满闭幕——主题

温家宝出席闭幕式并宣布闭幕——副题

国际展览局主席蓝峰和来自世界各地的领导人和贵宾出席闭幕式——尾题

我们可以看到，尾题是对副题的进一步补充。实际写作中，可以将这里的尾题看做和副题是一样的性质，但在编辑版面的时候，一般尾题的字号要比副题要小一号。

2. 两行题

两行题有两种组合形式，一是“主题＋副题”，二是“引题＋主题”。

先看“主题＋副题”的形式：

美“挑战者”号航天飞机升空后爆炸——主题

七名宇航员全部遇难　里根总统表示哀悼——副题

这里的主题交代的是最主要的新闻事实，副题是对主题的进一步说明和补充，同样具有新闻内容。

再看“引题＋主题”形式：

出生率过低困扰俄罗斯——引题

“世纪婴儿”将获赠小轿车——主题

引题“出生率过低困扰俄罗斯”用来交代新闻的背景，没有实际的新闻内容。主题点出新闻的主要内容。

3. 单行题

又称正题，只有一行文字，表示消息最主要的内容。

例如：人民解放军百万大军横渡长江。

再如：日本投降了。

虽只有一行标题，但非常醒目，气势逼人。

一般来讲，新闻本身越重要，新闻事实越突出，新闻意义一望即知，新闻标题多半采用单行题，可以突出最主要的新闻事实。

此外，一些新闻事实比较简单明确的消息，也适合用单行题。

例如下面两则标题：

曼谷金融街开周末市场

问题奶粉月底前上缴可免罚

新闻事实简单集中，用单行题，简洁明快。

4. 网络标题

网络新闻标题和报刊新闻标题的不同之处，在于它有二级标题。在网络新闻页面上标题是一级标题，点出最主要的新闻事实。例如下列六个标题：

“你黑我也黑”：美国挥“单边大棒”力推帝国秩序

NBA：达摩克利斯剑下的摇摆人

阜阳：患儿仍服伪劣奶粉　工作人员高跷二郎腿

拼老命助选做两手准备　李登辉“挺绿”目的何在？

中法海军今日联合演练

规模最大　内容最丰富　中法海军黄海联合军演

这些标题一般是单行题，也是实题，我们称其为一级标题，起着吸引读者打开页面进一步阅读新闻的作用。当读者打开页面后，看到的是更复杂的标题，我们称其为二级标题，一般是对一级标题的进一步补充。

下面一组标题，前面的是一级标题，后面的是二级标题。我们可以看到，一级标题由于版面有限，一般更短，信息更简要；二级标题具有更多细节，更长，信息量更大。

①马加爵押到昆明

马加爵今天凌晨被押解回到昆明　下机时紧低脑袋

②马加爵致信亲友

马加爵看守所内写信给亲友　自称已“不可救药”

③马加爵父亲：“白养了这个儿子”

马加爵父亲：“我们很难过，我白养了这个儿子”

二、虚标题和实标题

按内容区别，消息标题可以分为实标题和虚标题两类。实标题重在叙事，着重具体表现新闻事实中的人物、事件、地点等要素，一般要求和新闻内容直接相关。虚标题重在说理和抒情，着重揭示新闻事实蕴含的道理、思想、意义等。在大多数情况下，引题以虚标题居多，副题以实标题居多，主题可虚可实。

1.三行题中的虚与实

其一，三行都是实标题：

最强烈抗议北约轰炸我驻南斯拉夫使馆——引题（实）

我国政府发表严正声明——主题（实）

以美国为首的北约必须对此承担全部责任　中国政府保留采取进一步措施的权利——副题（实）

其二，有两行是实标题：

知否？知否？应是贱“肥”贵“瘦”——引题（虚）

爱吃瘦肉者，请您多付钱——主题（实）

本省十几个县市调整猪肉各品种之间的差价——副题（实）

该标题中，主题和副题是实标题，引题是虚标题。引题用来引发读者好奇心，增加阅读趣味。主题是对消息最主要信息的提炼，即瘦肉涨价了。副题是对主题内容的补充，进一步说明猪肉各品种差价调整这一信息。

其三，只有一行实标题：

卅载冷暖岁月　当代冰霜爱情——引题（虚）

少帅赵四正式结婚　红粉知己白首缔盟——主题（实）

夜雨秋灯梨花海棠相伴老　小楼东风往事不堪回首了——副题（虚）

这则标题以意境取胜，主要通过引题和副题营造出两人的爱情氛围，主题则点明新闻事实。

2. 两行题中的虚与实

两行题在新闻写作中运用最广，不管是“主题＋副题”形式，还是“引题＋主题”形式，至少都需要有一行是实题，实题可以是主题、引题、副题中的任一。

其一，主题是实题：

展现城市生活美好前景　开启人类文明崭新篇章——引题（虚）

上海世界博览会圆满闭幕——主题（实）

其二，副题是实题：

连画连心两岸情——主题（虚）

《新富春山居图》在人民大会堂首次“亮相”——副题（实）

其三，引题是实题：

文化站里坝坝舞——引题（实）

舞出坝上人家精气神——主题（虚题）

当然，两行题也可以都是实题：

5000 米载人深潜首试成功——主题（实）

中国“蛟龙”下潜深度 4027 米——副题（实）

总之，三行题和两行题必须有一个是实标题，其他的虚实都可以。单行题则必须是实标题。

三、标题写作的原则和要求

1. 题文一致，一语破的

需做到看标题就知道内容大概。标题所揭示的事实要与新闻内容一致，标题不得虚构事实或者歪曲事实，以偏概全。

以下标题均存在题文不一致的问题：

努力提高中华民族的科学文化素质

我校4000余名新生入学（主题）

新闻事实是4000余新生入学，但记者为了提高新闻的意义，有意给消息盖了一个“大帽子”，文不符实。

中国柔道队员再试身手

主队愈战愈勇三胜一平（主题）

这则新闻标题可能给人造成误解，以为这场中日柔道比赛，胜者是中国队。但实际情况是中国队三胜一平四负，以一分之差负于日本队。

音乐尿布、西瓜探熟器、自动保护安全煤气灶……中学生科技成果提醒人们

莫让应试教育挤干孩子的想象力（主题）

这则标题同样文不符实，新闻内容是说中学生科技成果丰硕，但主题却硬生生扭为应试教育的害处，和新闻主旨不符合。

天雨路滑　九车相撞（主题）

本市昨晚发生一罕见事故（副题）

标题中的信息容易让读者误认为车祸是天雨路滑导致的，忽略了司机的原因，这样的标题就不太恰当。

此外，还有些标题，为了追求吸引人，用没有得到大众公认的词语作为专用名词，不符合语言规范，也容易造成误解。例如：

不恋“天南海北”主动申请到“新西兰”

其中“天南海北”指的是天津、南京、上海、北京，“新西兰”指的是新疆、西藏、甘肃，这样的名词并没有得到大家的认可，标题中用这些名词来指代特别的地域，不合规范，虽然一时会激发读者的好奇，得到读者的青睐，但从长远看，有损新闻的严肃性和语言的规范性。

2. 简洁明确，具有高度的概括性

在标题中要标出主要的新闻要素，将最具有新闻价值和社会意义、最吸引读者的事实写在标题之中。具体说来，就是要按照新闻价值的规律办事，突出最新的内容；最重要的内容（即在社会上已经产生重大影响的内容，事态正在发展将产生广泛和深远影响的内容）；最权威的内容；最有趣味的内容；新异的内容；与广大读者关系密切的内容；与广大读者地理上、心理上接近的内容等。

如在1955年，毛泽东亲自编《中国农村的社会主义高潮》，对一些冗长、累赘，使人看了头痛的标题，亲自进行了修改。其中，有一篇材料原题为：

> 天津市东郊区詹庄子乡民主、民强农业生产合作社如何发动妇女参加田间管理

毛泽东挥笔改为：妇女走上了劳动战线。如此改动，简明扼要，突出了消息中最重要的事实。

另一篇材料原题为：

> 大泉山怎样由荒凉的土山成为绿树成荫、花果满山？

毛泽东将之改为：看！大泉山变了样。如此改动，突出了新闻的主要事实，放弃了花哨的形容词，但新闻主要的信息更为突出和明确。

同一新闻，根据记者的理解不同，对新闻事实中最重要、最吸引人的信息的认识不同，提炼出来的新闻标题也不同。1989年7月6日，时任中共中央总书记江泽民同志接见了印度国大党总书记阿扎德。这是新任总书记的首次外事活动，次日首都几家报纸各自于一版的显要位置发了消息。以下是四家报纸的标题：

> ①江泽民会见阿扎德时强调
> 中国大政方针不变（主题）
> ②江泽民总书记会见印度客人时指出
> 中国不会改变自己的政策（主题）
> ③中共中央总书记江泽民会见印度贵宾（主题）
> 他说，中外合作要坚持互相了解、互相信任、互利和长远考虑

④江泽民会见印度外宾时指出

中国将在和平共处五项原则基础上继续发展同各国的友好关系(主题)

我们可以看到,四个标题都传递了新闻信息,但传递的信息不一样。第一、二条新闻的标题重点突出的是政策不变,回答的是1989年春夏之交政治风波之后,国内外对我国政策是否会发生变化这一大家关心的问题,是整个新闻事实中最具有新闻价值的事实。而第三、四条标题,仅仅着眼于突出外交关系的一个侧面,相对来说,新闻性和对读者的吸引力就不如前面两条标题。

再如下面两条标题:

①近千张奥运会门票公开发售

②雅典奥运会门票昨日抵京

一样的新闻事实,前者强调的是接近性,强调门票抵京对老百姓的影响。后者则仅仅是报道新闻事实,没有点出新闻事实对老百姓生活的意义,相对而言,没有前者吸引人。

会议和基层领导的活动不是新闻,但其中出台的重要举措和领导强调的工作导向有不少是新闻,标题中将这些新闻要点提炼出来,才能吸引读者。例如:新华社播发的为1976年"四五"运动平反的新闻,其标题为:

中共北京市委宣布:天安门事件完全是革命行动

该标题就是记者参加中共北京市委常委扩大会议,从会议通过的决议中提炼出来的最具有新闻价值的信息。

3.具有正确的思想感情

在标题中注意把握好对新闻事件的态度。标题的态度大致可分为三类:肯定的态度(如歌颂、赞扬、支持、同情),否定的态度(如斥责、揭露、嘲笑、讥讽),客观中立的态度。在具体写作中,记者应该根据形势的需要和报社的立场,在新闻标题中传达正确的态度。

例如肯定态度的标题:28万元重奖72名科技兴工士官。

例如否定态度的标题:通货膨胀使语言和美元一道贬了值。

有些新闻是突发事件,事物的性质尚不清楚,事态的发展亦不明朗;有些新闻事件复杂微妙;有些新闻涉及他国或者国际事务;有些新闻纯属专业领域的争论,标题均不宜表示明确的态度。此外还有一些新闻如自然环境等方面的新闻,本身就不涉及价值判断,客观性标题最为合适。例如:

①社科院报告称两年后我国劳动力将现短缺

②洛杉矶种族歧视事件在各国反应强烈

③第二松花江干流水位继续缓慢回落

尽管消息的标题不排斥表达出明确的态度，但不当的态度流露则反映出记者和编辑的专业水平欠佳，以及思想境界不高，会损害记者或编辑乃至报社的公信度。例如下面三则条标题，是对同一新闻的报道，但标题处理不同：

①“杨翁忘年恋”全球瞩目

②82 岁的首位华人诺贝尔奖得主宣布与 28 岁的广外才女翁帆订婚

杨振宁：她是上帝恩赐的最后礼物（主题）

③82 岁的杨振宁与 28 岁的广外女硕士电话订婚　婚礼预计于下月举行

给我的老灵魂一个青春欢喜（主题）

其中，第一条标题平铺直叙，点出主要新闻事实。第二、第三条标题都是用杨振宁对这段感情所发的议论来做主题，但选取的话不同，高下的境界就看出来了。

再如下面两条标题：

“孤寒鬼”将 28 万积蓄捐灾民

新闻讲述一个普通人平时很节俭，将钱节省下来给灾民，这本该持褒扬的态度，但记者使用“孤寒鬼”这一贬义词称呼主人公，很不恰当。

亡命 12 年逃犯练成全国名厨

记者流露出赞赏以及猎奇之心，也不合适。

同样，下面三条标题也有问题：

①昨晨 2 点　火烧齐秦（主题）

据称是拔火罐技师不慎洒落酒精引发　深二度烧伤　背部面部躯干伤情严重

②一位普通工人竟然写出电影剧本

③WBA 拳王卫冕战将在中国举行

霍利菲尔德要来揍人（主题）

第一条标题态度冷漠，一味追求吸引眼球，缺少人文关怀。第二条标题含有较强的贬低和轻视普通工人的色彩。第三条标题用词粗鲁，同样不适合作为标题。

可见，作者不正确的思想感情和态度，会影响到新闻标题的写作，导致标题的境界不高。

4.标题要通俗易懂

标题中应避免用冷僻的古字、方言和术语，对于抽象的数据、事物，争取形象化。在这个基础上争取具备一定的文采，通过采用多种修辞手段，做到形象生动，有动态感，有新鲜性。例如：

耄耋长者抢救文物　老骥余热生辉

“耄耋”一词冷僻难懂，况且与后面“长者”、“老骥”重复，应该避免使用，不如改为“老者抢救文物余热生辉”。

此外，在标题中可以经常采用修辞手段，将抽象变为具象。

第一种方法是比喻，即用现实生活中具体的、浅显的、熟知的事物来说明和描写那些抽象的、深奥的、生疏的内容，使得标题通俗形象。

例如下面三条标题：

①喜闻领导“跑龙套”

②士官学校缘何变成“香饽饽”

③美国在线　时代华纳

终于拜了天地（主题）

“跑龙套”本来是指戏曲中随从或兵卒为主角跑前跑后，呐喊助威，引申到现实生活中多指搭手帮忙，甘当配角。第一则新闻报道某县县委书记、县长放下架子，转变作风，帮助企业开拓市场。标题以“跑龙套”作比喻，形象而隽永。第二则新闻讲的是士官学校走俏，用“香饽饽”作比，标题更具个性，更能够给读者留下印象。第三条标题则用拜天地比喻两家公司合并，生动形象。

第二种方法是借代，即一般是用大家熟悉、形象具体的东西来代替抽象、不可感的事物，让读者快速理解新闻信息。

例如下面三条标题：

①中外少年齐唱茉莉花（主题）

“中国—北京王府井中学生国际音乐节”昨晚开幕（副题）

②“十一五”资产总额翻番　油气保障能力大幅提升

五年再造一个“中石油”（主题）

③萝卜干卖出甲鱼价

第一条标题中的“茉莉花”既指学生所唱的具体歌曲的名字，也指代学生所唱的所有歌曲，不仅使标题的信息量增加，还让音乐节开幕的场景变得具体可感了。第二则新闻讲的是中石油公司五年来快速发展，取得了很好的效益和发展规模。标题用再造"中石油"这样一个大家熟知的公司来借指公司扩大的规模。第三条标题则用甲鱼价指代高价。

第三种方法是拟人。采用这种修辞手段，标题比较有人情味，也比较生动形象。例如：

①旅游被市场撞了一下腰

②抓起虚假招聘的盖头

③你甩后勤"包袱"我求"连带效应"(引题)

医企合作哥俩好(主题)

第四种方法是将概念具体化。一般用符号将概念明晰化，使得抽象概念更容易被读者理解。例如：

①迟来的正义 = 无正义

②著名经济学家厉以宁谈(引题)

人文精神 + 科技背景 = 中国 MBA(主题)

也可用较容易理解的概念或数据来说明相对复杂的概念和数据。例如：

地球三分钟　净增五百人

如果标题列出一年地球增加多少人，就不如这个标题用三分钟增加五百人生动易懂，原因在于一般人对于几千万的概念是不熟悉的，但对于三分钟、五百人这样的概念比较熟悉，容易在脑海中产生相应的形象，理解消息的数据意义。

第五种方法是对比。尽量突出戏剧化的冲突或矛盾，激发读者阅读兴趣，通常将两个相反相对的事物或一个事物相反相对的两方面放在一起加以叙述，使对比的内容更为鲜明生动。例如：

①工程师三代破屋两间

副局长一家新房四套(双主题)

②校长父亲葬礼　全校学生停课

③未入洞房　先入班房(主题)

石俊为结婚摆阔气，伙同弟弟四处盗窃，父亲帮助销赃，三人均被逮捕

④"好心"姨妈施毒计　一家四口入牢笼

第一条标题，通过对比工程师和副局长的住房情况，两者之间的差异更为突出。后面三条标题则有一定悬念，充满故事张力，能够激发读者的阅读兴趣。

第六种方法是化用一些俗语、典故乃至古诗词，吸引读者。例如：

①一次普通例会 8次询问市府官员（引题）
广州人大代表动真格的了（主题）
②“往后可以常回家看看啦”（引题）
台胞首次直航福州观光（主题）
③江苏给力“文化强省”（主题）

这三条标题，化用俗语，贴近读者日常生活用语习惯，增加亲切感和心理上的接近感。尤其第三条标题，是《人民日报》第一次在头版头条使用网络热词，受到百姓欢迎。

下面三条标题则是化用诗词，贴切而形象。

①人面不知何处去 夜半大门八字开（主题）
②爱鸟护鸟得到报偿（引题）
金陵处处闻啼鸟（主题）
③春风熏得远客醉 直把店家当自家（引题）
春江饮食店热情接待顾客真个名不虚传（主题）

以上种种方法，只是标题写作形象化、生动化的几种常用技法，具体的写作中，记者还可以根据新闻内容和报道需要，采用排比、拈连、反复、对仗等修辞手段，不拘一格，不断创新，务必使标题简明醒目，富有吸引力。

第四节 导语的写作

导语是消息的开头部分，紧接在消息头后面，具有非常重要的地位。一般说来，消息中提示新闻要旨、吸引受众的第一段或第一句话就是导语。但也有复合导语，即两个或两个以上自然段落合成的导语的变种。

一般来说，标题和导语往往占用记者整个消息写作时间的一半，甚至更长的时间。从某种程度上说，导语的写作关系到整个消息写作的成败，也关系到消息采取哪一种结构。历来的新闻工作者都非常重视导语的写作，美国哥伦比亚大学新闻系教授麦尔文·曼切尔认为“写好导语等于写好了消息”，要求记者“用一半甚至更多时间琢磨导语”。美国另外一位新闻工作者约翰·麦克菲认为:“如果你写作好了导语,你就已经完成了90%以上的报道任务。”

一、导语的写作原则

导语是消息的一部分,它的写作一样要遵循消息写作的原则,即用事实说话,具体来说,就是一定要用具体的事实要素构成导语。这是导语写作的最大原则。好的导语就像一个好的故事的开头,有趣、生动、抓人。美国新闻学教授丹尼斯说:“好的导语可以简短而明快,可以细细道来,将读者徐徐引入正文,也可以热火朝天、气势如虹。导语可以产生悬念,也可以蓄力而发,导语应当适应稿件的特殊需要。它之所以重要,不仅因为可以传达信息,而且可以为稿件确定情绪与基调。”写导语时,在尊重事实的基础上,可以充分运用不同的写作手法,以求吸引读者。

1.扼要揭示新闻的主要内容

这是导语最重要的任务。明代的谢榛曾经说过“凡起句当如爆竹”,导语作为消息的起句,同样要求以简要文字突出最重要、最新鲜或最具吸引力的事实。

早期的导语,一般致力于对新闻的5W要素加以揭示,新闻界往往把新闻五要素或六要素俱全的导语称为“第一代导语”,或者“晒衣绳导语”,指导语像晾衣服一样将所有要素展现出来。此类导语的缺陷在于,新闻最重要的事实有时候被淹没在五个要素中,降低了信息对于读者的吸引力。由此,导语开始改革,出现了第二代导语,用最少笔墨交代最重要的信息。

比较下面两条导语:

①今晚大约9时半,在福特剧场,当总统正同林肯夫人、哈里斯夫人和罗斯本少校同在私人包厢中看戏的时候,有个凶手突然闯进包厢,向总统开了一枪。

②肯尼迪总统今天遭枪击身亡。

第一条导语,是典型的晾衣绳导语,消息的五个要素俱备。第二条导语只突出最重要的信息,而不是面面俱到。尽管报道的都是总统被刺,但第二条导语明显更简洁、醒目,抓住了核心的新闻事实。正因为如此,所以第二代导语目前已经成为消息写作的主流。

2.吸引读者

消息的最终目的是吸引读者阅读,所以导语要花很大力气致力于吸引读者,使新闻摆脱一般化。美国新闻学教授詹姆斯·阿伦森说:“要找一个特写角度来写,赋予新闻以某种不寻常的东西，使稿件别开生面。这样以小特写形式出现的新闻能娱人耳目，激动读者。”

下面两条导语是对同一事件的报道，新华社记者的原稿是：

> 世界重量级拳王泰森今晚以85秒的时间，击垮挑战者威廉斯，创造了历时最短的一场拳皇卫冕战。

这一导语抓住了事情比较重要的元素：When、What、Who，可以说是一条符合标准的导语，但比较平淡。编辑根据拳击比赛的特点和“85秒”这一关键信息，以这短短的“85秒”为切入点，将导语改成：

> 85秒！拳王泰森击败挑战者。85秒！历史上最短的拳王卫冕战。85秒！300万美元进入腰包。

改写后的导语紧扣“85秒”这个要素，用排比的手法，连续三个“85秒”，给人以一种紧迫感，并传达出新闻的主要事实，让人耳目一新 。

再如，哈尔滨市动物园有一头黑熊逃跑后，钻进市中心的一家工厂里，被几名青年工人捕获。有一条导语是这样写的：

> 哈尔滨市煤炭第二供应站蜂窝煤加工厂的七个青年工人，今天在车间里抓住一头黑熊。

路透社的导语则是：

> 中国东北的两名女工人受惊大叫，因为一只黑熊在她们工厂的机器下面突然冒了出来。这只熊逃走时掉在一个机器坑内，四名男子用铁罐盖住，把它活捉。

第二条导语抓住黑熊突然从机器底下冒出来、女工惊叫的场面，用动词渲染人熊面对面的紧张场面，扣人心弦，比起第一条导语，给人们的印象要强烈得多。

从上面的例子我们可以看到，吸引读者和抓住新闻中主要的新闻事实写导语并不矛盾，因为新闻最终吸引读者的还是靠新闻事实。新闻事实本身越重要，越吸引人，消息也就越吸引人。记者只是在写作手法上可以运用一些技巧，最终还是要靠事实吸引读者。

3.建造新闻展开的逻辑顺序与结构关系

消息主体基本是在导语后面展开的，反映了记者对新闻事实的认识和把握。一条好的导语，已经设定了消息的内在逻辑和结构。一旦确定导语，实际也就确定了新闻要素的轻重缓急，新闻如何进行报道也就确定了。如果导语是最重要的信息，消息多半采用倒金字塔体结构；华尔街日报体的导语则基本是一个场面、一则趣闻或一句引语等，吸引读者，引出后面的消息主体。

按照导语之后的新闻内容的展开方式，我们可以将导语区分为直接式导语和延迟性导语。

所谓直接式导语，又称为概述式导语，由于一般用于硬新闻，所以又叫硬新闻导语、硬式导语。该类导语的特点是开门见山、一语中的，把最重要的信息首先传递给受众，第一句话就开始集中描述新闻的主题，把最重要的新闻元素交代出来，适用于突发性新闻、重大新闻、时效性强的新闻。这类导语在写作手法上突出写实，用词凝练、笔法简约，很少运用感情色彩强烈的词句。例如：

①欧洲大战于昨天拂晓爆发。

②1945 年 8 月 14 日，美国杜鲁门总统宣布日本已无条件投降。

③国土资源部最新统计显示，受今年几次强台风影响，今年 1－9 月份我国发生地质灾害的数量大幅度增加，共发生地质灾害 95454 起，与去年同期相比上升 44.9%。

④印度尼西亚灾害管理机构 19 日说，近几天发生在爪哇、巴厘和亚齐等地沿海的异常巨浪已造成 1000 多人被迫逃离家园。

这几条导语都是对消息主要内容的直接描述，直接陈述、反映主要事实，之后的新闻主体主要是对导语的进一步展开，补充和丰富导语的信息。但它变化少，容易使文章显得呆板、平淡，陷入“千篇一律”的格式里。

与直接式导语相对的是延迟性导语，也叫软式导语。这种导语往往用描写、反问、隐喻等方法，交代背景、描写场面或者渲染气氛，然后再进入对最新动态事实的报道。还可以用故事、悬念、引语、比兴或背景资料等由外及内、由表及里地开头，然后引出最新鲜、最重要的新闻信息。这类导语多用于软新闻，即所报道的不是正在发展中的、变化中的或突发性的事件。由于新闻事实相对来说没有硬新闻那样和百姓生活息息相关，重要性相对差一些，对时效性的要求也不是很高，这时候吸引读者阅读的主要是新闻的趣味性、接近性乃至一种好奇心，所以导语此时不承担揭示主要新闻事实的任务，通常用来再现现场或营造某种气氛，多是解释性、说明性的。

例如：

殡葬行业是人类最古老的行业之一，关乎人生的最后一站。目前，我国在殡葬管理方面尚没有法律，只靠一部部门规章——《殡葬管理条例》来规范殡葬业的方方面面。

《条例》出台10年来，殡葬业出现了非法占地、擅建公墓、炒卖墓穴、垄断经营等诸多问题，在各界人士的呼吁下，一部《殡葬管理条例》修订草案终于向社会公开征集意见。修订案能否修正目前殡葬业的所有问题，部门立法如何走出部门利益的局限，是殡葬业发展的关键问题。

由于《殡葬管理条例》的修订与普通百姓的生活相隔比较远，读者一般不会关心，这时候，记者就在导语中强调殡葬行业对人的意义，然后用背景材料即只有一部部门规章来管理殡葬行业这一事实说明该管理条例修订的意义，引发读者的阅读兴趣。

再如：

河北“三鹿奶粉”事件发生后，一些企业或个人将问题奶粉封存在仓库中，而不是直接销毁。这导致部分问题奶粉重现市场，陆续进入青海、甘肃、吉林等地。

昨天，市食品办发布公告，称将在本月底前清缴北京市场的问题奶粉。对于在本月底前主动上缴的，可减轻或不处罚；逾期不上缴的，将从重处罚。

上面这条导语，同样是延迟性导语，共两个自然段，用“三鹿奶粉”事件唤起大众关注，也引出新闻事实的意义。

又如：

这是一个不同寻常的公共图书馆。书架上只有四本书。你在其他图书馆或者书店找不到这些书，也不会有批量新书补充到这里的书架上。那是因为上周末在这里开业的Brautigan图书馆有个独一无二的规定——它只接纳从未出版过的书籍。

这条导语则是用悬念来激发读者的好奇心，让读者阅读下去。

从以上的分析中我们可以看出，延迟性导语主要是对一些重要性相对不是很大或者不明晰的新闻进行解释或说明，是对新闻事实的重新包装，目的是让它更吸引人。需要注意的是，这一类导语不可过于延迟，以至于离题万里，既浪费版面，也耽误读者时间，此外，也不可为了激发读者兴趣，故弄玄虚。要记住，新闻的目的是提供基本的信息，是一种实用文体，读者的兴趣从根本上是建立在新闻事实的重要性上的。

例如一则报道公墓环境恶化的新闻，导语是这样开始的：

埃玛和丈尔弗雷德被破啤酒瓶、香烟和各种垃圾所包围。但是即便在入侵者点燃草地大火时，这对夫妇也未曾抱怨过。

这样的导语就有故弄玄虚之嫌，会让读者有上当之感。

导语写作涉及对新闻事实的判断。到底采用延迟性还是直接式导语，最终是由新闻的核心事实决定的。在具体的写作过程中，记者需要明确：什么是新闻中最重要的事实？再确定用直接式导语还是用延迟性导语。另外对读者的阅读心理要有所判断。如有的新闻本身很重要，但读者未必清楚它的重要性，这时候就需要在导语中有所解释。一句话两句话可以说清楚的，还可以选择继续用直接式导语。一时说不清楚的，就可以用延迟性导语，或者用一个故事，或者用一个场面，或者用一句话，也可以是从相关背景说起，以引发读者兴趣为目的。

二、导语的写作方法

消息导语的写作，主要有以下几种具体方法：

1. 概述法

这是最常用的一类。概述式导语就是对新闻的核心内容用概括的方式或者说直接叙述的方式写成的导语，故又称开门见山式。该类导语往往在倒金字塔式新闻写作中用得最多。

①两名村民散发材料检举村支书，结果被对方以名誉权受侵犯为由起诉。近日，顺义法院一审判决两村民停止侵权行为，公开向村支书书面赔礼道歉，赔偿其精神损失费 1500 元。

②中国人民银行 18 日宣布，从 2007 年 6 月 5 日起，上调存款类金融机构人民币存款准备金率 0.5 个百分点。从 2007 年 5 月 19 日起，上调金融机构人民币存贷款基准利率。这是近 10 年来中国首次同时宣布上调存款准备金率和存贷款基准利率。

③9 月 11 日上午 9 时 48 分，一架飞机撞到了纽约世界贸易中心大楼，飞机把大楼撞了个大洞，在大约距地面 20 层的地方冒出滚滚浓烟。就在楼内人员惊慌失措之际，18 分钟后，又有一架飞机撞上了世贸大楼，这架飞机是从大楼的一侧撞入，由另一侧穿出，并引起巨大爆炸。

前两则消息，一为法制新闻，一为财经新闻，要求报道准确，信息完整无歧义。导语都是平铺直叙、平实简洁，将信息完整地告知读者，使读者于阅读的第一时间便获得最重要的信息。第三则消息是对美国“9·11”事件的报道，事件的重要性本身就是最吸引人的，记者直接进行报道，符合受众接受信息的习惯。

该类导语写作时要注意避免对新闻进行概括性的评价。例如：

好消息！一项大幅度降低 5 岁以下幼儿患龋率的杭州市幼儿免疫防龋

工程近日正式实施。

导语应该报道最重要、最有吸引力的新闻事实，记者不适合直接发表意见。

2. 描述法

该类导语是对新闻的有吸引力的场景、情节、景物、画面进行描述 。该写法可以增强新闻的现场感、真实性与可读性；增强感染力，引人入胜；增加趣味性，吸引受众。

以下均是描述性导语：

①多么威武神气的猫头鹰！一对大眼睛正在扫射着什么，翅膀微微耸起，看来它准备振翼飞扑过去，抓住那狡猾的大田鼠。这只用棕榈树桩因材施艺而雕琢成的猫头鹰，最近飞越太平洋，在美国旧金山的“中国上海民间艺术展览会”上“栖息”。

②有一支中国军队到达了布鲁塞尔。威武的士兵身穿紧身盔甲，随后行进的是军乐队和骑兵。最引人注目的是他们的身材。

③随着惊天动地的一声巨响，阳频县杨堤乡土岭村公所白屯桥村后山腾起了五六十米高的火焰，熊熊大火烧红了半空。“不好啦！飞机撞山啦！”

④她被戴上了手铐，哭着离开了家，头发凌乱、没有化妆的她在警察的“护送”下走了进来，发红的脸上布满了泪痕——6 月 8 日上午，帕丽斯·希尔顿在法官的要求下来到法庭。

⑤联合国的代表们今晚击败了美国为保住台湾在联合国的席位所做的努力，从而为北京进入联合国铺平了道路。代表们在走廊里大声发笑，他们唱歌、欢笑、喊叫、拍桌子，有人甚至跳起舞来。当代表以点名应答时，大厅中气氛紧张。电子统计牌上终于显示出结果，表明美国的建议被击败。这时，大厅里沸腾起来了。

该类导语写作中需要注意，不要过分渲染，同时在描写中要推进新闻的叙述以免影响消息主体的展开。

3. 评述法

尽管导语一般应避免发表议论，但某些时候，评价直接涉及新闻事实的意义、目的，或是对新闻事实总结，或者直接就是新闻的要素，这时候就可以在导语中有所议论。例如：

一位 20 岁的中国姑娘在北京的有力的一跳警告世界田径界说，六亿中国人民不会是永远落后的选手了。

该导语将对新闻事实的评述写在开头，这是该报道的目的，也是要传递的主要信息，故而可以进行评论。

评述型导语写作中要注意以下几个原则：(1)导语中的评论要素一般应该是新闻的构成要素；(2)评论要新颖；(3)评论要简明扼要；(4)要注重平衡性，对未有定论的事实不作肯定的表述。违背这些原则，导语就会显得水准很低，例如：

①过度的赞扬会使艺术变得廉价，而公正的评判才是对艺术的尊重。当电视导演××就自己的创作日前在北京举办研讨会时，一种求实、不虚张的评论作风令记者感叹：良好的风尚需要大家创造，更值得在文艺界提倡。

②导弹要上天，人才是关键。为把有限的科技力量攥成拳头，我军战略导弹部队今天组成了首批 40 名导弹技术专家方阵，这支队伍将在第二炮兵现代化建设中发挥特殊作用。

在这两条导语中，由于导语的评论和新闻要素没有什么关系，记者直接议论，就不合适。同时，其中的评价都是陈词滥调，没有什么新闻价值。

4. 引述法

在导语中引用相关人士的话，一般是用新闻人物的口说出事实或意见。可以是直接引用原话，也可以是间接引用。

例如：

①温家宝总理昨天在震中汶川说："汶川大地震死了 8 万人"。

②公安局长昨日在一个会上透露，城市今年的治安比过去任何一年都严重。

前一条导语是直接引用，后一条导语是间接引用，说话者的身份加强了消息的权威性。

再如：

①"精彩，实在精彩！""听到李国桥不惜冒着危险在自己身上做抗疟试验时，我周围的不少人流泪了。""你有没有注意，梁启圣老师讲他 10 多年来用自己的工资抚养黎、苗族学生那一段时，就被 6 次掌声所打断。"这是昨天上午省先模报告团在广州中山纪念堂做首场报告以后，记者在人群中听到的议论。

②"新能源汽车如果仅仅是在实验室、车展上展示，在路上见不到，节能减排的目的还是达不到，国家的倡导也就落不到实处。"北汽福田汽车股份有

限公司党委副书记赵景光深有感触地说。近年来，福田汽车一直致力于以市场为导向的节能减排实践，在新能源汽车的产业化和推广应用上已取得明显成效。

前一条导语用听众的评论表达对报告的评价，真实可信。后一条导语，新闻人物直接发表意见，消息来源清楚，同时发言者的身份也有助于增加意见的重要性。

使用引述法写导语，一是要严格引用直接引语，不能改变说话者原意；二是所用引语应尽量挑选“掷地有声”的“点睛”之语，能起到一语胜千言的作用；三是引语要是容易理解的短句，句式不能太复杂。

例如下面两条导语，是对同一新闻的报道，其中，前一条导语引用的信息不明确，信息量没有后一条导语大，传达的信息也不如后者吸引读者。从句式上看，前一条导语中，“社会犯罪并非是他们最大的担忧”是否定句，比较绕口。

①65 岁以上的美国人称，社会犯罪并非是他们最大的担忧，两名社会学家今天报告说。

②65 岁以上的美国人称，他们最大的担忧是健康和贫穷，两名社会学家今天报告说。

5. 悬念法

这种导语类型首先提出疑问，引起受众的关注和兴趣，以激起他们的阅读欲望。设置悬念的方式既可以是设问，也可以是叙述，两者没有高下之分。一般来说，该类写法通过设问来设置悬念的相对多一些。例如：

①国财贸大会上传说着这样一件事：上海服装进出口公司床上用品组的职工，“救活”了两只鸳鸯，挽回了一大笔外汇。

②8 点上班的钟声响过之后，中央国家机关多少人迟到？

③一架飞机能从宽仅 14.62 米的巴黎市中心的凯旋门门洞飞过吗？巴黎的英雄们正在做着他们的试验。

设置悬念式导语，既适合事件性新闻，也适合一些非事件性新闻。在某些工作类消息中准确使用此类导语，能明显加强新闻的可读性。例如：

①昨天，在长春市＊＊＊中学，由民盟长春教育学院支部组织的讲座，竟引来五六百听课的农民，由于听讲的人多，不得不把课堂临时改在了操场上。是什么讲座竟然这么吸引人？

②央行宣布从 10 月 9 日起，下调一年期人民币存贷款基准利率各 0.27

个百分点，同时宣布下调人民币存款准备金率。这是一个月之内连续两次降息，对冷清的房地产市场将有何影响？

③ 4 月 3 日，我们被捕了。

该类导语的优点是有“悬念”，缺点是有点绕弯子。值得提醒的是：一旦弯子绕得太大，“悬念”又没有抓住人的话，结果有可能适得其反。

6. 故事法

导语找出新闻事实中最有戏剧性的情节，引出消息的主体。例如：

①9 月初的一天早晨，从钟祥县开往武汉的长途汽车就要启动了。考取了北京大学的农家子弟柯洪云欢欢喜喜地登上了汽车。这时，一位中年妇女急急忙忙地赶来，把一件棉大衣塞到了他手上。乘客们以为，这一定是这个学生的妈妈！可是，人们怎么也没有想到，这位妇女却是柯洪云的老师。

②这毕竟是乔安妮·巴肖德不快活的半年中最快乐的一天：在她二十四年的生活里，她的家人从未见她这样高兴过。九月二日，乔安妮在纽约市的贝勒弗尔医院的某个地方的公共电话亭打电话时宣布说：“昨天我生了个女孩。”她的妹妹巴巴拉在俄亥俄州柯特兰的巴肖德住处接到这个电话时大吃一惊。全家人谁也不知道乔安妮已怀孕，甚至连她住在哪儿都不知道。打电话的四天后，这个婴儿就死了。婴儿是在乔安妮称之为家的东哈莱姆贫民窟里被乔安妮宠爱的、唯一的伴侣——一条饥饿的德国牧羊狗咬死吃了……

上述两条导语，均用一个故事开头，用情节吸引读者，然后引入消息主体。

7. 矛盾对比法

该类写法通过对比，产生反差，突出新闻事实，从而吸引读者。

这种对比可以是理想与现实的对比，例如：

天下做女人的，谁不想当个健康孩子的母亲！然而，事与愿违的是，目前在我国，每出生 1000 名婴孩中，就有 13 个是缺陷儿，使得不知有多少这种孩子的妈妈为此泪水涟涟，痛心疾首。

也可以是历史与现实的对比：

①唐代著名文学家柳宗元在被贬至湖南永州任司马时，曾写下千古名篇《捕蛇者说》，使“永州之野产异蛇”闻名遐迩。一千多年过去了，历代冒死捕蛇为抵租税的永州捕蛇者的新一代又悄然兴起了一股养蛇热，各乡各户竞办蛇场已成为永州农村的一大新鲜事。“养在深闺人未识”的武陵风光，已经撩

开面纱，深深地吸引着众多的海内外旅游者。

②统治世界乒坛数十年的中国男子乒乓球队今天在这里遭受到前所未有的毁灭性失败，这一严重挫折使中国人感到十分沮丧。今天，乒乓球赛新闻层出不穷，倒霉的不仅限于中国人。但是，对中国人来说，这一天将作为黑色的星期四而永远留在记忆中。

还可以是现实中的对比：

①在这里，地面上燃料奇缺，农民不得不靠挖掘玉米根来生火取暖、煮饭。然而，在3200米的地下，地质学家们发现了大量石油和天然气。

②就是在罗纳德·里根总统对全国说“美国正在走向经济复苏”之前几个小时，他的儿子普雷斯科特·里根却在这里同失业者一道领救济金。

8.化用修辞法

在导语写作中还可以运用多种修辞手法。

例如前述导语：

85秒！拳王泰森击败挑战者。85秒！历史上最短的拳王卫冕战。85秒！300万美元进入腰包。

用排比增强气势，并使导语具有节奏感。

又如采用比喻手法：

①昨天，热爱月季的冰心先生，接受了北京图书馆、中国现代文学馆献给她的一簇最美丽的月季——冰心文学创作生涯70年展览在北京图书馆开幕。

②一眨眼之间，他已在青藏高原奋战了27个春秋了。原来的满头青丝，现在已染上了祁连山的霜雪；脸上的皱纹，就像是风沙雕刻的痕迹。这是少数民族地区科技工作者代表座谈会上，高级地质师胡贤农给记者留下的深刻印象。

前一条导语，将冰心文学创作生涯70年展览开幕比成是“一簇最美丽的月季”，别致简明，文采斐然，洋溢着浓厚的人情味。后一条导语，直接用主人公奋斗的地域的霜雪、风沙作比，具有强烈的个人色彩，同样给读者留下了深刻的印象。

再如使用拟人手法：

中国新闻史上第一次响起了一个与众不同的声音：“嗨，下午好！”我国第一张下午版报纸今日由《杭州日报》正式创刊。

通过拟人写出声音，使导语具有感情色彩，生动且亲切。

以上种种方法，只是给导语写作提供一些指导性思路。具体采取何种写法，应当根据新闻素材实际情况具体安排，因“文”制宜。在学习导语写作的过程中，不妨从拟写直接式导语入手，先采取平直的方式写出导语，然后再进行修改和加工，在实践中不断提高传播表达的技能。

【思考题】

1. 请选出最近一周报纸上你认为写得最好的标题，并说明具体的理由。

2. 分别在近期报纸上找出5篇采用华尔街日报体、倒金字塔体、并列体和时间顺序体、散文体结构的消息。

3. 选取一篇倒金字塔式结构的新闻，将其改写为华尔街日报体结构。

4. 在报纸上找出5条直接式导语，并将其改写为延迟性导语。

5. 在报纸上找出5条延迟性导语，把延迟性导语改写为直接式导语。

第八章　主要消息类型的写作

因简短、快速报道新闻，消息是一种最常用的新闻体裁。不过，从类型划分来说，“消息”实为华文媒体中特有的（“通讯”亦然）。

在国外经典教材中，我们找不到“消息”这种体裁；同样，我们在中国新闻奖中的“报纸、通讯社类”中，发现有“消息”等作品奖，但在普利策新闻奖中，没有“消息”作品，只有“突发新闻报道奖”等类似奖项。

消息有哪些类型？这同样是一个让人困惑的问题。除了无法参照国外，不同的教材有不同的分类，也会让不少人无所适从。

举例来说，有几种代表性的说法：

其一，我国新闻界的习惯分法，一般是按消息的写作特点和表达形式来划分。消息的种类大体上有六种：动态消息、综合消息、经验消息、特写性消息、评述性消息和人物消息。（时统宇：《消息写作》，中国广播电视出版社，2000 年）

其二，消息分为：简讯、动态消息、综合消息、经验消息、特写性消息、述评性消息和现场短新闻。（陈作平：《新闻报道新思路：新闻报道认识论原理及应用》，中国广播电视出版社，2000 年）

其三，消息分为：事件性消息（含简讯、动态消息）、非事件性消息（含预测性消息、服务性消息）、描写性消息（含新闻素描、花絮）、分析性消息（含解释性消息）。（刘明华、徐泓、张征：《新闻写作教程》，中国人民大学出版社，2002 年）

其四，消息分为以下七种：动态消息、简讯、综合消息、经验性消息、述评性消息、人物消息和公告新闻。〔胡欣：《新闻写作学（第 3 版）》，武汉大学出版社，2006 年〕

从上述几种分类来看，由于标准不一，消息的分类五花八门，有重合，也有差别：根据长短，有简讯（广播还有短消息、长消息之分）；根据题材，有经验性消息；根据表达方式，又有描写性新闻。几种维度掺杂在一起，类别之间难免有重合。

难怪有人点评道：“中国的新闻写作划分非常细致，消息、通讯、特写根据不同题材都划分成更多更细的种类，造成种类间的区别不很明显，让初学者容易产生混乱的感觉”。①

---

① 陈作平：《新闻报道新思路：新闻报道认识论原理及应用》，中国广播电视出版社 2000 年版，第 6 页。

那么回到一个问题上：有无必要对消息进行分类？就实践来说，似并无大的必要。因为记者无论面对何种题材，无论采用何种表现手法，最终目的都是一个：通过报道真实、准确、客观地将信息呈现给受众。在实践中，要达到此目的，记者其实并不需要去想应写成哪一类的消息。

不过，对刚入行的记者来说，通过不同题材、不同写法的报道案例，了解消息写作的逻辑，确有必要。但前提是对消息的类型划分更明晰，这样学习时才能有更强的针对性。

本章在对消息分类时，只采用一种标准，那就是根据题材来划分：将消息分为事件消息、人物消息、综合消息（包括工作经验类消息、服务性消息）。此外，由于在新闻实践中，记者参加新闻发布会和论坛较频繁，所以特别增加会议消息写作的介绍。当然，会议消息亦是按照报道的题材来划分的，虽然它报道的可能是在会议上发生的一件事，或参加会议的一个人。

第一节　事件消息

所谓事件消息，是指针对新近、正在或即将发生的事件的简要报道。之所以是“简要”，是因为要与事件通讯相区分。一般地说，消息在一千字以内，正文不用小标题；而通讯则是一千字以上，多在正文中使用小标题。

作为动态新闻的主要品种，事件消息报道对象以突发事件为主。何为突发事件？按照《中华人民共和国突发事件应对法》（2007 年 8 月 30 日第十届全国人民代表大会常务委员会第二十九次会议通过）中的界定——“突发事件，是指突然发生，造成或者可能造成严重社会危害，需要采取应急处置措施予以应对的自然灾害、事故灾难、公共卫生事件和社会安全事件。按照社会危害程度、影响范围等因素，自然灾害、事故灾难、公共卫生事件分为特别重大、重大、较大和一般四级。”

随着全球气候的变化、人类活动对生态的影响以及中国转型期面临的种种问题（如贫富分化、司法不公等），突发事件会越来越多，当是媒体报道的最主要内容。

一、事件消息的特点

1.短、平、快

事件消息要求迅速报道新闻事件，因此快速、简短、简洁是它的重要特点。

随着技术的发展，时下的新闻报道早已从 TNT（Today News Today，今日事今日报)向 NNN(Ncw News Now,现在事现在报)转型。一件事发生后,往往在几分钟内(甚至即时)就通过广播、电视、手机和网络等媒体周知天下,只不过体裁选择方面,多数以一句话新闻、简讯等呈现。

为什么要快?我们知道,新闻报道的一个重要功能是消除信息的不确定性。众所周知,美国心理学家 G. W. 奥尔波特提出了如下流言传播公式:

$$R = i \times a$$

其中 R 是指流言(Rumor),i 是指所传流言对传者的重要程度(Importance),a 是指所传流言的模糊度(Ambiguity)。

由此可见,如果重要事件没有及时报道,极有可能导致流言(甚至谣言)四起。这里有一个抢时效的好案例:

> Warning sirens sound in Baghdad.(巴格达响起空袭警报。)
>
> 2003 年 3 月 20 日北京时间 10 点 33 分 50 秒,新华社发出了这条报道伊拉克战争爆发的快讯,领先美国有线电视网(CNN)10 秒,快于法新社、美联社、路透社,在全球媒体时效战中夺得第一!
>
> 这条快讯,是新华社伊拉克籍报道员贾迈勒通过海事卫星电话从巴格达发出的。发稿当天,新华社就以罕见的速度颁给他最高奖——社长总编辑奖,奖金 1000 美元。3 月 28 日,他被正式聘为新华社驻巴格达特约记者。

因为在伊拉克战争报道中的优异表现,贾迈勒的下列国际消息作品还获得第十四届中国新闻奖一等奖:

美国对伊拉克开战

贾迈勒

1. 快讯:巴格达响起空袭警报

2. 简讯:美军战机袭击伊拉克

新华社巴格达 3 月 20 日电　新华社获悉,美军开始空袭伊拉克,首都巴格达遭到若干枚火箭的袭击。

3. 美国对伊拉克发动战争

新华社巴格达 3 月 20 日电　美国星期四凌晨发动了对伊拉克的战争。

美国战机是在总统乔治·布什要求伊拉克总统萨达姆·侯赛因要么离开伊拉克,要么面临战争的最后期限到期 1 个半小时后,袭击伊拉克首都巴格达的。

巨大的爆炸声不绝于耳,火焰照亮了天空,空袭警报声响彻这座拥有 500 万人口的城市。

目前,这次空袭的目标尚不清楚。

4. 美国开始对伊拉克展开军事行动

新华社华盛顿/巴格达3月19日电　白宫星期三宣布,美国已经展开旨在解除伊拉克武装的军事行动。当地时间星期四凌晨,美军对伊首都巴格达的伊拉克领导层所在的建筑物进行了空袭。

巴格达上空传出空袭警报数分钟后,白宫发言人阿里·弗莱舍对记者说:"解除伊拉克政权武装行动的初始阶段已经开始。"

美国战机是在总统乔治·布什要求伊拉克总统萨达姆·侯赛因要么离开伊拉克,要么面临战争的最后期限到期1个半小时后,袭击伊拉克首都巴格达的。

巨大的爆炸声不绝于耳,火焰照亮了天空,空袭警报声响彻这座拥有500万人口的城市。

第一轮爆炸发生在格林尼治时间星期四早晨2点45分,曳光弹和大团的黑烟出现在巴格达南部。居民们纷纷躲进家中加固的房间里或大型建筑下的公共防空洞里。

供电并没有停止,但爆炸之后国家广播电台已经停止了播音。

目击者说,伊拉克领导层所在的建筑在美军针对巴格达的两轮空袭中遭到了袭击,造成人员伤亡。伊拉克防空部队对美军战斗机进行了回击。

周三晚上,美军战机在伊西部和南部袭击了伊拉克地对地导弹和炮火设施,但五角大楼坚持说此举只是为了维护禁飞区,并不算战争的开始。

早些时候,联合国秘书长科菲·安南曾向美国和英国发出警告:"根据国际法,交战方有责任保护平民。"

(新华社国际部2003年3月20日)

通过上述案例,我们看到,为了抢时效,记者采用了多种手法:快讯、简讯、消息,目的只有一个:抢发新闻。这样的操作,有助于及时满足公众的知情权。

新闻姓"新",对新闻报道的消费者来说,新鲜是第一必需。除非特别需要,没有人希望去看旧闻。事件的报道要快,显然需要"短"和"平"才易实现。"短"是消息的特性,而"平"是指写作上用简笔。

2. 大多一事一报

由于篇幅限制,事件消息往往只写一件事。这既可突出新闻事实与信息的精要,又可使消息的篇幅短小、运转灵活,从而保证新闻时效。

比如下面这篇消息仅600字,却获得第二十二届中国新闻奖二等奖:

牧民开始用卫星放牧

本报11月21日讯　(记者　哈丹宝力格　海粼)“图门桑,牛群已离开您的牧场,在伊克尔湖东南约3.5公里处。”11月20日下午,鄂尔多斯市杭锦旗牧民图门桑看了一眼手机上的短信,急忙骑上摩托,向着伊克尔湖方向疾驰而去。在卫星放牧系统应用之前,图门桑为了找寻在沙尘暴中迷失的牛群,曾在草原上转了整整15天。

目前,杭锦旗已有4个牛群、2个驼群、1个马群受到卫星的守护。卫星放牧系统开始在内蒙古草原逐步推广。

卫星放牧系统的一部分制成项圈套在牲畜颈上,一部分安置在卫星数据服务站,另一部分则是游走于浩瀚太空的卫星。华东师范大学专家王远飞说:“运用遥感、卫星定位、地理信息化等技术的卫星放牧系统,在我国首次应用,必将推动我国现代草原畜牧业的发展。”

有关数据显示,2010年我区因灾死亡牲畜近20万头(只)。失去了看护的畜群,会在一场沙尘暴中惊慌失措,消失得无影无踪;会因突降的暴雪,刨不出一点干草,冻饿致死。图门桑说:“一场大雪之后,你总会听说谁家的牲畜找不回来了,谁家的牲畜死掉了。”

杭锦旗农牧业局朝鲁介绍,卫星放牧系统应用之后,牛羊的移动路线一览无遗,会通过互联网或手机短信告知牧民。现在,畜群就像图门桑手里牵着的一只永远也飞不远的风筝,每隔三四天他才会去看上一眼。

科技逐渐将原本脆弱的畜牧业生产武装到牙齿,同时节省了养殖成本,减少了人力物力投入。图门桑不再雇人放牧,节省下每月3000元的支出。在失去牛倌的情况下,图门桑第一次不必和牛群紧紧拴在一起,多出了时间从事第二职业。他说跑运输每天可以给他带来100多元的收入。

(《内蒙古日报》2011年11月23日)

在这条消息中,我们看到,有个案、有数据,但都是围绕“卫星放牧”来写的。将报道焦点集中于一件事,最大的好处是传播直接,给受众的印象深刻。如果事件消息中写了多件事,反而让受众无所适从,不知哪件事更有价值。

3. 客观呈现事实

在事件消息的写作中,要求“零度写作”,即客观呈现事实,而不带个人的观点和感情色彩。

比如下面这条消息:

北约野蛮轰炸我驻南使馆

本报贝尔格莱德5月8日电　记者吕岩松报道　当地时间7日午夜(北京时间8日早5时45分)，以美国为首的北约至少使用3枚导弹悍然袭击我驻南斯拉夫大使馆。到目前为止，至少造成3人死亡，1人失踪，20多人受伤，馆舍严重毁坏。

当地时间7日晚，北约对南斯拉夫首都贝尔格莱德市区进行了空袭以来最为猛烈的一次轰炸。晚9时始，贝尔格莱德市区全部停电。子夜时分，至少3枚导弹从不同方位直接命中我使馆大楼。导弹从主楼五层楼顶一直穿入地下室，使馆内浓烟滚滚，主楼附近的大使官邸的房顶也被掀落。

当时，我大使馆内约有30名使馆工作人员和我驻南记者。新华社女记者邵云环、《光明日报》记者许杏虎和夫人朱颖不幸遇难。据悉，这是外国驻南外交机构第一次被炸。

爆炸发生后，中国驻南联盟大使潘占林一直在现场指挥抢救。许多华侨对使馆给予了极大帮助。潘大使在被炸毁的使馆废墟前，愤怒地指出："这是对中华人民共和国的攻击。"

南联盟外长约万诺维奇说："使馆是中华人民共和国的领土，北约炸弹是对外交的轰炸。"

当地时间8日下午，中国在贝尔格莱德的数百名华人举行抗议游行，数千南斯拉夫人参加了游行。

(《人民日报》1999年5月9日)

在这条消息中，虽然记者看到中国媒体同行不幸遇难，但在报道中，却隐藏了自己的愤怒，没有评论，在叙述上我们也看不到情绪化的文字，而是通过对事件的还原、引述他人的评论来传播信息。

正是由于时效性强、写作规范，《北约野蛮轰炸我驻南使馆》被评为第十届中国新闻奖消息类一等奖。

二、事件消息写作的基本要求

1.事件的基本信息要完整

事件消息在写作时最忌讳含糊其辞，5个W缺失严重，这样会严重影响公众对事件的了解。这是因为信息的基本要素越少，信息越模糊，传言产生的数量会越多。

比如，一个地方发生了持枪杀人案，如果我们的记者做如下报道：今天下午，XX市XX街XX商场发生一起持枪杀人案，导致一人死亡五人受伤。目击者A说：……目击者B说：……目击者C说：……

这样的新闻传播出来后，极有可能引起公众大恐慌。为什么呢？因为公众不知道这个杀人者现在身在何处，出门也有可能撞见他/她，并可能遇害。

从快讯的写作角度讲，上述写法尚可，但即令抢时效，也应写下：记者将马上联系警方，详细信息第一时间发布。

回到报道文本，在报道杀人案时，造成了何种后果当然很重要，但犯罪嫌疑人的身份特征、去向亦非常重要。这就要求记者采访时力求全面，也就是，与事件密切相关的人物、机构都应尽最大努力采访。

以下这篇例稿曾获第二十二届中国新闻奖报纸消息类三等奖：

787 死魂灵混进广东新农保

本报讯　（记者 蒋悦飞）死人也能参保并领取养老金？记者昨日从广东省社保局获悉，惠及千万广东农民的新农保参保人员中混进了 787 名已经死去的冒领者，他们早在参保之前已经入土为安，却突然“醒来”领起了养老金。

莫某，粤北一个小山村的农妇，1936 年出生，2010 年 8 月参加了广东新农保，然后领养老金一直领到今年 2 月份时，却被社保机构核查发现其人已经在 2004 年死亡。

黄某，粤东一个山沟的农夫，2010 年 1 月参加新农保，2010 年 12 月被省社保局查出其人在 1997 年 5 月 14 已经死亡。

2009 年 11 月，广东省选定 14 个县（区）正式推开“新农保”试点，截至今年 4 月，广东已有 993 万农民参加养老保险，其中 214 万人领取养老待遇，分别比 2009 年底增长了 1.8 倍和 2 倍。特别是年满 60 周岁的广东老农们自己没花一分钱就过起了每月领养老金的生活，心里别提有多美。

暴风骤雨式的参保浪潮过去之后，广东省社保局开始仔细核查新农保数据。2011 年 1 月，广东省社保局通过省级基金核算系统数据与省公安系统信息比对，发现了一些蹊跷事：一些正享受着新农保养老金的参保人员，却早在参保之前已经死去，这样的人有 787 个。通过与省职工养老保险信息比对，查出在农保、城保两个制度内重复领取待遇的有 97 人。幸好，新农保刚刚启动，待遇不高，每人月均 55 元，涉及的金额仅 38 万。

然而，千里之堤，毁于蚁穴。启动不过一年多的新农保，今后所面对的将是 3800 万的应参保人员，而且分布在广东的 1236 个镇中。这种贪念如果不遏制的话，就凭区区几千个社保经办人员怎么可能将分布在偏远山村的冒领者一一揪出。而任其发展的话，刚刚建立起来不久的、还很薄弱的、却是今后几千万广东农民的养命钱又怎样保得住？

（《广州日报》2011 年 7 月 15 日）

这篇事件消息的选题是不错的，但在基本信息方面有缺失，那就是新农保为何有这种大漏洞？冒领者要承担什么样的法律责任？这些问题是读过这条新闻后，大多数受众都会产生的疑问，但记者的报道并没有回答这些问题。

这篇消息还有一个大问题：记者直接跳出来评论（最后一段），这有违客观报道的原则 。

2.注意即时更新事件的进展

一般来说，事件是不断发展的，尤其是突发事件，往往情况变化很快，加之人们的认知有限等原因，事件的真相往往需要一些时间才能浮出水面。

比如2008年发生的四川汶川大地震，地震的级数就有一个认知变化的过程：

新华网北京5月12日电　据中国国家地震台网测定，北京时间2008年5月12日14时28分，在四川汶川县（北纬31度，东经103.4度）发生7.6级地震。

中新网5月12日电　经过中央电视台核实，北京时间5月12日14时28分发生的四川汶川县地震为7.8级。

中新网5月18日电　据中国地震局消息，在5月12日四川汶川地震发生后，中国地震台网中心利用国家地震台网的实时观测数据，速报的震级为里氏7.8级。随后，根据国际惯例，地震专家利用包括全球地震台网在内的更多台站资料，对这次地震的参数进行了详细测定，据此对震级进行修订，修订后震级为里氏8.0级。

由于是突发事件，对地震级数、震中、人员伤亡、财产损失等，均有可能认识不清或统计不全，这是很正常的。对媒体来说，就需要拿到权威信息，并注意跟进事件的发展，不断更新报道。

下面这个案例就很典型：

长江九江段4号闸附近决堤30米

两千余军民奋力抢险

本报江西九江8月7日16时5分电　（记者贺延光）今天13时许，长江九江段4号闸与5号闸之间决堤30米左右。洪水滔滔，局面一时无法控制。现在，洪水正向九江市区蔓延。市区内满街都是人。靠近决口的市民被迫向楼房转移。

本报江西九江8月7日16时35分电　（记者贺延光）现在大水已漫到九瑞公路。据悉，决堤时，一些居民还在睡午觉。现在堤坝上被洪水围困的抢险人员大约上千人。

本报江西九江8月7日17时5分电 （记者贺延光）国家防汛总指挥部的有关专家正在查看缺口。专家们决定用装满煤炭的船沉底的办法封堵缺口。

本报江西九江8月7日17时15分电 （记者贺延光）记者已赶到缺口处。汹涌的江水正从30米宽的缺口涌向市区。南京军区两个团正在国家防总、省防总有关专家的指挥下抢险。现在有一条100多米长的船无法靠近缺口，抢险队员正在想办法。

本报江西九江8月7日17时40分电 （记者贺延光）专家们拟定了三套抢险方案：1.将低洼处的市民转移到安全地带。2.市区的军队、民兵组成一道防洪线。3.全力以赴堵住缺口。

现在，一条大船装满煤，正由北向南岸靠近，准备封堵缺口。

本报江西九江8月7日22时5分电 （记者贺延光）截至记者21时撤离时，决堤口还没有堵上。一条装满煤炭的百米长的大船已横在距决堤口20米处，在其两侧，三条60米长的船已先后沉底。数千军民正在沉船附近向江里抛石料。水势稍有缓解。

目前，留在决堤处的抢险人员总计有2000多人。防汛指挥部组织抢险人员正在市区的龙开河垒筑第二道防线。

据悉，市中心距决堤处的直线距离约5公里。市区内目前还未进水。记者赶回市区时看到，一些店铺还在营业。市民们的情绪较下午平稳了一些。

路上，出租车司机告诉记者，市政府已在电视上发出紧急通知，告诫市民，凡家住低于24米水位的住户，要迁到更高的楼上。

本报江西九江8月8日零时15分电 （记者贺延光）记者刚刚与前线指挥人员通话：现在沉船部位上端水流有所减弱，但船下的漏洞水流仍然很急，缺口处洪水不见缓解。抗洪军民仍在连夜奋战。

本报江西九江8月8日零时45分电 （记者贺延光）记者刚刚得到消息，从昨天下午4点开始，万余名解放军战士正在龙开河连夜奋战，构筑一道4公里长、5米宽的拦水坝，作为市区的最后防线。至发稿时止，仍有大批军车赶往此地。

（《中国青年报》1998年8月8日，获1998年度中国新闻奖特别奖）

贺延光本是摄影记者，在九江决口的采访中，他冒着生命危险，每隔一至两个小时，通过手机为报社发布决口情况。正是这些不断更新的信息，拼贴出了整个事件的全貌。

上述案例是记者通过即时更新报道，相关信息在同一天呈现。在日常操作中，还有一种情况是，对某一个事件进行连续报道。报道往往是多日刊发或播出，一有新的信息，即跟进报道。

第二节　人物消息

一、人物消息的特点

所谓人物消息（不少教材又称之为人物新闻），是指通过简要报道新闻人物的言行，以展现其形象的新闻体裁。报道的主体是新闻人物，可以是个体，也可能是一个群体。

既然是新闻人物，被报道者应该有新闻性、典型性和故事性。

人物消息有以下特点：

1. 时效性强

人物消息要求快速采写、快速编辑。这其实也是消息的基本特征之一。

举例来说，如果一个新闻人物今天上午八点整去世了，那么，简讯应该在十分钟内发出，人物消息就应该在半小时内发出。

2. 篇幅短小，叙事单一

人物消息一般要求七八百字一篇。

与人物通讯不同，人物消息主题更集中、时效更强、篇幅更短。我们常见的人物消息往往从某一个侧面去反映人物的性格、精神、境界等。写作时只要求突出其中最富有特色、最有感染力的部分，不必面面俱到。

3. 人因事显

“人因事显，事因人生。”人物消息虽然写事，但目的是突出人物；事件性消息中，虽然写人，但目的是陈述事件。

在写人物消息时，选择事件素材应有两个标准：第一是有助于受众了解人物的特质；第二是事件要典型。

二、人物消息的写作要求

我们先看一个电视消息案例：

标题：

刁娜：舍己一条腿　救人一条命

正文：

导语：近日，烟台龙口一名女子在下班途中被车撞倒，南山旅游景区24岁女孩奋不顾身，从车流中舍身救人，感人事迹在齐鲁大地引发强烈反响，这位被人们誉为最美烟台女孩，在这个冬天温暖了无数人的心。

【解说】记者赶到龙口市人民医院，是在车祸发生半月之后。因为刁娜和家人的低调，她的故事直到今天才被大家了解。躺在病床上的刁娜笑容满面，但她腿上的伤疤和X光片见证了她经历的那个惊险时刻。

2011年10月23日下午6点左右，龙口市民刁娜和丈夫开车经过通海路时，突然发现路中央有一团黑乎乎的物体。当时天下着小雨，视线很差。小心绕过时，刁娜才看清，那是一名躺在血泊中的女子。

【同期】刁娜：我看到她的时候，我就想起来小悦悦那个事件了，我就想如果我就这样走了的话，是不是就昧了自己的良心了。

【解说】此时，刁娜的车已经驶出十多米远，她毫不迟疑地让丈夫停车营救。

【同期】刁娜：她当时头部严重受伤，然后满地是鲜血，然后我就下车帮忙，帮她指挥过来的车辆往旁边绕行，我怕把她再第二次碾压。

刁娜的丈夫隋美正：我说太危险了，她说你去把车上的三角指示牌拿下来。

【解说】几分钟时间里，许多车辆在刁娜的指挥下绕行。然而，当刁娜的丈夫回车上去拿警示牌时，危险发生了，一辆汽车因超车躲闪不及，重重地撞上了刁娜。

【同期】隋美正：我回头刚走了三四步，就听见砰的一声，回头看见她一下就飞出去了。

【解说】120急救车迅速赶到，将刁娜和受伤女子一起送到医院。事后刁娜才知道，被救起的女子叫王园园，当时被撞断十根肋骨，颅内出血，危在旦夕。

【同期】王园园丈夫戴勇业：没有她就没有我们这个家庭，没有她我们这个家庭就会破碎。

【解说】王园园获救了，刁娜却被撞成右腿严重骨折。

【同期】刁娜：腿断了可以再康复，这人命没了就没了。

【解说】在刁娜养伤的日子里，撞伤刁娜的司机多次到医院看望道歉，并提前交上足额医药费，他的母亲顾不上照顾怀孕的儿媳，天天来病房送饭陪床。

【同期】杜女士：在家坐不住啊，也是为儿子，也是对小姑娘挺敬佩。

【解说】虽然刁娜和王园园同在一所医院治疗，却无法见面，王园园的伤情一直让刁娜牵挂。经过半个月的治疗后，今天刁娜终于能下床了，她要求去看看同在一个医院治疗的王园园。这是十多天来的第二次相见。

【同期】王园园：我真的，我特别的幸运，遇见了你。我希望所有的好人一生平安。

戴勇业：一定会的，一定会的。

【解说】刁娜用自己的爱，感动了无数市民，许多人自发来到医院看望刁娜。

【同期】蓬莱市民：怎么说呢，叫我真是竖起大拇指夸奖。

【解说】一场车祸，将三个原本不相识的家庭连在了一起。施救者、被救者、肇事者因此而结缘，刁娜救人的举动，温暖了这个冬天。

（山东烟台电视台 2011 年 11 月 10 日首播）

这条电视人物消息，因“彰显时代主流、弘扬社会主义核心价值观、立意深刻、影响广泛”，被评为第二十二届中国新闻奖一等奖。我们以它为例来分析人物消息写作的要求：

第一，新闻人物选择。人物消息选择的报道对象一般分为两类：一类是有知名度的人（多来自政界、商界和文体界）；一类是有新闻价值的普通人（如跳楼自杀的富士康工厂员工）。

在电视消息《刁娜：舍己一条腿　救人一条命》中，刁娜只是一个普通市民，但因为她有舍己救人的义举，从而成为新闻人物。加之同年 10 月广东的“小悦悦事件”[①]成为全社会热议的话题，刁娜的行为体现了社会稀缺的“义”，因此在对比之中，其新闻价值得以放大。

一般地讲，我们在选择新闻人物作为报道对象时，要么该人物有突发情况（获奖、失利、死亡等），要么就是该人物的言或行体现了新情况，或者呼应了新形势。

比如《厦门晚报》刊发的消息《5 位台籍员工首获“五一劳动奖章”》（2009 年 4 月 29 日）获第二十届中国新闻奖三等奖，就是体现了“首次把台籍人士纳入‘五一劳动奖章’

---

① 2011 年 10 月 13 日，两岁的小悦悦（本名王悦）在佛山南海黄岐广佛五金城相继被两车碾压，7 分钟内，18 名路人路过但都视而不见，漠然而去，最后一名拾荒阿姨陈贤妹上前施以援手，引发网友广泛热议。2011 年 10 月 21 日，小悦悦经医院全力抢救无效，在零时 32 分离世。

评选范围”这一新情况。

第二，不要贪大求全。如果说人物通讯是多棱镜，那么人物消息就是多棱镜的一个侧面，但这一侧面应是最有新闻价值的。

如果写刁娜的人物通讯，不但要写她舍己救人的义举，还要写她这一行动的动力来源：成长经历、他人的评价，可追溯的内容非常多。但写她的人物消息，不用提她的成长经历，只需让她谈当时怎么想的，现场其他人的简短评价即可。

第三，精选并突出事例。“人因事显”，新闻人物做的事情非常重要。在写作时，应精选事例，并着力写主要事例，上述关于刁娜的消息亦是如此。

我们再看一个案例：

一代文学巨匠巴金逝世

新华网上海 2005 年 10 月 17 日电　（记者赵兰英）2005 年 10 月 17 日 19 时 06 分，一代文学巨匠巴金永远离开了我们。

巴金，原名李尧棠，字芾甘，1904 年 11 月 25 日出生于四川成都正通顺街。从 1921 年公开发表第一篇文章，到 1999 年 2 月续写《怀念振铎》一文，巴金一生中创作与翻译了 1300 万字的作品。他的“激流三部曲”（《家》、《春》、《秋》）、“爱情三部曲”（《雾》、《雨》、《电》）、《寒夜》、《憩园》、《第四病室》等文学作品，是中国文学的丰碑。

巴金还是杰出的出版家、编辑家。上世纪三四十年代，他曾任上海文化生活出版社总编辑 14 年之久，培育了大批文学青年。巴金晚年奉献社会的伟大之作是：五卷本的《随想录》和一座中国现代文学馆。

巴金是第一、二、三、四届全国人大代表，第五届全国人大常委会委员，第六、七、八、九、十届全国政协副主席。2003 年 11 月 25 日，巴金百岁生日，国务院在上海授予巴金“人民作家”光荣称号。

几十年来，尤其从 1981 年担任中国作家协会主席起，巴金在人们心中如一盏长明灯，照亮文坛，给人精神慰藉。

巴金于 1999 年 2 月因感冒发高烧，6 年多来，病情反反复复，党和国家尽全力救治，终因恶性间皮细胞瘤等病因，不幸逝世。

著名作家巴金去世，当然是全社会关注的大新闻。新华网这条人物消息虽然标题上把巴金誉为“文学巨匠”，但在写作时，却像在写巴金的“百科全书”，与文学无关的也写，虽罗列了众多文学作品，但却没分轻重。全文也没有巴金说过的最有代表性的话，读者读完，留下的印象就不会很深。

此外，无论标题还是导语，该消息都没有突出“病逝”，亦是硬伤。

第四，注重细节。人物因故事而精彩，故事因细节而动人。所谓“动”人，并不是简单地感动，而是触动。其原因在于，细节让整个故事具有画面感，从而让阅者、听者、观者留下深刻印象。

举例来说，我们写一位白血病患者勇斗病魔的故事时，体重降了多少、花费了多少钱等信息非常重要，也很打动人，但是，患者对病魔态度的细节（如对来访者永远挂着微笑，病床上贴着励志的座右铭）更让人印象深刻。

我们再看下面这篇人物消息：[①]

首府新房8年盼主人　惠农孤老19载享亲情

王玉欣照顾邻居四推搬家计划

本报讯　（记者申东、李云华）屈指算来，石嘴山市第十中学教师王玉欣一家在银川买房已有8年，装修好的新房已变成旧房，但一家人始终没有搬进去。为了照顾邻居——78岁的孤寡老人王玉兰，王玉欣夫妇多次放弃去银川居住的念头，19年如一日，不离不弃，像对待自己的亲生母亲一样，用心呵护着老人。

王玉兰老人家住石嘴山市惠农区春园巷，1990年老伴去世，惟一的女儿又离家出走，下落不明。现在，她只能拄着拐棍活动，其他生活已经不能自理，每月仅靠200元抚恤金和200元低保金维持生活。作为老人的邻居，王玉欣和爱人周国志自1990年开始，就自愿担负起照顾王玉兰起居生活的任务。每天早上8时，两口子会准时叫老人起床，帮助收拾屋子，陪老人说话。老人行动不便，王玉欣就把家里做好的饭菜端过来一起吃。晚上8时，她或丈夫又要去一趟老人家，侍候老人上床睡觉。19年如一日，她们从未改变。

2001年，王玉欣提前病退，并和丈夫在银川买了一套楼房，因为不忍心离开老人，王玉欣一家虽然装修了房子，却一直没有搬进去。其间，有两次因为其他原因，她们也想过要搬到银川，但一看到王玉兰老人那和蔼的面容，她们便放弃搬新家念头。今年2月，惠农区公安分局在大走访过程中，了解到王玉兰老人的情况，联系惠农区民政部门，经王玉兰本人同意，将她送到石嘴山市福利院养老。就在福利院同意接收，并到老人家调查时，王玉兰老人却突然饭也不能吃，路也走不了，病倒在床上。看着这个与自己朝夕相处了19年的老人，王玉欣一家再次放弃了搬迁计划。

在该人物消息中，有几个细节很打动人：王玉欣为照顾邻居，新房变旧房；本想搬

① 此消息系首发于《宁夏日报》2009年7月8日，系第二十届中国新闻奖报纸消息获奖作品。

到省城，一看到老人的面容，又放弃了。

二、人物消息写作应注意的问题

1. 人物消息不是立传

有的记者在写人物消息时，生怕写得不够全面，于是写得像简介一样。这其实犯了一个大忌：人物消息不是立传，而是提供一个或几个精彩断面。

比如，邓小平的夫人卓琳去世，新华网和《华尔街日报》分别做了如下报道：

卓琳同志逝世

新华网北京7月29日电　中国共产党的优秀党员，久经考验的忠诚的共产主义战士，中央军委办公厅原顾问卓琳同志因病医治无效，于2009年7月29日12时30分在北京逝世，享年93岁。

卓琳同志是邓小平同志的夫人，1916年4月6日出生于云南省宣威县，1937年参加革命工作，1938年4月加入中国共产党，1943年9月任中共中央北方局秘书处新闻材料室组长，1950年3月任中共中央西南局人民小学校长，1952年任中共中央秘书处机要秘书。“文化大革命”中，邓小平同志受到错误批判和斗争，她也受到牵连，1969年10月随邓小平同志到江西，在新建县拖拉机修造厂劳动。1973年任国务院办公厅机要秘书。1978年1月任中央军委办公厅顾问。

卓琳同志是第四、五届全国人大代表。1988年被授予中国人民解放军独立功勋荣誉章。

邓小平夫人卓琳去世

已故中国最高领导人、经济改革家邓小平的夫人卓琳周三在北京因病逝世，享年93岁。

新华社援引中国共产党中央委员会的话报道称，卓琳因病医治无效去世。报道没有指明具体病因。

卓琳是邓小平的第三位夫人。上世纪80年代，邓小平领导中国共产党，并引导中国进行了经济改革。两人于1939年结婚，生育有5个孩子，这5个孩子都依然健在。邓小平的第一位夫人于1930年死于难产，第二位夫人在1933年邓小平陷入政治困境时和他离婚了。

邓小平在中国共产党高层中任职近50年，期间曾三次被打倒。他从未担任过国家或政府的最高职位，但却接替毛泽东从1978年到90年代初担任中国最高领导人。邓小平于1997年去世。

两个案例相互对比，我们就可以看到，人物消息中“少即是多”的道理：受众只需要了解报道对象的一些重要信息，而非全面信息，这样印象反而更加深刻。

2. 叙述重要，但原声更重要

在人物消息中，记者除了用直接叙述的方式外，同时也会使用直接引语、间接引语。但在不少消息作品中，我们会发现，内容全是记者的叙述，全文一个“ ”都没有（无论引述他人的话，还是报道对象的话）。

这其实是不注意写作的保真性和生动性所致。《红楼梦》里王熙凤为何形象突出？她是“先声夺人”的典型，这在那个时代是个另类，其“声”让人们记住了她。同样，铁人王进喜至今让人印象深刻，应该归功于他的豪言：“宁可少活二十年，拼命也要拿下大油田”。

难怪有人说，人物消息中，如果有精彩的引语，便能使作品大放光彩，有些直接引语成为独家材料，有画龙点睛的作用。

在人物消息中（当然，人物通讯亦如是），直接引语除了介绍信息来源外，至少有以下两个作用：

一是真实可信。中国有句老话，叫“言为心声”。总体来说，一个人应对自己的话负责，因此说话就会慎之又慎。美国密苏里新闻学院写作组编写的《新闻写作教程》指出：“引用直接引语，能为报道增添色彩，使其读来更为可信。记者通过使用直接引语，使读者和采访对象直接接触。”

为什么说直接引语更可信？这是因为如果是转述，很容易导致信息的损耗或偏差，比如在接收信息时遗漏了重要内容，遗忘了上下文关系，甚至可能混淆了哪些是A说的，哪些是B说的。

需要指出的是，在选用报道人物的原话时，记者应有所鉴别，哪些是真话，哪些是假话，哪些是玩笑话，都应该分辨出来；讲话的时间和场景等，在报道中也应有所明示。

二是让人物形象更鲜明。在西方媒体的人物报道中，无论平面媒体还是广电媒体，都特别重视人物说的话。我们看电视人物报道，除了少量串词外，大量是同期声的运用。这样的好处是让人物鲜活起来，而其个性亦跃然纸上。

比如在消息《俞平伯赴香港说“红楼”》（载1986年11月20日《文汇报》）中，有这样一段：

> 俞平伯老人还高兴地说最近又还来“文革”抄家的书箱，有的书打上了“江青藏书印章”。他说，我要在江青的印章上再盖上“俞平伯之印”。老人又从口袋里拔出钢笔，在一张小纸片上写着祝词。首句为“耳聪目明，血气平和”。

通过俞平伯的原话，让我们更加了解他的个性，人物形象从而立体起来。

我们知道，不同的人，说话的方式都不一样，而这形成了一个人的个性。比如邓小平，永远说四川话，而且他说话的特点是把谈论的对象形象化，最典型的是“不管白猫、黑猫，只要能抓到老鼠就是好猫”。这种有个性色彩的语言表达，是他人难以转述的。

3. 多路信息来源

在写人物时，最怕写成报道对象的“自说自话”，这样的作品有几个问题：一是报道维度单一，视角仅限于报道对象；二是极有可能偏离真实。因为对一个人物的评价往往因人而异，若只听一方自述，显然可能偏离人物的真实形象。

因此，在写人物消息时，记者不能只是“有闻必录”的单声道录音机，而应多呈现报道对象的多面性，比如采访其家人、同事、同行、朋友甚至其批评者。这样的报道，才让人物更立体，也更真实。

第三节　综合消息

什么是综合消息？不同的教科书，有不同的定义。比如有人认为：综合消息是对同类事物或一事物的多侧面情况进行归纳综合的新闻报道的统称。[①] 综合消息是报道发生在一段较长时间或某个地区的事件、成就、趋势、问题。[②] 但在刘明华等著的《新闻写作教程》（中国人民大学出版社 2002 年版）一书中，消息的分类里就没有“综合消息”。

就题材来说，有的消息确难以归类，比如工作经验类新闻、综合服务类新闻。这样的消息列为综合消息应是恰当的。不过，按上述第一种定义，综合消息过于狭义，而第二种定义又有太宽泛之嫌，易与事件消息等混淆。

本书认为，综合消息是指时效性较弱，反映建设成就、工作经验、教训及提供综合服务信息的报道。在实践中，往往一个研究报告、一份官方统计数据、一份问卷调查，都是综合消息报道的缘起或主要对象。

一、注重选题的新闻性

由于综合消息的时效性不及人物消息和事件消息，所以其新闻性显得有些弱。这就需要注重选题的新闻价值，以作必要的弥补。当我们去找成就、树典型、寻问题时，

---

① 周胜林等：《当代新闻写作》（第二版），复旦大学出版社 2012 年版，第 123 页。

② 戚鸣：《新闻写作》，中南大学出版社 2006 年版，第 96 页。

一定要先问问自己：有报道价值吗？

我们看以下这个案例：

基层科技创新遇“无米之炊”

去年我省28个县(市、区)财政研发投入为零

本报讯　(记者郭伟、王敬照)用“无米之炊”形容我省部分县(市、区)科技创新开展之难毫不为过。近日公布的2010年河北省地方财政科技拨款统计情况显示，全省有28个县(市、区)本级财政技术研究与开发费用为零，41个县(市、区)财政研发投入不超过50万元。

“按照国家科技进步先进县创建要求，研发经费应达财政收入的1.1%，但实际上县财政很难足额拨付。”某县科技主管部门负责人透露，为获得国家科技进步先进县称号，该县将农业、林业等其他费用按“研发经费”进行登统。“但还是难以达到要求。”该负责人说。

“我们已经多年未拿到一分钱的研发经费。”面对记者提问，另一个县的科技局某负责同志回答得更为干脆。

“研发经费投入四两拨千斤的作用在县域经济发展中体现得非常明显。”高邑县主管科技的副县长徐志峰说，该县一年财政研发投入虽仅200万元，但效益可观。近期，生产资料价格上涨造成部分瓷砖生产企业效益不佳，但高邑县恒力陶瓷有限公司瓷砖烧制车间还是开足马力生产。“县科技局帮我们进行轨道窑尾气余热综合利用技术改造，一条生产线一天就能节煤50吨。”该公司总经理陈云中告诉记者，新技术让企业成本大幅降低，市场竞争力更强。建筑陶瓷产业是高邑的优势产业之一，这项新技术很快就将在全县推广。

“200万元不仅仅用于新技术推广。”徐志峰介绍，去年该县还建立了建筑陶瓷产业技术创新服务基地，免费为企业提供服务。“原来产品检测要到山东等地，不仅费用高还要耽误四五天时间，现在一上午就能在本地完成检测。”200万元研发经费还让高邑县建成国家级建陶生产力促进中心、石家庄市建陶工程技术研究中心等技术服务机构，产业实现了升级。

统计显示，地方财政研发投入可产生10倍至20倍放大效应，对区域内经济长期发展有明显拉动作用。高投入产出比缘何不能激发高投入积极性？“科技投入的作用有其滞后性，一些地方为了眼前利益，往往会把钱投到出政绩更快的地方。”某县主要领导透露，“急功近利”思想让一些地方的科技经费有名无实，即使有预算，也难以保证科技经费足额拨付。

不久前通过的《河北省科学技术进步条例》做出规定：各区市及县(市、

区)财政科学技术经费支出占财政预算支出的比重应高于2%。这是我省首次以立法形式明确科技投入指标。但贯彻落实情况如何,还得让事实说话。

(《河北日报》2011年8月17日)

这篇消息获了第二十二届中国新闻奖一等奖。在申报材料中,"采编过程"这样写道:

深入研究,确定选题方向。该作品源于一则河北科技投入居全国中下水平的简报。为什么低、低在哪里?经过记者查阅相关资料和求证专家,发现河北基层科技投入严重不足的现状。

扎实采访,获得第一手材料。在获得基本数据后,记者并没有匆忙写稿,而是深入到多个县(市、区)的科技部门、企业采访。期间,获得了许多真实材料和生动的例证。

我们看到,记者并未止步于该统计情况公布这一事实,而是从枯燥的数字里发现了新闻点。这体现了记者的新闻敏感度很高。

在发现了"县(市、区)财政研发投入为零"这条"活鱼"后,记者进行了深入采访,主要对其原因进行了解。此外,把相关文献(《河北省科学技术进步条例》)作为新闻背景,增加了新闻报道的深度。

二、注重选题的典型性

无论是经验、成就,还是问题,综合消息在报道时都应注意选题的典型性。

典型性的含义是,报道对象是否可以作为榜样或反思的样本?是否有普世价值?

比如下面这条消息:

武大专家:我国买卖论文成"产业"

年销售额1.8亿—5.4亿元　主要发表于非法学术期刊

本报讯　(记者万建辉)"2007年我国买卖论文'产业'规模约为1.8亿元—5.4亿元,论文购买者遍布高校、研究单位等,搜索引擎是到达买卖论文网站的主要途径,论文主要发表于非法学术期刊上。"

武汉大学信息管理学院副教授沈阳昨日透露,蔓延整个学术界的买卖论文现象,已经成为信息科学领域值得深入研究的重大现实课题。有鉴于此,他和该校另一位教授和一位博士生,通过对买卖论文现象的长期充分调查,实证分析出论文买卖的动力机理、传播渠道和盈利规模。

沈阳介绍,使用搜索引擎软件工具,可获得Google和百度"代写论文"、"论文"、"论文发表"和"买论文"搜索词的前面323个返回网站。统计发现,所有发表的论文有极大的相关性,实质都是非法学术期刊产业链的组稿源头,这些论文绝大部分发表在非法学术期刊上。

“论文买卖”数亿元

根据电子商务淘宝网论文交易销售额前20名商铺的数据，可计算平均每次论文交易花费649元。沈阳称，他与多个买卖论文网站的销售人员进行过聊天，证实网站“浏览购买比”一般为2%—6%。通过公式“平均交易费用×每天浏览买卖论文网站的人数×浏览购买比×365(天)”，计算可知互联网网站论文交易2007年度销售额为1.8亿元—5.4亿元。如果加上电子商务网站销售、即时通讯销售、校园广告销售代写论文以及代发论文收入，该“产业”年交易额还是相对保守数据，具体数值难以估计。

论文生意“一条龙”

沈阳称，他们研究还发现论文交易网站具有一些共同特点：如论文选题涉及范围广，文、艺、理、工、商、法、医无所不包；经营业务流程完整，包含论文写作、论文发表、论文翻译、论文检索，允许组织加盟，在全国各大城市设办事处，便于沟通客户，分享利润；在所属行业或群体设联络员，引荐推广，收取加盟费用，形成“传销网络”。2008年，这些买卖论文网站均进行了搜索引擎推广。

“药方”是釜底抽薪

沈阳称，为遏制当前买卖论文的严峻形势，应避免论文成为评职称的唯一指标，取消不以研究为指向的本科生、专科生毕业论文答辩；构建完善的基于第三方机构的互联网期刊管理模式；推进反剽窃系统研发和应用；提高各类期刊社鉴别真伪能力；搜索引擎和网站切实负起社会责任；阻击买卖论文广告。

（《长江日报》2009年12月17日）

这篇消息获第二十届中国新闻奖三等奖，在申报该奖时“采编过程”这样写道：

第一，记者从武汉科技大学的校报上注意到，该校正使用反剽窃软件检测学生论文，顺藤摸瓜找到了从事“论文买卖”研究的武汉大学副教授沈阳。第二，因事涉敏感，记者花多天时间，最终说服他接受采访，并拿到第一手资料。第三，首篇报道后，记者对“论文买卖”的内幕、成因及解决路径进行全面追踪。

从上述介绍可以看出，记者的选题意识是非常强的。之所以该消息能获中国新闻奖，显然是因为选题的独家性、话题性和典型性。因为这种现象已经是普遍现象，所以对社会有警醒作用。

不过，就这条消息文本来说，还是有问题的，一是开篇部分太长，与其他部分比例失调；二是小标题没必要存在，通过段落之间的逻辑来结构报道即可；三是采访太过单一，成为沈阳副教授的“一言堂”。

三、注重选题的服务性

综合消息不是为了报道而报道，也就是不应策划一些公众并不关心的选题来报道。综合消息在总结工作经验、反映教训及提供综合服务时，服务于全面建设（包括经济、政治、文化的建设）应是重中之重。

比如下面这条消息：

民营医院检查结果公立医院也认

省卫生厅下发医改新政策　满足条件的非公立医疗机构可用医保

本报讯　记者孙泽锋报道　非公立医院的医学影像、医学检验，甚至病理等结果，可以和公立医院之间相互确认。这是辽宁省卫生厅昨日下发的医改新政策《进一步鼓励和引导社会资本举办医疗机构实施意见》中的一项重要内容。

这种相互确认旨在实现医疗机构的资源共享，最大限度惠及患者。那么让具备高超医疗技能的医疗专家，打破原有的执业限制，在大型公立医疗机构与民营医疗机构建立对口支援或资源整合关系后，公立医疗机构的医师可以对口支援的形式，在民营医疗机构开展多地点执业。这样的新政策，将让患病居民得到更加便利的治疗服务。

辽宁省卫生厅医政处副处长张岩表示，民营医院此前所面临的发展难题，借助此次新政出台可能有望一一解决。

按照卫生行政部门的统计：目前沈阳有近 70 家民营医院，床位 3000 多张，现在开放 2000 多张。就沈阳市的城市规模而言，民营医院数量并不少，但其发挥作用却远远不够。沈阳和全国其他地区情况基本相同，民营医院的门诊量、手术量等业务总量，占全市诊疗总量不足 10%。

辽宁省卫生厅表示，力争在未来 5 到 10 年间，全省社会办医疗机构和床位数量大幅度提升，机构数量和床位数量到 2013 年分别达到全省总量的 40%和 10%，2015 年达到 45%和 17%，2020 年达到 50%和 25%，建成一批有社会影响力的民营医院。

按照新政的规定：允许为非公立医疗机构提供集约化医疗辅助业务。在确保医疗安全和满足医疗核心功能的前提下，经市级以上卫生行政部门批准，非公立医疗机构的医学影像、医学检验、病理等辅助检查项目以及消毒供应等医疗辅助业务可采取结果互认或其他方式，与公立医疗、其他非公立医疗机构实现资源共享。同时还将鼓励医务人员在公立和非公立医疗机构间合理流动，公立医疗机构的医师可以对口支援的形式，在民营医疗机构开展多地点执业。

张岩认为，这种检验结果的互认，是医改政策中的重大突破，有利于降低居民就医费用。但同时，这也是对民营医院诊疗水平的认可，以及信任度的考量。

此外，新政还规定，支持符合条件的非公立医疗机构提供社会保障定点服务。对满足申请条件、符合医保定点相关规定的非公立医疗机构，人力资源社会保障、卫生和民政部门按程序审批，将其纳入城镇基本医疗保险、新型农村合作医疗、医疗救助、工伤保险、生育保险等社会保障的定点服务范围。

这些都意味着，以往非公有制医疗机构，自觉差人一等待遇，将彻底成为过去。

（《辽沈晚报》2011 年 8 月 2 日）

这篇消息荣获第二十二届中国新闻奖二等奖。“医改”关系人民群众切身利益，是一项与生计相关的重要工程，也是当地市民最为关注的焦点。这篇作品从医疗诊治的细微环节入手，直接拨动读者最敏感的神经。市民就医最关心两个问题：费用和时间。记者深入基层获得的独家消息能最好地解决市民的这两项诉求，不但可以最大限度地引发市民关注，而且在市民获益的前提下，引发广泛共鸣。

从这个案例可以看出，选题的服务性有助于新闻的传播，且能对受众的生活产生影响。

我们再看一个案例：

南京：连续多日发布高温警报

少数工人称：能领到津贴

7 月 4 日上午 10 点，南京气象台发布高温警报：今天最高气温 35 摄氏度。这是南京自 7 月 2 日以来连续第三天发布高温警报。在连日高温天气中工作的建筑工人，他们都能领到高温津贴吗？

7 月 2 日下午两点，正是太阳最毒的时候。根据天气预报显示，南京当天最高温度有 36 摄氏度，热浪一阵阵袭来，在太阳下站久了，记者也不免有些头昏眼花。

在南京市玄武区一处地铁施工现场，来自江苏睢宁的木工李师傅和刘师傅正在顶着烈日将一些钢筋搬到机器边。

说到高温补贴，两位师傅都停下了手中的活，茫然地看着记者，“不知道是个啥，我们都没有听说过，这是第一次从你这里知道。”

那么这些补贴有没有可能直接打在工资里了呢？他们都摇着头说没有人向他们提起。

在工地上如何降温呢？刘师傅介绍，工地上有大桶矿泉水，如果感觉太热太累也可以休息下再干活。如果领到高温补贴，他打算买一些冰镇饮料用于降温。

随后，记者在这片工地上随机问了几位工人，他们大多数都表示“不知道”或者“没有听说”。但是也有一位工人表示领到过高温补贴。

这位来自江苏连云港的郭师傅在此处当钢筋工，去年就开始在这里工作，每天工作从早上6点半到11点，下午1点半到6点。他告诉记者，“我上个月领到了200多元的高温补贴，说是有3个还是4个月，有一天通知我们已经打到了卡上。那天下午，还在工地门口发了绿豆汤、风油精、藿香正气水等防暑用品。”

说起有一些没有领到高温补贴的工人，郭师傅称，“我们都是中铁三局的，他们可能是新来不久的，从江北、南站等处过来帮忙，可能过段时间又走了，并不属于这家公司，流动性大”；但是为何他们所属的公司没有发放，郭师傅坦言并不清楚。据介绍，这片工地大约有七八十名建筑工人，大多数都是刚来的。

“觉得很热，但是还能顶得住。其实这点高温补贴也不算太多，但是总觉得心里是个安慰，觉得自己受到了重视。”郭师傅说，“希望不管什么性质的建筑工人，大家都能领到就好了。”

（《人民日报》2013年7月5日）

这是《人民日报》推出的特别报道“调查工地高温津贴”中的一篇，调查城市除南京外，还有长沙和福州。该选题的服务性体现在：向全社会普及高温补贴的知识，通过实地调查呈请相关单位及政府部门重视职工权益。

第四节　会议消息

会议消息是指与会议有关的简要报道的统称。在现代社会，作为信息沟通的重要手段，各种会议非常多，也是产生重要新闻的地方，尤其是随着信息公开制度的建立，一有突发事件，必开新闻发布会。

因此，专业地报道会议内容，是记者应该必备的基本功。

一、会议的分类

有人按照各种会议的特点，将其分为以下三类：①

1. 集会

它包括演讲会、报告会、表彰会、纪念会、追悼会、声讨会等。尽管它们所涉及的内容各不相同，但却有不少共同之处：一般取单向信息传播形式；聚集了很多人，大家共同听一两个人发表演说。这类会议本身往往都有宣传鼓动性质。

2. 工作会议

既包括各级党、政、军、社会团体为了解决某些问题而举行的各种各样的代表会、例会、讨论会、现场会，也包括各种技术部门举行的各种成果鉴定会、研讨会等。

3. 记者招待会

亦称新闻通气会、新闻发布会。

除上述类别外，本书认为，会议还包括会见（如政治人物互访、商界人物会见等）。此外，我们需要注意的是，会议消息报道的不仅是已经或正在召开的会议，还包括即将召开的会议。

二、会议消息报道的要点

虽然会议有多种，但在报道时有一些共通的地方。

1. 带着问题意识报道会议

会议是新闻的“富矿”，但很多时候，有新闻价值的内容并不会主动跳出来。它需要记者通过思考、询问或追问来进行判断。而在这一过程中，记者需要做大量功课。

其中，最重要的是，记者一定要带着问题意识去参加、报道会议。所谓问题意识，是指记者要问自己：这会议为什么开？这会议要解决什么问题（或难题）？

只要有这样的问题意识，再加上记者善于用眼睛观察，用耳朵倾听，用脑子思考，掌握扎实的写作基本功，就能从会议中发现好的新闻线索，写出好的会议新闻来。

比如下面这条获第二十届中国新闻奖二等奖的消息：

---

① 周胜林等：《当代新闻写作》（第二版），复旦大学出版社 2012 年版，第 142—145 页。

省委书记向官员支招如何与媒体打交道

反应快说实话　不护短借东风　交朋友多沟通

本报海口8月3日讯　(记者谭丽琳)就应对突发公共事件的新闻报道，对市县委书记和省直有关部门负责人进行培训，是今天召开的全省宣传工作座谈会的一项重要内容。省委书记、省人大常委会主任卫留成将自己多年与媒体打交道的经验浓缩为三句话："反应快说实话、不护短借东风、交朋友多沟通"，并以此和与会人员共勉。

卫留成说，现代社会，作为一名领导干部除了具备领导地方和部门发展的能力，同时也要勇于、善于和媒体打交道。他指出，去年以来贵州发生的瓮安事件、云南出现的"躲猫猫"事件等，多是有关部门没有把握好舆论导向而直接导致事态恶化，从而引发群体性事件和公共舆论事件。

曾是我国较早走向国际化的企业中海油负责人的卫留成，从1990年代末就开始与中外媒体打交道。"我觉得和媒体打交道既难也容易，事实上媒体没有大家想象得那么高不可攀，那么神秘。"也许是因为秉持着这种平和的心态，令卫留成在媒体圈里收获了不错的评价。

卫留成说，所谓反应快说实话，就是面对媒体采访坚持有啥说啥，遇到不懂的问题时，就坦率地说这个不了解或不知道，切忌为了维护所谓的形象去编假话。不护短借东风，就是要用虚心和积极的态度面对批评报道，不要去计较报道的瑕疵或漏洞，而是要正确看待那些与事实相符的问题，然后要学会视舆论监督为东风去推动工作。面对舆论监督千万不要回避，不要护短，更不要造假。交朋友多沟通，就是平常要多和媒体记者交朋友，经常保持联系，加强沟通理解。

(《海南日报》2009年8月4日)

一般来说，政府部门和企业事业单位的工作座谈会上，大多谈些无关痛痒的话，报道价值不大。就宣传工作会议而言，同样的话可能每年都在说。但这篇消息就写出不一样的内容，其指向很明显，就是官员不会或惧怕处理与媒体的关系。

在该作品申报中国新闻奖时这样提到"采编过程"：

"按照报道计划，记者对海南省宣传工作座谈会的采访只写一篇会议消息。省委书记卫留成在讲话时，突然脱稿讲到官员如何与媒体打好交道，记者敏锐地意识到这是一个好新闻，因为舆论意识已是现代政治文化的重要构成和基本支撑，是政治民主建设的重要内容。

结合多年与媒体打交道的心得体会，卫留成谈得深刻和朴实，非常具有现实针对性。如果把这一内容揉进会议消息，可能会被淹没在大量的工作部署和要求中，无法取得良好的传播效果，因此记者决定单独成文，写成此短消息。”

显然，如果记者脑海中没有问题意识，这样的报道是写不出的。作品虽然不到600字，但因为直面现实中的问题，从而起到了很好的传播效果。

2.要有抓“活鱼”的慧眼

会议，尤其是论坛和新闻发布会，往往文字整理下来，有几万字甚至十几万字，如何发现并报道新闻？

这对初入行的记者来说，有很大难度：不是认为所有信息都重要，导致报道时“有闻必录”，就是把新闻焦点看偏，即没有报道出值得报道的内容。

抓“活鱼”的慧眼，并非记者生来就有的，很多时候需要具备学养、阅历支持下的判断力。在报道会议时，最简单的方法是：紧跟重要人物、重要讲话、重要观点和重要发布。

比如唐山大地震中有24万人死亡，这一重要数字是地震发生三年之后由新华社报道出来的。而这条消息却是记者徐学江从一个学术会议上抓到的“活鱼”。

他多年后回忆道：①

1979年11月17日－22日在大连召开全国地震会商会议暨中国地震学会成立大会，我是应邀参加会议报道的新华社记者。最后一天的会议向与会的地震专家们通报了唐山大地震死亡人数。我感到，这正是全国和全世界等待已久的重大新闻，必须千方百计报道出去。我抓紧时间很快写好“1976年唐山地震死亡24万多人”的稿件，送给大会秘书长（国家地震局科研处处长）审核。

为了说服他同意发这篇稿件，我陈述了几条理由：一、唐山大地震已过去三年多，伤亡人数至今没公布，中国人关心，外国人也关心，再不公布将更加被动；二、由于一直没有公布官方的伤亡人数，国内外有很多猜测和谣言，如香港报纸就曾报过唐山地震死亡人数超过70万等，与其让猜测和谣言满天飞，不如正式公布真实情况；三、这次会议是个好机会，新闻是从地震会议上获悉的，报道出去比较自然，不需要官方在事隔几年后向外界特别宣布。我的道理基本上说服了秘书长，但他有点犹豫，问“稿件一定要今天发吗？”我看得出，他是想把稿件带回北京请示更高的负责人。我说，一定要今天发，因为新闻讲时效，不能发“昨日”新闻或几天后新闻。

我还补充说，这是自然灾害造成的死亡，并不是人为造成的，与政府没有直接关系。我终于说服了他，他就在稿件上签了字。我立即通过电话把稿件传给总社对外部。报道发出后当然成为一则爆炸性的大新闻。

---

① 徐学江：《我的“迟到的新闻”：唐山地震死亡人数报道背后》，新华网2006年7月28日，http://news.xinhuanet.com/newmedia/2006－07/28/content_4888384.htm。

以下是新华社 1979 年发出的报道(刊于《人民日报》)：

一 九 七 六 年

唐山地震死亡二十四万多人

新华社大连十一月二十二日电 在一九七六年七月二十八日发生的唐山大地震中，总共死亡二十四万二千多人，重伤十六万四千多人。这两个数字是唐山、天津、北京地区在那次地震中死伤人数的累计。这是今年十一月十七日至二十二日在中国地震学会成立大会上宣布的。

唐山地震的震级为七点八级，震中裂度为十一度。地震发生的地点是人口密集的工业区，发生的时间是三点四十二分五十六秒（北京时间），正当人们沉睡的时候。地震部门事先未能发出预报。由于这些原因，它所造成的损失是很严重的。

这篇会议消息非常简短，但却是独家的重磅新闻。这其实有赖于记者的平日积累，而参加会议时，了解会议主题的相关背景(如地震方面的热门话题)就显得尤为重要。

此外，在写作时，加入新闻背景知识，有助于彰显新闻的价值。

3. 注重现场感

在报道会议时，还原现场也很重要。其意义在于，增加报道的可信度和感染力，并让受众有在场感。

还原会议现场有两种方式：一是描述现场场景、人物表情；二是多用直接引语(音、视频媒体用同期声或影像)。

比如下面这条广播消息：

广播消息：陈炳德马伦纵论中美军事关系

男主持：今天(7 月 12 日)是美军参谋长联席会议主席迈克尔·马伦海军上将来华访问的第三天。

女主持：昨天(7 月 11 日)，中国人民解放军总参谋长陈炳德和马伦进行了两轮会谈，并和他一同出席了记者会。来听中央台记者梁永春发来的报道。

(现场音响：尊敬的各位记者朋友，大家好！……压混，出记者播报)

在现场 40 多家中外媒体面前，迈克尔·马伦像一位文质彬彬的学者，而陈炳德总长的言谈之间，则更鲜明地显露出职业军人特有的直率和坦诚。

(出现场录音)

我对马伦将军的访问表示热烈欢迎！

在小范围会谈中，我们主要谈了四个问题。我谈的第一个问题是南海问题，第二个问题是美国政要对华态度问题，第三个是网络安全问题，第四个是中国军力发展问题。

我与马伦将军在许多方面达成了重要共识，当然，也存在分歧！

（录音止，出记者播报）

记者会上，80%的记者提问都没有离开南海问题。有记者问美国在南海的战略意图，马伦重申了“确保南海航行自由”的理论。

（出马伦及翻译录音，压混）

南海地区有很多商业活动的运输航道都通过这里。我们的原则是：在世界各地，我们都应当有自由航行的自由。

（录音止，出记者播报）

陈炳德的回答针锋相对：

（出录音）

现在，南海航行自由没有任何问题。因此，美国朋友对这个地区的安全和航行自由不要操心，更没必要担心！

（录音止，出记者播报）

马伦再次表示，美国在南海局势当中要保持中立：

（出马伦及翻译录音，压混）

在如何解决南海争端问题上，我们不会偏袒任何一方。

（录音止，出记者播报）

陈炳德指出，美军其实已经在积极介入南海争端了：

（出录音）

美国总表示：我们美国无意介入南海问题。话是这么说的，实际上已经在介入了。美方在南海与菲律宾、越南在这个时候搞军事演习，那不叫介入又是什么呢？马伦将军说，这是惯例，我们过去也这么做。起码在这个时候，我们和周边国家有矛盾的时候，你们举行这样的演习，是极不妥当的！

（出记者现场提问录音）

您好，我是中央人民广播电台的记者。请问马伦将军：在您这次来中国访问前夕，曾经对新闻媒体说，美军要在南海地区“保持长期军事存在”，美军将以什么形式在南海地区“长期存在”？是要在南海周边建设军事基地吗？

（马伦及翻译录音，压混）

关于我们的军事存在，我想再澄清一下。这些军事存在，并不是说我们将会在这里建立军事基地，我们还有部队在这里过往，这些军事存在，实际上是指进行一些军事演练。

（出陈炳德谈话录音）

美军在南海的长期存在，实际上已经是客观存在了。问题是，我回答不出来：你的“存在”需要多大兵力？“存在”是干什么的？频繁地搞演习又是针对谁的呢？我衷心希望，美军在南海的存在，能为和平和发展作出贡献，不要带来不愉快的事情。

（录音止，出记者播报）

关于美国军舰和飞机对中国沿海地区进行频繁抵近侦察的问题，陈炳德总长直言，美军的这种侦察行动非常危险，也非常不友好：

（出录音）

美国“全球鹰”无人机对中国的侦察，离中国的边境线只有16海里，已经很近、很近了。这实际上对中美两军的友好合作不是促进，而是增加了种种困难和阻力。

（录音止，出记者播报）

而马伦并不肯做实质性让步：

（出马伦及翻译录音，压混）

实际上，在这方面确实存在一些挑战，我们双方也在就这个问题进行讨论。我们今后将继续进行这样的讨论，以便使我们能最终走向理解。

（录音止，出记者播报）

陈炳德的总结谈话为这场记者会上的交锋画上了句号：

（出录音）

发展健康、稳定、可靠的中美两军关系，关键是要互相信任，前提是互相尊重。我衷心地希望美国朋友，待人要谦虚，行事要谨慎！

（中国之声《新闻纵横》2011年7月12日，时长3分56秒）

这篇消息获第二十二届中国新闻奖二等奖，它最突出的特点是充分运用了广播媒体的特点，大量使用同期声，而在口播时，也有意识地呈现现场的情况。这样的写作方法，文字媒体亦可借鉴，从而实现新闻的“视觉化”。

【思考题】

1. 事件消息的写作特点有哪些？

2. 人物消息与人物传记有何不同？

3. 综合消息的选题应注意哪些方面？

4. 如何写好会议消息？

第九章 通讯的基本要素

在中国新闻传播发展历程中，早期新闻报道并无严格文体区别。较短的新闻因用电报传递，被称为“电讯”；外埠新闻则走邮路以书信方式传递，而被冠名“通信”。“通信”一般比“电讯”详细、具体。随着无线电技术传播的进步，“通信”因可利用电报传递，故改称为“通讯”，以与“电讯”有所区别。[①] 辛亥革命前后，通讯已经发展成为使用文学笔法和具有政论色彩，以及融记者主体意识与客观报道为一体的新闻体裁。1912年上海《申报》特辟《北京通信》专栏，聘请黄远生为特约记者，专门撰写北京通信。他的作品如《外交部之厨子》、《囍日日记》令人耳目一新，读者争相传阅。其后，黄远生被誉为“通讯界之大师”、“民初新闻记者的巨擘”、“中国现代新闻通讯的奠基人”。[②] 自20世纪40年代延安整风时期的新闻改革开始，通讯以典型事例和先进人物为依托，如《西瓜兄弟》、《桌上的表》、《谁是最可爱的人》、《县委书记的榜样——焦裕禄》等，逐步演变成为兼重宣传价值与新闻价值的典型报道体裁。改革开放以来，新闻观念伴随着社会转型而演变，作为典型报道范式的通讯也在不断发生着变化。因此，目前“通讯”其实已演变为一个集合概念、一种广义称谓，是新闻报道中除消息以外各类通讯、专访、特写等新闻体裁的统称。

第一节 什么是通讯

通讯是一种基本的新闻文体。何谓通讯？不少论者对此下过定义。“通讯是一种详细、生动的新闻报道体裁。它是我国新闻报道中的常见文体。”[③]“通讯是比较详尽、

① 刘明华、徐泓、张征：《新闻写作教程》，中国人民大学出版社2002年版，第315页。
② 方汉奇主编：《中国新闻事业通史》，中国人民大学出版社1992年版，第1092页。
③ 刘明华、徐泓、张征：《新闻写作教程》，中国人民大学出版社2002年版，第315页。

生动地报道新闻事件和人物的新闻体裁。”①“通讯是一种比消息详细而深入地报道新闻事实的体裁。”②“通讯是比消息具体、翔实而生动地写人记事状物，综合运用多种表达方式，别具魅力吸引读者眼球的新闻体裁。”③尽管具体表述有所不同，但上述定义强调的要点基本相似：相对于同题材的消息，通讯体现出明显的延展性，其对新闻事实的报道详尽、深入、生动。简而言之，通讯是一种对于新闻事实的报道较之消息具有延展性的新闻体裁。此种延展性体现在内容、背景、时间、空间诸方面。

一、通讯的特点

通讯的特点一般主要有：新闻性、延展性、形象性。

通讯是一种新闻体裁，需遵循新闻报道的基本原则，其内容应当具备新闻性——真实；有时效性；所报道的事实具有新闻价值。因而，凡通讯中报道的人和事，包括每个细节，都必须来自实地采集和访问，不允许有任何虚构，哪怕是“合理”的想象和推理。获取相关素材只有两种途径：其一，记者现场捕捉；其二，记者事后采访知情人、目击者，通过他们的回忆和再现来了解。尽管通讯采写需要的周期长，在时效上不像消息那样要求严格，但其报道的仍然是新近发生的新闻事实和处于“现在时”的新闻人物，因此也必须讲究时效性。此外，通讯的内容必须具有新闻价值“内核”，能传达为受众所关心的信息。

通讯内容相对饱满。消息通常简要报道新闻事实的梗概和片段；通讯则常常要详细地展示新闻事实的具体情况，有时需要反映新闻事实的“全过程”。通讯在传播必不可少的新闻信息的同时，还必须注重形成感染力，因此无疑应当重视细节和情节的描写。这些在同一题材的消息文本和通讯文本中体现尤为明显。通讯的此种延展性，要求作者掌握更加丰富扎实的资料，采访需要透彻深入。

通讯必须生动地报道新闻事实。消息概括性强，通讯形象性强，因而，通讯在表达方式上更加多样。消息主要用来传递新闻信息，一般多使用叙述和说明，描写也占一定比重，对抒情和议论则有控制；通讯除了传递新闻信息之外，还兼有陶冶受众情操的功用，通常根据具体内容灵活运用叙述、描写、议论和抒情，甚至借鉴文学艺术等领域的其他表现方法。

为了加强对通讯特点的认知，可以将其与消息进行系统对比。从文体特征论，二者区别主要有以下几点：第一，通讯报道的事实比消息详细、完整、富于情节，可以满足

---

① 刘海贵、尹德刚：《新闻采访写作新编》，复旦大学出版社1991年版，第262页。

② 胡欣：《新闻写作学》（修订版），武汉大学出版社2003年版，第159页。

③ 黄炜：《新闻采访写作》，上海大学出版社2005年版，第366页。

读者欲知详情的需要。第二，通讯报道的事实往往比消息更形象、更生动，它以感性的素材还原生活的原生形态，使这种文体更具感染力。第三，通讯的文体较自由。第四，通讯的主题鲜明，结构完整。第五，通讯体现出作者较强的主体意识和个人风格。第六，消息多用概括性手法叙述事实，通讯则多用叙述和描写手法表现事实。第七，与消息相比，通讯时效性较差。当然，这些区分其实是相对的，功能不同可能才是二者真正的区隔。消息快速传递最重要的信息；通讯时效性虽稍差，但是其可感受性往往比消息强烈。①

兹举两例以供比较。其一，1997 年中国人民解放军接管香港防务。7 月 1 日，《人民日报》刊登消息《解放军顺利接管香港防务》，主要传达了一个振奋人心的消息：中国军队已经接管香港防务。此外，还简洁介绍了这一历史性接管场面的大致程序。同一天，《解放军报》刊发通讯《神圣的时刻——中英防务事务交接仪式》，不仅仅传达了接管的信息，而且通过鲜活的、描述性的语言让读者对那一历史性时刻有身临其境的感受。其二，1999 年中国驻南斯拉夫大使馆被导弹袭击。当时三名中国记者不幸遇难，唯一幸存的《人民日报》记者吕岩松，第一时间将消息传回了国内。5 月 9 日，《人民日报》刊登消息《北约野蛮轰炸我驻南使馆》。这则消息不足 500 字，对事件进行了概要报道。同一天，《环球时报》上刊发通讯《我亲历的中国大使馆被炸》，全文 4000 余字，内容具体翔实得多，对消息中写到的核心事实，通讯作了延展；对消息中未提到的事实，通讯也有详细叙述，通讯在描写事件的全过程时，还不时插入记者的直接评述。

二、通讯的分类

通讯体裁的分类，有不同的划分方法。

按照报道内容的不同，通讯可以分为四类：人物通讯、事件通讯、工作通讯、风貌通讯。人物通讯以记人为主，如获第十七届中国新闻奖一等奖的报道《英雄赞歌——记独臂英雄丁晓兵》、《风雪中，伫立着四位"厚道"的农民工》，前者写个人风采，后者写群像风貌。事件通讯以记事为主，如获第十九届中国新闻奖二等奖的报道《十四万考生名单被出卖之后》。该文详尽披露出卖考生信息背后的利益链，并反映与此关联的招生市场的混乱，剖析了商业化语境中个人信息安全的脆弱。工作通讯以记经验为主，如获第十九届中国新闻奖二等奖的报道《四家村分红静悄悄》。该文通过白描静悄悄的分红场面，逐步引出新闻内核——让利于民，村民统一变股东，在制度上保证了大家永久共享村企改革发展的成果。报道刊发之后，这一经验受到了社会各界不吝的推

① 刘明华、徐泓、张征：《新闻写作教程》，中国人民大学出版社 2002 年版，第 317—330 页。

崇。风貌通讯以记地为主,如中国新闻史上的名篇——范长江的《中国西北角》、瞿秋白的《饿乡纪程》、穆青的《金字塔夕照》等。这种分类方式目前为业内人士所广泛接受,但是有着明显缺陷,它并没有囊括一切通讯,如未能包含访谈、调查报告、采访札记等较为重要的通讯文体。此外,随着我国社会转型,这一分类方式无法容纳与表现社会的庞杂多变。

按照报道形式的不同,通讯可划分为:集纳、专访、侧记、散记、纪行、采访札记、新闻故事、评述性通讯。其中,集纳又称主题通讯,是用一个主题来集纳若干独立材料的通讯。专访又称访问记,是对受众所关心的人、事、问题和地方风物进行专题访问。侧记是从一个侧面反映新闻事件或新闻人物。散记则是运用散文笔调记录所见、所闻、所感。纪行包括巡礼,是指记者游看天下,并且以极为自由的方式描绘见闻。采访札记又称记者来信,是记者以第一人称的写法,反映现实生活中的某一事、某一问题、某一倾向,多为一事一议。新闻故事又称小通讯,通常反映一人一事,或是现实生活中的一个片段。评述性通讯则是介于通讯与评论之间,在充分描述事实的基础上,又兼有较多的议论成分。当然,这些只是大体分类,很难将每种形式在写作上的特点截然分开。在实际写作时,作者大都根据所掌握的材料和报道意图选择适当表现形式,可能是上述中的单一状态,也可能是灵活的复合组织。

此外,还有其他分类方式。如丁柏铨等根据报道方式不同,将通讯分为如下的三类:第一,叙事记述型通讯——既可写人,也可记事,还可记地;既可根据事后采访所得材料进行记述,也可根据事发时的目击和同步采访所得材料进行记述。这类通讯既包括篇幅大、分量重的典型报道,也包括短小精悍的特写、素描、新闻小故事等。第二,调查分析型通讯——既与工作通讯有一致之处,但也有很大的不同。它包含了对工作经验抑或失误、社会问题、认识误区、错误倾向等较多的理性思考。通常所说的调查性报道、解释性报道、新闻分析,大致都可归入此类。第三,谈话实录性通讯——包括专访、访谈、谈话记录等比较特殊的通讯文体。在此类通讯中,谈话既是主要的采访方式,同时也是作品的主要内容。① 这一分类方式颇有新意。

在本书中,我们准备综合上述分类方式,在后面的章节中,既介绍人物通讯、事件通讯、工作通讯、风貌通讯这些基本通讯文体写作,亦涉及社会观察通讯、专访、新闻特写等特色通讯文体写作。

---

① 丁柏铨主编:《新闻采访与写作》,高等教育出版社 2009 年版,第 273—274 页。

第二节　通讯的主题

通讯的主题是指通讯作品表现的中心思想。它是作者在观察、体验、分析、研究现实社会的基础上，通过对新闻素材的选择、组织和提炼，所表现出来的用以烛照全篇、富于启迪作用的理念。清代学者王夫之曾言："意犹帅也，无帅之兵，谓之乌合。"主题是一篇通讯的"统帅"——材料如何选择、结构如何安排、语言如何表达，以至标题如何制作，都要根据主题的需要来定夺。如果没有主题来统领全篇，将难以形成一个有机的整体。主题是通讯作品的"灵魂"——决定一篇通讯质量的高低、价值的大小，关键碍于主题是否正确、深刻、鲜明、有现实针对性。因而，进行通讯文体写作，必须高度重视主题的确立和提炼。

一、确立通讯主题的基本要求

根本而言，主题是对客观事物本质的概括。确立主题的过程，是对事物的认知由感性阶段发展到理性阶段的过程。此即：要从丰富复杂的感性材料中，获得一个能够总括全貌和体现本质的理念。确立通讯主题时应注意以下要求：

1. 真实：应符合客观事物的本质

在确立通讯主题时，首先需要审视主题与客观存在的实际情况是否相符，即主题的真实性问题。需要强调的是，记者应有质疑意识，凡事都不能够轻信，一切结论都应当产生于深入调查研究之后；对于社会上众口一词争相炒作的新闻人物、热点事件，尤其应当如此。有时，同一事件、同一人物，可从不同的侧面确立不同的主题。虽然具体如何选择，可由实际需要确定，但是有一条原则却不能动摇，即所选主题不是随意的，它受到事实限制，必须在事实内在逻辑链条所涵盖的范围内选择。

以颇具中国特色的"典型报道"为例：从理论上说，它必须遵循新闻规律，至少要在保证新闻真实性的前提下体现宣传价值；但在实践中，强烈的宣传诉求经由各种现实的因素发酵后，常常导致不尊重甚至践踏事实的后果。这在"文革"时期体现尤为明显，表现之一就是"不顾新闻事实大量制造假典型"。如 1968 年 4 月 24 日，《解放军报》头版刊发长篇通讯《心中唯有红太阳，一切献给毛主席》，宣传了一个"与阶级敌人生死搏斗"的典型人物刘学保，其主题是为了证实"无产阶级专政下继续革命"的正确性和必要性。具有讽刺意味的是，"文革"之后，当地司法部门经过反复调查，终于查明那个所谓的“反革命分子”，是被刘学保蓄意谋杀的无辜受害者。[①] 我们应当汲取历史教训，因主题失真造成的新闻失实，不仅误导舆论，更会降低媒体的公信力，导致公众对媒体的不信任。

2. 深刻：具有全局观和历史感

在确立通讯主题时，需要注意主题是否深刻，此即：主题能否揭示事物的本质，反映客观事物的内在属性，使人读后能够受到启发、引起思考、产生顿悟。

因此，记者应当善于透过现象看本质，能将丰富的感性材料去粗取精、去伪存真，并进行一番由此及彼、由表入里的分析，认识事物本质，从而深化主题。开掘主题的过程艰苦而且富有挑战性，取决于记者的采访功力和认知水平。具体而言，其一，取决于记者是否具有全局观——是否能将所涉题材置于全局的高度去衡量、运用“全局性的视角”来观察和研究问题。其二，取决于记者是否具有历史感——是否能将所涉题材置于历史长河中来考察、运用“历史的眼光”进行准确的价值判断。

以 1991 年 8 月 24 日《经济参考报》刊发的通讯《金牌不是名牌》为例，该文指出：虽然辽宁省在历次工业产品的评奖中都是“金牌大户”，但是获得金牌的产品却占领不了市场；并且揭示了问题的实质：辽宁多的是生产者，少的是制造商，“金牌大省”悲哀的症结在于重生产、轻流通。文章主题深刻，对事物本质的揭示可谓一针见血，通过分析这一“金牌现象”提出：“面对新的市场格局，辽宁人无论在经济机制和思想观念上都是不适应的”，“补上市场这一课已成为摆在辽宁人面前的重要课题”。值得一提的是，在邓小平南行讲话前，此则通讯已关注到市场的重要性，当时辽宁省省长盛赞“这篇文章太好了”，欣然提笔作了 400 多字的批示。后来辽宁省办公厅将报道以及批示作为《参阅文件》，印发了 2040 份给全省各市政府、有关部门和部分大中型企业领导。[②] 我们应当汲取前人经验，挖掘新闻题材隐含的深层次意蕴，提炼主题，使之深刻。

3. 现实：社会人文层面的针对性

在确立通讯主题时，还应考虑主题是否现实，此即：主题是否具有社会人文层面的针对性。随着中国社会转型步伐的加快，社会思潮呈现出活跃而多变的复杂状态。公众心态随之起伏，新奇、兴奋、迷茫、浮躁、紧张、焦虑、彷徨、无奈，诸种情绪共存。因此，通讯作品主题应能反映时代特征，解释社会生活中新出现的倾向、问题、矛盾。这就需要记者积极观察、分析和研究，以及时了解社会思潮、正确把握社会脉搏。

以 1986 年 12 月 20 日《哈尔滨日报》刊发的通讯《“我们穷得只剩下钱了！”》为例，

① 王辰瑶：《嬗变的新闻——对中国新闻经典报道的叙述学解读 1949—2009》，中国传媒大学出版社 2009 年版，第 56—59 页。

② 王安：《省长“借篇”》，《瞭望》1993 年第 41 期。

该文在当时众多对个体经济的报道中独树一帜。这则通讯反映了“改革和开放中崛起的新生一代”青年个体户,是“一个需要关注的群体”,他们虽为物质上的“富翁”,却是精神上的“穷汉”;他们的“无知”令人担忧,但“又萌动求知的欲望”。文章以犀利的视角、敏锐的嗅觉,呈现了青年个体户对自身精神赤贫状态的不满以及对精神文明建设的呼唤,主题极具社会人文层面的针对性,新颖独到、发人深省。再以 2008 年 11 月 3 日《兵团日报》刊发的通讯《“我要做一个诚信的人”》为例,此文荣获第十九届中国新闻奖一等奖。文章讲述了一个年迈、衰弱、贫困不堪的 74 岁老太太吴兰玉,为了救患肾病的儿子,欠下 5.5 万元的债,在丈夫、儿子相继去世后,穷愁交加之中,仍然对借款人承诺“我要做一个诚信的人,对得起大家”,之后用 9 年的时间拾荒还债,由这一感人故事中提炼出做人要讲亲情、友情以及良心、道德的主题。此则通讯刊发于“问题奶粉”事件喧嚣海内外之时,更加凸显了诚信的时代价值。国内几十家知名门户网站纷纷予以转载,最终引起全国范围内的关注,经由网民推荐,诚信老人吴兰玉荣登“2008 年中国好人榜”。

二、提炼通讯主题的具体方法

通讯主题的确立,往往存在一个认识不断升华、主题反复提炼的过程。在这一问题上,通常可能出现以下几种失误:“把题材当主题”、“贪大求全”、“主题针对性不强”、“依葫芦画瓢”。[①] 关于如何选择通讯主题,我们可以借鉴列宁提出的三条准则——“要选择政治上重要的、为大众所注意的、涉及最迫切问题的主题”。[②] 至于如何具体提炼主题,通常有反复酝酿、展开比较、深入开掘等方法。

1. 反复酝酿

形成一个好的通讯主题,往往需要反复酝酿。

1981 年 3 月 26 日《光明日报》刊发的通讯《追求——记社会主义实干家、优秀知识分子栾茀》,其最终所呈现的主题就是在反复酝酿中提炼的。作者樊云芳于 1980 年 11 月发现了这一知识分子典型,在与时已重病住院的栾茀进行了 20 多次的访谈后,写出了第一稿,题为《仙人掌》,其主题为:通过栾茀的坎坷遭遇以控诉“极左路线”对人才的迫害。这一主题虽然能够成立,但是并不新颖。于是,她投入了第二轮的采访写作。第二稿题为《癌》,将主题提炼为:“癌症不能征服的人”,其中“癌”有两层寓意,一指主人公所患的骨癌;二指中国社会的癌症——摧残知识分子的“极左路线”。虽然主人公

① 刘保全:《新闻主题的选择、提炼和深化》,《新闻三昧》2009 年第 8 期。

② 〔苏〕娜·康·克鲁普斯卡娅:《列宁的编辑工作》,载《列宁是怎样写作学习的》,人民出版社 1973 年版,第 23 页。

的事迹能够表现这一主题，但却显得不够深刻，未能较好地呈现事物的本质特征。遵照编辑部的意见，她又开始写第三稿，最终将主题提炼为：通过栾茀的事迹以表现一位毕生追求国富民强、追求真理正义的知识分子形象。这一主题紧密针对当时出现的所谓“信仰危机”，作品刊发之后引起轰动，仅《光明日报》就收到读者来信1200多份；还被其他权威媒体迅速转载和转播，并被改编成电视剧、广播剧、连环画、话剧等，陆续选入20多种书籍。[①] 历时3月、数易其稿，作者在反复酝酿中终于逐步提炼出真实、深刻且现实的主题。

2.展开比较

比较是提炼主题一个行之有效的方法，通常有纵向比较和横向比较两种。前者，是将报道对象进行今昔对比，观察是否呈现出新特点；若有，据此所确立的主题，往往富有新意。后者，是将报道对象与同类型者进行对比，观察是否具有个性特征；若有，据此所确立的主题，通常会很鲜明。

2006年12月9日山西《长治日报》刊发的通讯《申纪兰的市场观》，就是通过纵向比较提炼出富有新意的主题。时年76岁的主人公申纪兰，早在1952年就被评为全国农业劳动模范，连续当选第一至十届全国人大代表。老典型不易写，但是该文通过今昔对比，搜集新鲜事实，叙述了这个50年前就率先提出男女同工同酬的老人，在市场经济的洗礼中不断丰富自己的观念和认知。从而，该文主题“一个新时期老劳模的市场观”新颖而深刻，被誉为“老树上开新花，老典型放异彩”。[②] 2007年8月7日《经济日报》刊发的通讯《同是造纸厂，盛衰两重天》，就是通过横向比较提炼出非常鲜明的主题。这是一则环保报道，是作者参加2007年“中华环保世纪行”的作品。此则通讯将两家反差强烈的造纸厂进行比较，通过描述“东方纸业轻视环保被责令停产治理，重视环保使奥辉纸业得到良好回报”，突出了“环保也能带来经济效益”的主题，使得作品因立意精巧而引人注目，被认为是典型的因善于比较而“成就了新闻精品”。[③]

3.深入开掘

提炼一个好的通讯主题往往不能一蹴而就，而通常是一个由浅入深、不断升华的过程。这就需要深入挖掘，此即反复分析所获得的素材、不断深化对事物的认识。一般而言，开掘越深，主题就越鲜明。

2003年7月7日《人民日报》刊发的通讯《司令退休之后》，其最终呈现的主题就是通过深入开掘而形成的。该文报道了长春军分区原副司令员李守发退休回乡带领乡

---

① 樊云芳：《追求——栾茀报道始末》，《传媒》2001年第5期。

② 刘保全：《老树上开新花，老典型放异彩》，《新闻与写作》2008年第10期。

③ 刘保全：《比较，成就了新闻精品》，《新闻与写作》2009年第6期。

亲致富奔小康的事迹，记者经过深入采访之后写出的第一稿“充满激情也很生动”，但是主人公的精神境界“却展示得比较模糊”。于是，记者再研究和分析资料，提炼出新意和深意——“李守法带给家乡的不是金钱，不是利用各种社会关系引进的投资和项目”，而是“新观念”、“新技术”。他身上体现出来的“情”和“意”，正体现了昂扬的时代精神，“他和焦裕禄、雷锋等先进人物所具有的精神品格一脉相承又充满新意”。文章反复修改三遍，见报之后反响强烈，这与其主题的挖掘与提炼不无关系。此外，值得强调的是，该文作者之一马利在采写体会中写道：真正的“意”应该是事件本身所蕴含的思想，将其提炼出来需要“清醇和自然”；而非人为地“贴理念标签”、“做思想拔高”。① 可见，深入开掘是提炼通讯主题至关重要的方法；不过应当避免人为拔高主题，即不是从实际材料的分析中自然得出主题，而是将政治意图、宣传要求作为标签，强加于新闻人物和事件。不少“高大全”的典型人物报道就是如此被“制造”出来的。

三、一个问题：能否主题先行

进行通讯报道时能否主题先行？论者认识并不一致。

刘明华等认为：“预设主题＋事实印证”是确定主题的一种基本方式，具有“准确、快速、主题深刻、说服力强”的特点。“主题先行”是很多成熟新闻从业者选择通讯主题的一种思维过程。不少新闻实践证明，在进入采访之前就考虑主题，往往可以产生无主题意识时采写通讯所难以产生的传播效果。② 著名记者艾丰还将“主题先行”的方法比喻为“凤凰落在梧桐树”，指出“这里指的主题，在一次具体的采访之前就形成了。记者心中已经有一只凤凰在飞翔了。她飞呀飞呀总是落不下来。为什么呢？因为没有梧桐树让她落。后来终于发现了合适的题材，她一下子就落在梧桐树上了。”③

周胜林等则明确反对“主题先行”，将之称为“印证式提炼法”，认为：这是不在调查研究上下功夫，而是“先从上面的某些精神中得到一个思想，就把它当文章的主题，然后去找点材料说明它、印证它、图解它”；强调：在过去不正常的政治气候下，有些新闻工作者“坐在上面想点子，跑到下面找例子，关起门来写稿子”，往往脱离实际，偏离事实原貌，违反事物本质。④ 胡欣指出：“主题先行”观点是将采访前对主题的考虑与作品的主题形成等同，即将“问题”等同于“主题”。作者诚然不能不带着一定的报道意图去采访，但是最后形成主题还得依靠采访得来的材料，而不是用主观意图与“客观事实”

---

① 马利：《在“意”上开掘，在“情”上凝聚》，《新闻战线》2003 年第 9 期。

② 刘明华、徐泓、张征：《新闻写作教程》，中国人民大学出版社 2002 年版，第 354—358 页。

③ 艾丰：《新闻写作方法论》，人民日报出版社 2010 年版，第 131 页。

④ 周胜林、尹德刚、梅懿：《当代新闻写作》，复旦大学出版社 2004 年版，第 227—228 页。

对号入座。①

本书认为："主题先行"有其存在的现实合理性，但这是一个容易引起混淆和误解的观点，可能导致形成以主观认识代替客观实际的错位。提炼好的主题，其实需要记者能够养成"问题意识"。著名记者麦天枢曾指出："要称得上是一个中国记者，你就得起码着眼于中国来想问题，想想中国人应该怎样生活，中国应该怎样存在，然后才去挑拣生活的赋予。"②这是对"问题意识"的一个直观描述，它意味着：记者应积极关注与思考其所处时代、社会环境以及相关报道领域存在的问题与发展状况。如果能够形成一个清晰认知，那么记者往往能够透过新闻事件的表象挖掘到其本质。

第三节　通讯的选材

通讯作品是否能具备说服力和吸引力，与其所运用的材料是否充实饱满很有关联。材料是通讯的血肉，只有通过丰富的、具体的典型材料去表现主题，通讯才有可能写得生动感人。因而，选材是通讯的关键环节。

一、通讯选材的原则

如前所述，通讯作品具有新闻性、延展性、形象性的特点，因此其对选材的要求比较高。一般而言，选材时应注意以下原则：

1．典型

选材是否典型，需要关注两点：其一，是否富有个性；其二，是否普遍存在。

如果普遍存在而又富有个性，那么事实无论大小，均为典型材料。在采集素材的过程中，一个常见的难题就是典型事例的"稀缺"，要么事实不少，但缺乏特色；要么事实特别，但无普遍性。此外，材料是否典型还受到主题的制约，事实精彩但与主题无关，也是一个常见的问题。

获第十九届中国新闻奖特别奖的通讯《永远和人民在一起》，其成功的一个重要因素就是选材典型。2008 年 5 月 17 至 22 日，记者一行三人前往四川，在余震不断的情况下深入灾区，采访收集了大量奋战在抗震救灾前线的共产党人的感人事迹。其中，28 岁的女民警蒋敏的事迹就很典型，体现个性与共性的统一。她在 10 位家人全部遇

---

① 胡欣：《新闻写作学》，武汉大学出版社 2003 年版，第 164 页。

② 《新闻的幕后》编写组：《新闻的幕后——百名记者的自白》，人民出版社 1989 年版，第 4 页。

难的残酷现实面前，选择坚守岗位，把救抚受灾群众当作纪念亲人的最好方式。

“妈妈，我好想你。”

5月12日12时许，蒋敏和远在北川县的两岁女儿通电话时，女儿喊着说。因为工作繁忙，28岁的彭州市公安局政工监督室女民警蒋敏，在女儿只有5个月大的时候就送回北川老家。

在此之前，蒋敏已经整整30天没与女儿见面了。

两个小时后，地震突如其来。“从办公大楼里跑出来，我的第一反应就是打电话，给家人报个平安。”蒋敏心有余悸，“电话打不通，我不敢想太多，而且当时的情况也容不得我想太多。”

地震灾难突袭，蒋敏和战友们紧急集结，出门抢救伤员、上街维护秩序，投入抗震救灾……

天渐渐黑下来。蒋敏不停地拨那个熟悉的电话号码，然而始终是忙音。13日早上6时许，蒋敏的手机终于响了，电话是舅舅打来的，刚听了两句，蒋敏泪如雨下。

舅舅哽咽着告诉蒋敏，她的爷爷、奶奶、母亲、女儿全部遇难，在北川的10个家人已经遇难……

残酷的现实面前，蒋敏想走，但不能走也不忍心走：“道路不通，电信不通，我回去也没有用，还不如在这里做些事情，帮帮受灾群众……”

蒋敏没有提出回去看亲人最后一眼的要求，而是选择坚守岗位，把救抚灾区群众作为纪念亲人最好的方式。

看着忙碌憔悴的蒋敏，领导和同事特意把她调换到指挥中心，仅仅一天，她就又回到天彭中学安置点，维持秩序，帮助送水、运物资、扎帐篷。

现在，每次看到小孩的蒋敏，总是特别细心呵护，帮他们穿衣、盖被子、逗孩子们笑。

5月17日凌晨，连日劳累和悲伤的蒋敏晕厥过去。蒋敏在医院一醒过来，马上要求再次回到安置点：“我还行，我不能占医院床位，让给受灾群众吧。”

提起逝去的亲人，蒋敏强忍泪水：“如果我的妈妈、女儿还活着，肯定也在被很多人帮助、关爱。相信妈妈和女儿会理解的。”

2. 真实

新闻文体的基本特征是“用事实说话”，作为一种基本的新闻文体，通讯唯有运用真实材料，作品才会有公信力、感召力与亲和力。因此，通讯所选用的一切素材必须完全真实。

1980 年 2 月 23 日《人民日报》曾刊登一篇通讯《钱被风刮跑以后》，被评为当年"全国好新闻"，不过后来被揭露为凭空捏造。1984 年全国新闻真实性座谈会上，时任中宣部新闻局局长的钟沛璋就以此为例，批评了假新闻泛滥的现象。此外，需要强调的是，所有细节也都必须真实。1952 年 12 月，新华社的长篇通讯《马特洛索夫式的英雄黄继光》刊发，其中凭事后推测对黄继光牺牲前的心理活动进行浓墨重彩的渲染，引起了新闻报道能否"合理想象"的争论。对此，本书认为：我们反对这种做法。新闻的魅力正在于其全部细节都是以事实为基础的，应当杜绝所谓"合理想象"。

3. 围绕主题

如果所选材料与通讯主题结合不紧或是有所冲突，可能就会出现"两个黄鹂鸣翠柳——不知所云"和"一行白鹭上青天——越飞越远"的状况。围绕主题选择材料，是通讯选材的重要原则。如果材料不能表现通讯主题，即使生动感人，也应忍痛割爱，予以舍弃。

1978 年 3 月，新华社刊发通讯《为了周总理的嘱托》，通常认为这是内地媒体上公开否定"文革"的第一篇新闻作品。文章的主人公吴吉昌是一位研究棉花卓有成就的农民科学家和劳动模范。作者在初稿中写他的科研精神时，涉及一些具体技术问题。在重新采写时，考虑到这些材料不能很好地体现报道的主题，于是舍弃。作者重点选择了吴吉昌遵循周总理的嘱托，如何不顾"四人帮"的禁令和迫害而潜心研究棉花的事实；既写了主人公的主要事迹，又使通讯主题得到突出表现。

如果能从不同角度选择紧扣主题的典型材料，那么不仅可以防止选材单调，而且能使通讯显得有立体感和深度。1963 年 3 月 24 日《人民日报》刊发的通讯《"一厘钱"精神》，就紧密围绕主题选择了三则事实——"一厘钱"、"一分钟"和"一根火柴"，分别从降低成本、提高效率、提升质量的不同角度来呈现"一个真理"——伟大的事业需要从最小事情做起。作者一开始所掌握的材料，写"一厘钱"、"一克纸浆"、"一滴药水"三个方面，虽然也很生动，但由于都是从表现物质方面"一厘钱"精神的角度出发，显得比较单调，不能深刻表现主题。[①]

二、通讯选材的类型

无论写人还是纪事，通讯所选取的素材主要包括以下三种：骨干事例、细节材料以及一般素材。

---

① 汤世英、薄瀚培、劳沫之：《新闻通讯写作》，中国人民大学出版社 1994 年版，第 241—242 页。

1. 骨干事例

一篇通讯必须有能够支撑主题的骨干事例，亦即突出的、有分量的典型事例；否则，通讯的主题就难以成立。寻找权威的、有说服力的骨干事例，是通讯采写的中心环节。

一个大的骨干事例，如果情节丰富，往往可以独立写成一则新闻小故事或是一篇事件通讯。如获第十七届中国新闻奖二等奖的通讯《上边“极端重要”，下面“鸟枪充炮”》，即运用一个骨干事例写成了一篇特色鲜明的通讯：

上边“极端重要”，下面“鸟枪充炮”

——全国安全生产电视电话会议山西分会场小记

《中国安全生产报》 记者 李仑、朱晓伟

1月23日14时50分，全国安全生产工作电视电话会议山西分会场。省长于幼军等省领导在前排坐定，办公厅人员开始清点人数。记者看到会场内“人气不旺”。省政府秘书长李政文安排办公厅的一位女同志：招呼一下大家，准备开会。

这时，于幼军拿起报到花名册，发现许多单位来的是处长、副处长。于幼军端详良久，问身旁的省政府副秘书长段建国：“通知参会的人员是什么范围?”得到的回答是：安委会成员单位的主要领导。

于幼军明显不悦地说：“噢，总理出席的会议都可以不参加，主要领导都干什么去了？都过年去了?”但他没有来得及发作，会议就开始了。

15时，周永康在北京主会场宣布会议开幕。尽管办公厅的同志可劲招呼，但是记者目测了一下，发现山西分会场里除了省领导，此时只有十五六人。而依照惯例，参加会议的省安委会成员单位至少应在30家以上。

在随后的一段时间里，陆续有人进来寻找自己的座位，有碰落别人座签的，有碰洒别人茶水的，会议秩序受到很大影响。此时，在大屏幕上温总理正剖析形势严峻的重要原因就是安全生产措施不落实，责任不到位。温总理一再强调，要充分认识搞好安全生产工作的极端重要性、紧迫性，人民的政府所做的一切，都要对人民负责。安全责任重于泰山，不搞好安全生产就是没有履行职责。

15时20分左右，有的安委会成员单位的领导似乎听说了什么，急急赶来。不过，他们进门后，不是马上认真听报告，而是与熟人寒暄，说起来没完，真像是在春节团拜会上“出场”。

记者观察了一下，发现许多参会人员没带纸笔。一直到会议结束，司法厅、建设厅等单位的座位仍然是座签“值班”。

山西分会场出现的人员来得少、来得晚、来得“小”的现象，充分暴露出有些部门对安全生产工作的不重视和对群众利益的漠视，这也为安全生产工作为什么“严不起来，落实不下去”作出了注脚。板子不能老打在安监部门和县乡领导身上。如果任由现在这种现象蔓延，横向上势必造成部门间无法密切配合，协同作战；纵向上必然链条断裂或信号失真，导致行政能力逐级减弱。

据了解，山西省人民政府将于近日对23日发生的这种不正常情况给出“说法”。

山西是安全事故频发的省份，2006年1月14日山西省安监局发布消息，称在2005年该省共发生各类安全生产伤亡事故16914起，死亡4510人。1月23日，记者在国务院召开的全国安全生产电视电话会议山西分会场观察，却发现存在有些部门人员来得少、来得晚、来得“小”的现象，充分暴露出有些部门对安全生产工作的不重视和对群众利益的漠视。记者据此事例，快速写出批评稿件，见微知著地反映出他们对安全生产工作的漠视，具有警示效应。

不过，如果刻画一个人物、反映一个社会问题、呈现一个社会现象，则需要将几个方面的骨干事例有机组合起来。如上文曾提及的通讯作品《永远和人民在一起》，选择了北川县副县长瞿永安、德阳中学教师谭千秋、运输机飞行员王刚、什邡市小学教师向倩、彭州市女民警蒋敏等人的事迹，作为骨干材料，充分展现了奋战在抗震救灾前线的共产党人的风貌。

2. 细节材料

一篇通讯是否生动可读，往往取决于其中是否有感染力强的细节材料。一般而言，骨干事例只能简单“传达”事实；而细节材料却能“再现”事实，即以细致的情节、生动的场景、个性的语言，使读者如同身临其境，切实“感受”到鲜活的事实。善用细节材料，可以深化主题、渲染气氛、刻画人物，增强文章的立体感。

获第十八届中国新闻奖二等奖的通讯《晋州国税局长大摆嫁女宴》，其亮点之一就是对细节的精准把握：

晋州国税局长大摆嫁女宴

上班时间国税办公楼上演“空城计”　机关后院搭棚办起流水席

《燕赵都市报》记者　郭天力

7月9日上午，晋州市国税局办公区的后院里彩旗飘飘，人声鼎沸，一派喜气洋洋的景象。记者纳闷：这不是政府机关的地方吗，怎么办起了婚宴？一问才明白：晋州市国税局局长马某的千金要结婚了，局长在这里置办酒席宴请宾朋。

为婚事“撺忙”，班可以不上

记者于7月9日(周一)、10日(周二)上午两度踏访晋州市国税局办公大楼，看到了基本相同的景象：楼前的广场小车广布，按照常理，车主们都该在楼里忙着各自的工作。但连着两天，在记者到达的10时30分左右，进得楼去却发现整个大楼几乎空空如也，难道国税局在演“空城计”？

7月9日，记者来到晋州市国税局，进了办公楼，如入无人之境。记者在三楼随手敲“计划征收科”的门，不见响动，再敲隔壁，亦复如是。偶有人来，记者赶紧问这人都哪儿去了，为什么办公楼里上班时间没人办公？来人回答说：今天不用点名，局长女儿结婚，局里人都过去“撺忙”了。记者待至11时，此时办公大楼里已经基本上见不到一个人了。

国税局后院聚了一百来人

国税局办公区是一个围墙围起来的院子，前面是办公大楼，后面是后院，后院西头是国税局食堂。办公楼一楼大厅直通国税局后院。

9日11时，记者从办公楼上下来，进入后院，见到的场景让记者大为吃惊。

为了遮阳，院子里搭了一溜绿色帆布大棚，长度在35米左右，棚顶上挂着大红喜字彩条。大棚底下摆满桌子，每张桌子前都围坐着一圈人打扑克或下象棋，甩牌声、“跳马”声此起彼伏，这个后院里聚集了一百来人。

有一拨人下象棋，因为缺一个绿马，棋迷们就地取材，掰下一块西瓜皮当绿马。有了这枚古怪棋子的刺激，这拨人的下棋热情空前高涨，一方败北立马有人顶上，一副不把擂主拉下马不罢休的劲头。一个身穿带变体“税”字的浅绿色国税局制服的人在旁边指挥，跟下棋的人十分熟稔。更多的人喜欢玩扑克，10来个人将四个扑克手团团围住，记者还透过人缝观摩了一番。不下棋打牌的人要么在一起嗑着瓜子聊天，要么往来穿梭。

记者注意到，这一百来人当中有两三个穿的是国税局制服，这些人和周围的人说说笑笑，看得出他们彼此熟悉。

看到这番景象，记者才明白大楼为什么是空的。记者从场子里走马观花溜达一圈出来，还不到11时20分，距下班时间还有40分钟。

当日中午12时，在国税局后院，记者挤在吃饭的人群里数了一下，大棚里摆了不下30张桌子，每张桌子前，人都坐得满满当当，饭菜供应来自院子里的食堂。这天，食客们用一种白色塑料小碗盛大锅菜，吃馒头，喝啤酒。饭菜质量一般。

10日记者再度踏访，看到的情景与前一天几乎一模一样。

局长家更是熙来攘往

局长家的院子就在附近，那里自然更是熙来攘往。院子里设着掌桌，宾客们来到之后先在掌桌前上礼金。记者在一旁看了几分钟，礼金数额一般在100元到500元之间。

记者在局长家门前的小巷里看到，面包车、小汽车络绎不绝，汽车牌照以晋州的居多，少数是石家庄市区的，其中还有一辆"冀O"牌照的车。

一位在国税局后院吃饭的食客对记者说："马局长女儿结婚的日子是7月11日，9日、10日只是预演，婚事的高潮还没到呢。"

文中对国税局后院下棋者的刻画，"掰下西瓜皮当绿马"的细节新奇有趣、生动传神，辛辣讽刺了上班时间参与游乐的行为。在描述局长家目前熙来攘往的景象时，记者特意捕捉了一个细节——"还有一辆'冀O'牌照的车"。根据了解，"冀O"应是河北省公安系统或省政府直属机关的车，这一细节记录意味深长。[①]

通讯中使用的细节材料，通常分为情节事实和特殊镜头。其中，情节事实的特点是："比较完整地再现了某一事态前因与后果之间的行为状态演变环节"，其中包含着明显的情节悬念和变化着的人物镜像。它又可具体分为：第一，完整情节——完整表现行为状态演变环节的事实。通常需要围绕主题选用多个完整的情节，以求能够多侧面、深层次呈现事件或人物。第二，片段性情节——一个完整故事的每个阶段中行为状态演变环节的事实。第三，言论性情节——由新闻人物语言所构成的事实。为了忠实表现新闻人物谈话中的信息、观点、语言、情感，应当尽量使用直接引语；在引用一段有新闻价值的连续对话或谈话时，内容要求环环相扣。特写镜头则是指"富有表现力和个性色彩的细致的画面和瞬间的描写"，可以使读者产生特别关注并借助想象力体味其中的意蕴。它又可具体分为：场景画面特写——通常多指新闻事实的现场环境；人物特写——包括人物形象特写和人物动作特写；个性语言特写——有见地的、个性鲜明的、感染力强的人物语言。为追求生动性和现场感，通常采用直接引语。[②]

需要强调的是，细节的选用一定要符合文章主题，要顾及社会效果，同时还应兼顾思想性与可读性；避免细节不够真实、细节过于繁琐、细节运用过滥等误区。这需要对细节本身进行筛选与推敲，还需要作者提高文字凝练功夫。

---

① 陈力丹、康利坡：《力求平实，注重细节》，《新闻与写作》2009年第7期。

② 刘明华、徐泓、张征：《新闻写作教程》，中国人民大学出版社2002年版，第364—373页。

3. 一般叙述性材料

骨干事例和细节材料主要呈现“点”，一般性材料则是表现“面”。点、面结合，才能相得益彰。如果只有“点”上材料，虽然精彩却显得没有依托和不完整；如果只有“面”上材料，虽然完整却又显得空泛和沉闷。因此，一般叙述性材料也是通讯中不可缺少的。此种材料一般不是事例，往往也不细致生动，但其可以对人物、事件、风貌的背景和现状作概括性的介绍和解释，使读者了解一个大致的事实框架，并让骨干事例和细节材料有赖以展现的场所。如在通讯《永远和人民在一起》中，一个骨干事例是：一位62岁的村党支部书记刘全福，在地动山摇、乱石纷飞时，为了救同行的五保老人而牺牲——“眼见巨石砸下来，刘全福猛地将岳树安推开，自己却被巨石击中，血肉溅满岳树安一身……”紧接着的一般叙述性材料，是80岁的徐成英大娘的一段话：“刘书记，多好的人啊！做的好事数不清！谁家有生病的，他去看看；哪家有难了，他去问问；对我们这些老人亲得很！”既有点又有面，充分体现了这位老支书的精神风貌。

以上阐述了通讯选材的原则和类型，具体选材尤其是采集细节等感性材料时，一般存在三种路径：现场观察、体验式采访和访问。这需要记者有较高的现场捕捉、社会观察、人际交往能力。

第四节　通讯的结构

写好一篇通讯，首先要提炼出重要、新鲜、深刻的主题；其次要选择具体、典型、生动的材料；而要将这些材料妥善地组织起来以体现作者所要表达的主题，则涉及通讯的结构问题。通讯的结构是指通讯的组织方式和内部构造。如果认为主题是通讯的“灵魂”，材料是通讯的“血肉”，那么结构则是通讯的“骨骼”。通讯结构有其特点，与消息结构相比，显得较为自由、复杂。这是因为作为一种写作体裁，通讯是开放的文体，结构灵活多变，没有固定模式。同时，通讯的内容涵盖面颇广，记者需要围绕主题将繁多的新闻素材有机组织起来并给予符合审美标准的呈现，因此通讯结构不易驾驭。

结构是通讯写作成败的关键之一。缺乏合理结构，材料组织杂乱、主题难以彰显；有了合理结构，材料才能各归其位、主题得以突出。因而，谋划出一个好的通讯结构至关重要。如何构思通讯结构，不单纯是个写作技巧的问题，它与记者对事物的认知和理解紧密相关。为筹划一个合理的结构，在布局谋篇、组合材料时应当遵循以下基本原则：表现事实为本的原则；表现主题为本的原则；简洁清晰原则；均衡对称原则；跌宕起伏原则。①

通讯的结构，有纵式、横式、纵横结合式三种基本结构方式。每一种基本结构方式中，又存在不同的具体形式。一般而言，通讯结构有以下几种常见形式：

一、纵式结构

纵式结构，是指按照时间顺序、事物发展的顺序或作者对事物的认识顺序进行布局谋篇的一种结构方式。它适用于报道有中心事件、中心故事、中心人物的新闻事实。

1.时间顺序式结构

这是以时间的推移为顺序来安排层次。此种结构，脉络清晰，便于读者掌握事实的来龙去脉。不过，应当注意材料安排详略得当、富于变化，避免成为记流水账；应琢磨出有吸引力的开头和能升华主题的结尾。1990 年 9 月 11 日新华社刊发的通讯《商业部长买鞋上当记》即是一例：

商业部长买鞋上当记

陈　芸

商业部长胡平买了双皮鞋，穿上脚不到 24 小时，后跟就掉了一块。这件事最近在商业部机关大楼里广为流传，成为人们痛斥伪劣商品的话题。

7 月 12 日下午，胡平在湖北省调查研究，逛了逛武汉百货商场。在皮鞋柜台前，胡平看中了一双带网眼的棕色牛皮鞋，试了一双，号不合适；又试了一双，正好；于是付款 49.5 元，买下了这双鞋，并当场穿上新鞋，继续参观。

之后，胡平穿着这双鞋走访了粮库、肉联厂和服装学院，13 日下午回到北京，谁知到家一脱鞋，就发现右脚一只鞋的后跟已掉了一块。翻过来，调过去，细看才发现这双鞋既没有商标，也没标明产地和生产厂家，只是鞋底上有“上海”两个字。

17 日，在 11 城市一商局长会上，胡平不点名地讲了这件事，又深有感触地说，劣质产品泛滥，太可恶了。这个问题，生产者有责任，商业企业进货把关不严，也有责任。

会后，武汉市商委的同志主动向胡平要回了那双鞋，经查：鞋底是上海的，鞋是武汉制作的。

21 日，轻工部长曾宪林约见胡平，听说胡平买了双“一日鞋”，便说：“鞋的质量问题是当前消费者反映最强烈的问题，轻工部已打算专门举办一个假冒

① 刘明华、徐泓、张征：《新闻写作教程》，中国人民大学出版社 2002 年版，第 379—381 页。

伪劣鞋的展览会。”

胡平当即表示:“我支持,如果你搞这个展览会,我希望我买的那双鞋也能作为一件展品,曝曝光。”

如今,胡平已经穿上了武汉百货商场为他换的新鞋,可是他的心情并没有轻松。他说:“我是一个部长,买了劣质鞋能及时退换。但若是普通消费者呢?”

(新华社北京1990年9月11日电)

该文按时间顺序叙述一件事情的发生、发展过程。作者在安排结构时,开头富有新意——“商业部长胡平买了双皮鞋,穿上脚不到24小时,后跟就掉了一块……”;然后娓娓道来事情经过;最后结尾时又意味深长——“如今,胡平已经穿上了武汉百货商场为他换的新鞋,可是他的心情并没有轻松……”此种结构较为常见,也很容易掌握。

2.逻辑递进式结构

这是以事物发展的顺序或作者对所报道事物的认识顺序来安排层次。采用此种结构,需准确把握各种材料在表达主题思想时的地位,如主次、深浅、因果等,以期能够逐步深入。获第五届中国新闻奖一等奖的通讯《菜价追踪》即是一例。两名新华社的记者,以北京菜价上涨这一热点为契机,为了弄清菜价上涨原因,从源头开始,行程千余里,以全程追踪的采访方式结构全篇:山东寿光市的蔬菜批发市场→北京大钟寺的批发市场→京城各处的蔬菜摊。经由事实层层推进,揭示出菜价上涨的真正原因——“五里一‘炒’,十里一‘倒’,蔬菜‘批发’环节多达五六道”,“手续繁杂,菜霸横行,农民进城直销几多难”。最后,聚焦北京相关管理部门对此问题的应对措施,并且提出了作者对解决这一问题的见解,使文章达到一定的深度。此种结构由浅入深,大多用于问题性、政论性通讯的写作。

3.悬念式结构

这是在开头设置疑团、布下悬念,然后依据事物实际发展,揭示事情的真相、释消疑团与悬念。运用此种结构,要有完整情节,尤其注意在布局谋篇时瞻前顾后,使“设疑”与“释疑”两部分能对应相顾、融为一体,从而达到结构的完整与统一。1993年6月23日新华社刊发的通讯《十亿元大骗局的破产》即是一例。此文聚焦当时北京长城公司非法集资案,开头生动地勾画出沈太福试图持假身份证在机场出逃时被识破的情景,并通过提出四个疑问设置了悬念——“沈太福到底是什么人?他究竟干了什么事?他为什么早就准备好多张假身份证?又为什么要用假身份证匆忙逃离北京呢?”这让读者产生了强烈的阅读兴趣。此种结构开头一般采用倒叙,或是先告知最后的结局、最重要的事实,以给受众留下深刻印象;或是先叙述精彩的场面、生动的情节、激荡人心的高潮，以造成悬念吸引受众追踪。倒叙并不贯穿通讯全文，而只是其中的部分片段，倒叙之后还要回到顺叙。

二、横式结构

横式结构，是按空间的变换或事物的不同侧面来进行布局谋篇的一种结构方式。它体现了事物之间和事物内部的横向联系，适用于报道那些场面宏大但无中心事件和中心人物的新闻事实。作者需要根据一个主题思想，有机安排不同空间的几个事实或是同一事实的几个侧面。此种结构形式常为工作通讯、社会观察通讯所运用。

1. 空间转换式结构

这是将同一时间作为一个平台，将发生在不同空间、不同方位上的事实串联起来，从而形成一个整体。此种结构方式又称"移步换形"式结构，通常用来报道具有重要纪念意义的时刻。如 1999 年 12 月 20 日新华社刊发通讯《莲花绽放不夜天——澳门回归夜纪实》，开篇先用抒情笔调写出澳门进入一个新的历史时期——"鲜艳的五星红旗和美丽的澳门特别行政区区旗在澳门升起"。然后以空间转换的方式描绘这一历史时刻澳门各处的景象：在澳门半岛的最高点东望洋山顶；大街小巷；作为澳门社会活动的中心地带的市政厅广场；政权交接仪式现场；有 500 多年历史的妈祖阁前；澳门最北端的关闸；望厦社区的几条主要街道上；澳门最具特色的标志性建筑之一大三巴牌坊；澳门的两大离岛氹仔、路环。通过这种结构，写出了澳门全城欢庆的场景。除了报道历史性时刻外，此种结构也可用于为表现日常生活中的一种状态而挑选的特定时间点。需要强调的是，空间转换要注意方位之间的有机联系或承接性，否则，结构就松散了。

2. 多侧面拼接结构

这是围绕主题，将材料按性质归类，并列地写几个不同侧面，采用多侧面拼接事实的方式，从而形成一个整体。通常存在两种情况：一是先主后次的并列；二是同等重要的并列。无论哪种，皆是围绕主题展开事实。如获第十七届中国新闻奖一等奖的通讯作品《英雄赞歌——记独臂英雄丁晓兵》，该文以五个小标题统领了五个侧面的事迹，凸显了"英雄"的主题："出征——为了祖国"，在战场上忘我拼搏；"进攻——直面困难"，只剩下左臂后依然对自己高标准、严要求；"突围——超越荣誉"，功臣要学会遗忘过去的辉煌；"战斗——中国军人"，以身作则训练所带的兵；"敬礼——向着人民"，不谋私利、心怀理想，在将自己的英雄业绩归零之后，又逐步在和平环境中将自己再一次塑造成为英雄。这些不同侧面的事实组合拼接后，生动呈现了一个顶天立地的"英雄"形象。除了人物通讯之外，工作通讯也常采用这种结构，以表现某行业、某企业的经验与教训。需要强调的是，此种结构承上启下、一气呵成较为困难，需要作者在构思时深思熟虑，能抓住事物横向联系的逻辑关系，否则，便成了毫无章法的拼凑。

3. 对比式结构

这是通过双线并列或明暗结合，进行穿插描写，使事物矛盾对立的两个方面形成鲜明的对比、强烈的反差，从而形成一个整体。通讯名篇如《西瓜兄弟》、《会计伢嫌我的油壶小》、《大老成了“香饽饽”》等都采用了此种结构形式。[①] 获第五届中国新闻奖三等奖的通讯《“北国之春”酒楼——一个军人遇到的冷嘲与敬重》亦是一例。该文采用第一人称写法，描写一位已是团级干部、空军中校的军人，从边防山沟出差至长春市，来到一家名为“北国之春”的酒楼吃饭，由于只点了 10 元钱的饭菜，受到邻桌几位酒肉之徒的嘲弄和侮辱。正当“我异常愤怒，血管都要爆裂了”时，却受到酒楼前堂经理和总经理真诚的敬重，让“我的双眼模糊了”。最后，“我”郑重庄严地敬了一个标准的军礼，然后转身离开酒楼。作者采用对比方法结构全篇，深刻揭示了社会转型时期“利”与“义”的价值取向这一鲜明主题。

三、纵横式结构

纵式结构和横式结构各有优劣，前者容易拖沓冗长，后者不易一气呵成。于是，有些通讯作品就采取两者结合的方法，以求扬长避短。

1. 纵横交错式结构

这是以时间为“经”，以空间为“纬”，采用纵横交错的方式来安排层次。当通讯报道的新闻事实头绪繁多、时间跨度很大、空间变换频繁时，采取此种结构形式，有助于有条不紊地叙述报道对象。1960 年 2 月 28 日《中国青年报》刊登的通讯《为了六十一个阶级兄弟》即是一例，讲述的是山西省平陆县 61 名民工食物中毒，后在多方支援下而脱险的故事。通讯的主线索是按时间顺序叙述从 2 月 2 日至 2 月 5 日“平陆事件”的进展情况，这是纵式结构；作者又用“在同一时间里”开头，按照空间变换描述不同地方、不同单位为抢救中毒民工这一共同目的而发生的许多故事，这是横式结构。而在横式结构的每一个并列部分之中，又是一种纵式的、前后有序的结构。此篇通讯报道涉及的场面大、地区广、单位多，而且时间短促、情节齐头并进，作者采取了纵横交错式结构，使文章情节丰富又条理清晰，集中凝练又起伏参差。1981 年 1 月 27 日《人民日报》刊登的通讯《历史的审判》、1995 年 4 月 6 日新华社刊发的通讯《领导干部的楷模——孔繁森》，亦都是纵横交错式结构的范例。

2.“蒙太奇”式结构

这是借用电影镜头的组合关系和连接方法，即“蒙太奇”手法，运用到通讯写作中

---

① 程天敏：《对比式结构——通讯结构的形式讲座之五》，《新闻爱好者》2000 年第 3 期。

的一种特殊结构形式。“蒙太奇”是把一个个镜头合乎逻辑地组接起来，使之产生连贯、对比、联想等效果，从而成为一部完整影片。这种方法可适用于通讯结构。有的通讯作品，戏剧式一幕幕闪现，而省略一切过程的叙述，只突出报道对象最重要的特征，便属此类。1946 年 4 月 29 日延安《解放日报》刊发的通讯《遥献》，是这一结构形式的范例。此文是廖承志为纪念 1946 年 4 月 8 日牺牲的叶挺将军而写，情感真挚，极为动人。作者开篇先从叶挺的女儿扬眉写起，然后转入“想到她的爸爸”，由此开始，奋力书写叶挺的特征。然后，作者通过使用电影“蒙太奇”手法，描绘了五段历史时期的特写镜头，虽然总共才用了 1500 字左右的篇幅，却充分呈现了与叶挺 20 年相知、交往的历程和叶挺钢铁般的个性特征。最后，又回到了扬眉的形象上。这种巧妙的结构方法，提升了作品的艺术魅力。1996 年 10 月 4 日《工人日报》刊发的《北京有个李素丽——21 路公共汽车 1333 号车跟车记》，采用“蒙太奇”式结构，描述记者连续五天搭乘李素丽的车往返跑了 13 圈“耳闻目录的实录”，也很精彩。①

在采写通讯时，应从实际出发，根据通讯的内容来决定结构方式，从而为表现一定的主题服务。通讯的结构应当富于变化，也应不拘一格；但是，不管哪种结构方式，都要有利于将新闻事实表达清楚，更好地凸显主题思想，更好地吸引读者关注，并使通讯作品本身具有一种匀称和谐之美。

【思考题】

1. 选择同一题材的消息和通讯进行比较。
2. 提炼通讯主题有哪些具体方法？
3. 在通讯写作中能否“主题先行”？
4. 通讯写作需要哪些类型材料？
5. 结合实例论述通讯结构的基本类型。

---

① 参见程天敏：《“蒙太奇”式结构——通讯结构的形式讲座之六》，《新闻爱好者》2000 年第 7 期。

第十章 基本通讯文体写作

随着时代变迁，通讯文体的形态相应地不断创新，但传统形态是进步与发展的基础，仍然需要认真对待。因此，本章将主要探讨人物通讯、事件通讯、工作通讯、风貌通讯四种基本通讯文体的写作。

第一节 人物通讯

人物通讯是以人物为报道对象的通讯。它以通讯的形式报道具有新闻价值的人物，通过反映其行为、事迹、生活，以再现其生存状态、人生轨迹和精神境界，从而发挥教育、启迪或是批判、警示的功能。在通讯写作中，人物通讯在数量上所占比重较大。如1999年出版的《新时期中国优秀通讯选》一书，在所选录的130篇作品中，人物通讯就有51篇，占总数的39.2%。

一、人物通讯的发展轨迹

以表彰先进人物为主的人物通讯在我国向来兴盛不衰。早在延安时期，当时党的机关报《解放日报》对此就非常重视，曾于1942年推出过模范农村劳动英雄吴满有、模范工人赵占魁。两位典型的树立，在陕甘宁边区引起很大反响，掀起了持久的学习高潮和劳动竞赛活动。仅1943年上半年，《解放日报》上刊登的各条战线先进人物就有600多名。[①]新中国成产至今，这一报道形式依然繁荣，以人物通讯的形式向社会报道的先进人物至少有：孟泰、向秀丽、黄继光、雷锋、焦裕禄、王进喜、栾茀、蒋筑英、罗健夫、张海迪、徐虎、李素丽、孔繁森、马永顺、郑培民、许振超、任长霞、马祖光、丁晓兵、王顺友等。

① 王辰瑶：《嬗变的新闻——对中国新闻经典报道的叙述学解读1949－2009》，中国传媒大学出版社2009年版，第44—47页。

在采写人物通讯时，选择哪些人物、采集什么事迹、弘扬何种主题，这些看似纯粹的业务性工作，常常烙刻着鲜明的时代印记。20世纪80年代以来，由于媒体功能的日益多元和新闻观念的逐步演变，人物通讯写作发生显著变化。报道对象首先由以往单一的“高大全”式的英雄模范人物扩展到社会上“普遍存在”的人群，开始出现聚焦于普通人尤其是社会弱势群体的平民化人物通讯。随后，报道腐败官员、犯罪分子等负面人物的通讯逐渐增多。因而，人物通讯的报道对象日益显示出丰富、多元和均衡的特点。

在人物通讯的演变中，变化最大的莫过于报道理念。此种变化可用“向人的回归”一语来概括。[①] 具体言之，在报道先进模范人物时，逐步扭转了“神化”的报道理念，塑造了一批真实可信、血肉丰满的人物形象，他们既有无私奉献社会的精神，又有正当个人价值的追求；既有超越常人之处，又有普通人的困惑。如1983年3月1日《中国青年报》刊发的报道《生命的支柱——张海迪之歌》，不仅没有避讳主人公曾经试图轻生这一事实，而且以人物的内心成长作为一条主线，写出先进模范从软弱动摇到坚强自信的过程。在报道各类负面人物时，也逐步不再“妖魔化”，报道其罪行时，并不抹杀其过往的成绩，还会探讨其犯罪时的内心冲突，以及犯罪得以实施的社会环境。如2010年第9期《南方人物周刊》刊发的报道《文强的江湖》，在具体描述文强贪婪与堕落的事实时，亦强调文强的业务能力过硬——“在他任公安局副局长和常务副局长的16年间，市里的一些重要案件必须经由文强处理，他的刑侦能力在公安系统内部乃至全国都是有口皆碑的”。此外，该文还深入探讨了他逐步走向深渊的社会因素——“文强的联系系统就像是一个油辣火锅，而文强在这个锅里不停地打滚，并逐渐跟锅里的各味的调料、猩红的汤底融为一体”。将报道对象当作社会生活中真实存在的“人”来观察、描述和评判，才有可能逼近真实，从而具有感染力和说服力。

二、人物通讯的报道对象

人物通讯的报道对象日益多元化，如果详细加以划分，大致可分为以下四类。当然，这一概括分类未必十分恰当，某些人物类型在实际中可能会有交叉。

1. 典型人物

典型人物有特定的内涵，通常是指新闻媒体报道的在一定时期或地区，其事迹或思想能够代表时代潮流、反映时代精神的单一人物或人物集体。作为一种传统而重要的宣传报道类型，典型人物报道是中国新闻业中一道颇为独特的景观。典型人物往往

---

① 刘明华、徐泓、张征：《新闻写作教程》，中国人民大学出版社2002年版，第404页。

有鲜明的时代印记，集中体现了特定时代的精神风貌。如 20 世纪 60 年代的河南兰考县委书记焦裕禄、20 世纪 90 年代的西藏阿里地委书记孔繁森、21 世纪的湖南省委副书记郑培民，这三个于不同时期推出的全国性典型人物各有特色。自从改革开放以来，典型人物报道已有突破，除日渐回归“真实”和“平实”外，还有几点明显变化：对政策方针的直接宣传逐步转变为对社会需求和时代脉搏的深层把握；典型的直接指导作用逐步转变为对受众的引导、启发和感染；将典型人物置于复杂的社会背景之中，注重多层次、多角度的报道。譬如：为了增强公众的环保意识，1994 年 7 月 14 日《黑龙江日报》刊发《马永顺：无愧于大森林》，报道了新中国第一代林业工人马永顺，为共和国建设采伐树木大约 36500 棵；为了青山常在，又“向大山还账”，一直坚持到 78 岁，终于实现心愿，并且此后仍然带领家人积极植树造林。

2. 新闻人物

新闻人物是指在新闻事件中涌现出来的人物，而非单纯从宣传角度所树立的人物。如 2008 年初特大冰灾使湖南电网遭受重创，在 1 月 26 日的人工登塔除冰的过程中，周景华、罗长明、罗海文三名员工因塔身折断而牺牲；记者在 27 日获悉这一情况后立即展开周密采访，获得准确、翔实的一手材料；28 日《湖南日报》刊登通讯《抗冰保电三英雄》，烈士事迹引起高度关注，长沙出现倾城送别英雄的悲壮场面；烈士家属也得到温家宝总理的接见和慰问。除了与新闻事件有紧密关联的人物外，新闻人物还包括各行各业的风云人物，他们往往因自身的显著性而受到公众关注。报道往往聚焦于他们超常的业绩、出众的才华、过人的胆略、难得的机遇等富有传奇色彩的一面，这与表扬先进、激励社会的典型人物报道差别较大。譬如：2010 年第 19 期《南方人物周刊》刊登的报道《李泽厚：寂寞思想者》，讲述这位在中国社会思潮中曾领一时风骚的人物的故事，从“小康陷入困顿，师范考到北大”、“地震棚里写完康德述评”、“奇怪的考题，豪爽的老师”、“《告别革命》不是要讨好谁”、“我已经比想象中活得更长了”五个方面描写他的人生传奇。

3. 平凡人物

平凡人物是指社会生活中的众多普通人，他们既非被树立的典型，亦无轰轰烈烈的业绩。他们能够成为报道对象，或是由于其事迹契合主流意识形态所弘扬的精神；或是其生存状态具有一定的社会认识价值。前者是人因事而显，如《“我要做一个诚信的人”》中的主人公吴兰玉老人，虽然年迈、衰弱、贫困不堪，但坚持用 9 年时间拾荒还债，体现了当前社会诚信的价值。又如《重庆日报》2007 年 1 月 10 日刊登的《邓家兄弟不寻常的求学路》，讲述了西南大学荣昌校区的大三学生邓费建、邓波兄弟一边读大学一边当“猪倌”，这两名贫困家庭出身的农家子弟努力求学的同时还不畏艰苦地创业，凸显了自立自强的精神。后者则主要是人与际遇相连，生活的苦涩、命运的不公，使得形形色色的主人公往往有太多的困惑和无奈。于1995年开设的《中国青年报》“冰点”专版，在这一类报道上表现卓越。该栏目的开山之作《北京最后的粪桶》，讲述了北京最后7位背粪工的故事，这些生活窘迫、心灵委屈的回城知青们，心底珍藏着曾经的光荣，在喧嚣的现实中继续着自己的活法。这则关注普通人的生活、情感和命运的报道引起强烈反响，十余年后依然在被阅读、评论、研究。[①] 这种平民化的人物通讯逐渐成为潮流，不少媒体对此都很重视，如安徽《新安晚报》就曾有一个栏目名为“芸芸众生”，其报道对象都是一般的平民百姓。

4．负面人物

负面人物主要是指贪污腐败的党政官员以及其他违法犯罪之徒。在社会转型的过程中，部分官员以权谋私的行为往往引起公众的激愤和舆论的震荡。20世纪90年代以后，媒体将影响较大的腐败官员作为报道对象，如孟庆平、胡长清、成克杰、文强等人，详细披露其犯罪事实，谴责其对社会正义的侵害，探寻其蜕变和堕落的轨迹，并剖析腐败滋生的社会环境，发挥了释放民怨、警示社会、引导舆论的功能。此外，张子强、张君、马加爵等犯有严重罪行的人，也作为被批判或被揭露的对象，进入人物通讯报道之中。需要强调的是，在报道此类人物时应避免先入为主、过度渲染、“妖魔化”等误区，尽可能地客观、公正；并且注重理性思考，提升受众对问题的思考力和判读力。

三、人物通讯的采写要求

根据事实写出人物的个性特征、精神风貌，是人物通讯采写的基本要求；写出说服力、感染力，则是更深层次的要求。具体而言，应该做到以下几点：

1．主题鲜明，特点凸显

记者在采写人物通讯时，应以贴近时代潮流和社会生活需求为标准选择报道对象；之后，还应悉心捕捉报道对象的与众不同之处。由此，主题才能鲜明，特点才会凸显。实践证明，唯有写出独立的“这一个人”意涵，报道给人的印象才会深刻。2002年10月14日《人民日报》刊发的通讯《公仆本色——追记湖南省委原副书记、省人大常委会原副主任郑培民同志》，就是一例。

这一典型人物的发现源于2002年4月25日两位老将军写给中央有关部门的一封信。他们在信中写道：“我们作为郑培民同志在湘潭、湘西自治州和长沙工作时的同事，作为党的领导干部，作为老共产党员，感到有责任向组织如实反映郑培民同志的先进事迹。我们认为，郑培民同志是新时期焦裕禄、孔繁森式的优秀领导干部，是实践

---

① 周欣宇：《重温“最后的粪桶”：放大普通人的价值》，《中国青年报》2008年12月24日。

‘三个代表’的典型、领导干部的楷模……”焦裕禄、孔繁森各自皆有鲜明特点，那么应当如何刻画郑培民的形象？此文作者之一董宏君后来在采写体会中披露：“我们决定用最朴素、最本色的语言，写一个本色的人，重在写‘人’，刻画‘人’。《重任》、《真情》、《砥柱》、《考验》、《家风》、《呼唤》6个简洁的小标题链接起一串串感人的故事。这六个部分相互映照，较为完整地勾勒出了主人公生命中的平凡与不凡。其中虽然没有多少惊心动魄的事件，却让人在扎实与稳健中处处感受到一位共产党人高尚的人格魅力与党性修养。近年来，少数官员的腐败问题在社会上造成了很坏的影响。但郑培民身上所体现出来的共产党人的信念、正义、人格与修养，确确实实令我们震撼，备受鼓舞。在这样的震撼与鼓舞之下，我们感到‘可信、可亲’应该是我们这次写作的首要追求。”①

记者通过深入采访所获取的大量一手资料，以“公仆本色”为主题，鲜活地呈现出郑培民的胸怀坦荡、公道正派，他的耿直、淡泊、真诚、豁达、亲切以及浓厚的人情味，让人印象清晰。近些年来，获得中国新闻奖一等奖的通讯作品，如《真情传播真理》、《英雄赞歌》、《闪耀在手术刀上的道德光芒》、《风雪中，伫立着四位“厚道”的农民工》、《索玛花儿为什么这样红》、《百姓心中的丰碑》，皆是主题鲜明、特点凸显之作。

2. 精心选材，写活人物

记者在采写人物通讯时，应当根据事实来写，不可虚构情节、不能合理想象，对于人物语言、行为以及心理活动所作的描写，必须严格控制在新闻真实性所允许的范围之内。在此基础之上，还应精心选材，力求写活人物。著名记者田流曾经指出：“报道一个劳动模范……应该研究这位劳模和别的劳模有什么不同，一定要找出这个‘不同’来，有了这个‘不同’，那些最能表现这个劳模本质的材料、事迹就站到前列来了……这样，我们虽然只写他一两件事，反而更能表现出这个劳模的特点。”②这番话至今仍不失去其启迪意义。如在通讯《公仆本色》一文中，就有两则材料，一则是郑培民与残疾人交朋友的故事：

> 曾令超，一位司法干部，在一次维护社会治安的事件中受伤，双目失明，后来从事文学创作。他听说了兼任省残联名誉主席郑培民的名字，写信去希望得到郑培民的题词。
>
> 犟犟的老曾打定主意只写一封信：如果郑培民不回信，那我也犯不上巴结他，管他是多大的官！
>
> 回信来了，曾家的电话也响了。
>
> 半个多小时的电话里，郑培民详细询问了曾令超的各种情况。他怕在纸

① 董宏君：《追寻一个可亲可敬的人》，《新闻战线》2003年第1期。

② 转引自刘海贵：《中国新闻采访写作教程》，复旦大学出版社2008年版，第284页。

框子里摸索着记录的曾令超不方便，把自己家里和办公室的电话重复了三四遍。

最后，郑培民一定要等到曾令超放下电话后，自己才挂电话。老曾实在受不了这等“待遇”，坚持让郑书记先放电话，推来推去，还是老曾拗不过书记。以后，在他俩的交往中，这已成为习惯，也成了默契：每次，郑培民都要听到电话那边“咔嗒”一声，自己才轻轻挂上电话。

见了面，郑培民一把抱住了什么都看不见的曾令超：“你摸摸我，咱俩高矮胖瘦差不多！”他又摸摸曾令超脸上的伤疤：“阴天下雨会疼吗？”

热茶倒好，先放在一边。等到不烫了，郑培民才端到老曾手上，“现在可以喝了。”

一则是郑培民与小饭店老板交朋友的故事：

湖南桃源县漳江镇有个川湘饭庄。说是饭庄，其实就是个灰头土脸的路边小店，小到只有两张桌子，走在路上一眨巴眼就可以略过它。郑培民偏偏与这家饭店的老板李德胜成了朋友。

李德胜身有残疾，虽为“老板”，日子仍显艰难。每次往来湘西州与长沙，只要是坐汽车，郑培民一行人准会到李老板的鸡毛小店吃饭。每次，郑培民都要从包包里扯出一条特意带来的香烟：“给，拿着抽！”李老板也有礼物回赠：自家渍的酸萝卜泡菜。

就是当上了省里的领导，只要路过，郑培民的笑脸还是不改，照样交钱吃饭。

其实，李德胜的小饭馆所处的位置并非前不着村后不着店，饭菜手艺也没有什么特殊之处。郑培民的秘书、司机都明白，培民书记用这种办法既可了解民情，又不给当地政府添麻烦，也照顾了李德胜一家的生计。可郑培民却又从不说破，他顾及的，是残疾人既要养家糊口，又不轻易受人施舍的尊严。

这则材料生动地体现了郑培民的体贴入微，既见“形”又见“神”，写活了他对百姓的亲和，因而感人至深。

能否写活人物，关键在于能否写出人物精神风貌。因此，在人物通讯的采写过程中，既要下功夫去捕捉、挖掘典型事实；又不能仅仅着眼于报道事实本身，而应尽力通过具体事迹去展现人物的精神。人的精神世界，是一个广阔、复杂、神秘、多变的领域，在采写时要对人物作细致的了解、深层的剖析，否则就会失之简单、平面。此外，需要强调的是，人物的思想不能简单地推论、拔高；凡失真的思想，难有真正动人的力量。

如《公仆本色》一文成稿后，“经历了不下10次的修改，中组部、中宣部的负责同志和我们聚在一起，逐字逐句地推敲、修改、核实。因为主人公是一位高级领导干部，影响面很大，任何一点主观的臆想或有溢美之嫌的语言、提法都在剔除之列”。[①] 总之，应当是现实中活生生的人物，可敬、可亲、可近、可学、可以捉摸得到。

为写好人物的思想，记者应当深入体会、用心去写，这样作品才会情真意切，从而触动读者心弦。如《公仆本色》的采写，记者事后追述：“十几天的采访，可以说是一路风尘一路泪。我们坚持在第一现场听、在第一现场看、问第一当事人，而不是按照一个模范人物的模式去任意地想象和拔高。乘车赶路的时候，坐下闲谈的时候，包括吃饭的时候，大家的话题总会不自觉地转到对郑培民点点滴滴事迹的感悟和议论上。”的确，如果不到第一现场去听、去看、去问，记者就难以体会和感悟一个人精神和情感的内核，作品亦就流于苍白无力。[②]

3.逻辑明晰，提升说服力

如果人物通讯缺乏说服力，那么其公信力堪忧。广电总局“宣传党的意志和反映人民呼声”课题组2003年对6个省市的受众和29个省市的广电系统，以及中央三台的新闻从业人员这两个领域分别进行抽样调查，结果显示：在“您认为新闻宣传最应该减少的报道内容”一项中，“先进典型的报道”被不约而同地排在第三位，仅仅名列“会议的报道”、“党和国家领导人活动的报道”之后；而在“您认为新闻宣传工作必须改进的方面”一项中，“典型宣传”被新闻工作者排在第一位，受众则将其列在第二位，排在“会议报道”之后；更为重要的是，在“您认为影响新闻宣传效果的主要因素是什么”一项中，受众把“报道缺乏可信度”列在了榜首位置。[③] 典型人物之外，以新闻人物、平凡人物、负面人物为报道对象的通讯作品同样如此，写不出说服力，就难有可信度。

除了主题是否鲜明、选材是否精心外，行文逻辑明晰与否，是提升说服力的关键所在。这意味着有三个循序渐进的层次：首先，应当写出人物“做了什么”，尽可能具体地写出报道对象的事迹，无论是超常的抑或平凡的，都必须写出其非同一般之处。其次，应当写出人物是“怎么做”的，尽可能充分地挖掘报道对象在思维、行动、言语等诸多方面的独特之点，以刻画其个性。再次，应当写出人物“为何这么做”，尽可能深入地探究报道对象思想行为的内在驱动力，以呈现其精神世界。

再以《公仆本色》为例，该文逻辑非常明晰，第五部分“家风”写到他的廉洁奉公，对自己和家属都要求很严。文章精心叙述了他是“怎么做”的：

---

① 董宏君：《追寻一个可亲可敬的人》，《新闻战线》2003年第1期。
② 同上。
③ 梁建增、孙金岭：《增强公信力是改进典型宣传工作的重中之重》，《新闻记者》2004年第12期。

几十年中，郑培民的职位一直在变动，而他的妻子杨力求的工作单位只变动过一次，就是从湘潭市新华书店调到了省新华书店，职务仍然是一名普通职工。

调到长沙后，杨力求上班要走上40多分钟。她不会骑自行车，乘公共汽车也不方便，多年来，她一直走路上下班。郑培民托人为妻子买鞋，指明买那种柔软的、平底粘胶的鞋子，他要让妻子在风吹雨打的路上，走得舒服一些。但这个有情有义的丈夫却从不让妻子搭他的顺路车。

郑培民"很爱他的妻子和儿女"，但为什么如此严于律己？记者通过阅读、研究他的日记，巧妙地呈现了其行为背后的内在驱动力——"这是郑培民在湘西州工作时的一段日记：'这次回湘潭度春节，我谢绝了办公室派车送我的盛情，同时谢绝了办公室要为我报销路费的好意。坚持自费返家，往返火车票近80元，自己掏腰包。有人讲我太板，我想，宁肯自己吃亏，对自己严格要求，是一个共产党员，特别是领导干部应当自觉做到的。'"

上述三个层次难度是逐渐递增的，写出人物"做了什么"和"怎么做"的并不困难；而准确地写出"为何这么做"则不容易，但这一部分是人物通讯说服力的重要构成部分，在采写时必须迎难而上。

4. 情理交融，增强感染力

人物通讯能否有感染力，关键在于是否有感人的事实。在此基础之上，若增强感染力，则应该兼重情感和理性的因素，以求实现情理交融。"无情未必真豪杰，怜子如何不丈夫"，典型人物并非不食人间烟火；同样，负面人物也并非完全地十恶不赦；他们都会有普通人的情愫。"感人心者，莫先乎情"，记者应当充分展示报道对象的内心情感。

如1995年4月7日《人民日报》刊发的通讯《领导干部的楷模——孔繁森》一文中，作者着力写出主人公的真情实感。

一天，孔繁森对妻子王庆芝说："我带你和孩子们到北京玩几天吧！"妻子感到很奇怪：别说是去北京，就是在聊城，繁森也从来没闲空陪自己和孩子们出过门，这一次是怎么了？带着疑惑的心情，王庆芝和孩子们跟着他到了北京，游览了天安门和长城。途中，孔繁森话里有话地对妻子说："到了北京，就等于走遍了全国，以后我无论走到哪里就像到北京一样，你和孩子们别牵挂。"听了这番话，王庆芝似乎有了某种预感，从北京回到聊城后，孔繁森一直在想怎样对妻子开口，一天夜里，他终于鼓起勇气说："庆芝，组织上又安排我进藏了……"话还没说完，王庆芝的眼泪已像断了线的珠子滚落下来。看着妻子难过的样子，孔繁森的心里也一阵阵发酸。他动情地说："庆芝，我欠你的太多太多了！等从西藏回来，我一定会加倍地补偿。"

"你就放心去吧"，王庆芝抽泣着说，"一个人出门在外，好好保重身子。"在那些日子里，王庆芝一边为丈夫收拾行装，一边悄悄地抹泪。要走了，孔繁森默默地站在母亲面前，用手轻轻梳理着母亲那稀疏的白发，然后贴在老人的耳朵旁，声音颤抖地说："娘，儿又要出远门了，到很远很远的地方去，要翻好几座山，过好多条河。"

"不去不行吗？"年迈的母亲抚摸着他的头舍不得地问。

"不行啊，娘，咱是党的人。"孔繁森的声音哽咽了。

"那就去吧，公家的事误了不行，多带些衣服、干粮，路上可别喝冷水……"

想到也许这是同年迈多病的老母亲的最后一面，孔繁森再也抑制不住内心的感情，"扑通"跪在母亲面前："自古忠孝不能两全，娘，您要多保重！"说完，流着泪给母亲深深磕了一个头。

这些文字充分展现了孔繁森对家人的爱以及歉疚，情理交融——既写出了其情感发展的层次，同时又写出了其理性思考的过程，极大地增强了文章的感染力。除了平实的叙述外，记者还可通过精妙的、透彻的议论，来达到情理交融的效果。譬如：2004年6月3日《人民日报》刊发的通讯《百姓心中的丰碑——追记公安局长的楷模任长霞》一文，其中一部分写"她是个优秀的公安局长，却不是一个优秀的女儿、妻子和母亲。她把有限的生命时光几乎全都用到了事业上，留给家人亲友的惟有痛惜的泪水"。记者在逐一叙述主人公的母亲、丈夫、儿子的感受后，水到渠成地议论道："是的，只有完美的神，没有完美的人！作为一个普通的人，一个普通的女人，如果说任长霞也有她的不足和缺陷，那无疑是一种英雄的残缺，残缺的美丽，美丽的崇高！"这一论述画龙点睛，写活了一个光彩照人又真实可信的人物形象。

第二节　事件通讯

事件通讯是以新闻事件为报道内容的通讯。它重在相对完整地记述和再现新闻事件的来龙去脉和发展过程，从而显示事件的内在逻辑和社会意义。一般而言，事件通讯题材广泛、信息丰富，是颇受读者欢迎的一种重要文体 。

一、事件通讯的报道对象

事件通讯的报道对象大致可以划分为以下三种类型。

1.突发事件

突发事件是指事前无法预知、突然发生的事件，诸如自然灾害、政治冲突、民族骚乱、重大安全事故、刑事犯罪案件等。突发事件因其不可预知和灾难色彩，往往是对记者正义感、责任心、洞察力和调查基本功的严峻考验。在事件的复杂程度和采写时效的压力下，记者要避免陷入新闻失实的陷阱，同时不能为了片面追求效果而违反新闻伦理。

突发事件多为天灾人祸，伴随着人类生命和财产的重要损失，因而通常被视为“负面新闻”，曾经是中国新闻界的报道禁区，因为其“不利于鼓劲，倒容易泄气”，是“给社会主义抹黑”。如1976年的唐山大地震，媒体上只有非常简短的消息。新华社于7月28日当天发出电文①，之后便无相关灾情报道。次日，《人民日报》关于地震的消息，一则是“河北省唐山、丰南一带发生强烈地震，伟大领袖毛主席和党中央极为关怀，向灾区发出慰问电”，另一则是“灾区人民在毛主席革命路线指引下，发扬人定胜天的革命精神救灾”。三年以后，在1979年11月22日的新华社电文中，地震的损失才得以报道——“总共死亡二十四万二千多人，重伤十六万四千多人”。直到10年之后，人们才从钱钢的《唐山大地震》一书中了解到当时一些令人震惊的事实。

当今，新闻开放程度有所提高，对突发事件的报道由少及多、由浅至深，逐步成为事件通讯的重要报道对象，不过报道难度仍然不小。譬如：对2008年的汶川地震，中国媒体进行了近距离、大规模的报道。不过虽有上佳表现，但就整体而言，仍暴露出不少问题。记者南香红就总结指出：“几十年积累下来的对于灾难报道的思维定势还在，媒体在自觉不自觉地过滤着报道内容，‘灾害不是新闻，救灾才是新闻’的色彩还很浓重，媒体们沿袭着‘大灾出大典型大英雄’的报道模式，自我设置了报道禁区。灾区的真实状况得不到真实报道，说轻了是媒体的失职，说重了是对灾难的掩饰。”②

对于突发事件，多数媒体一般遵循“先简后详”原则，先用消息抢先报道；继而再采写详细的事件通讯，具体探索并展现事件的起因、过程、结果及其内幕。如1987年5月，大兴安岭发生特大森林火灾，《中国青年报》除了连续刊发动态消息外，还于6月24

① 此则电文全文为：“新华社北京一九七六年七月二十八日电　我国河北省冀东地区的唐山—丰南一带，七月二十八日三时四十二分发生强烈地震。天津、北京市也有较强震感。据我国地震台网测定，这次地震为七点五级，震中在北纬三十九点四度，东经一百一十八点一度。震中地区遭到不同程度损失。”

② 南香红：《巨灾时代的媒体操作》，“自序”，南方日报出版社2009年版，第7页。

日、6 月 27 日、7 月 4 日相继刊出 3 篇事件通讯《红色的警告》、《黑色的咏叹》和《绿色的悲哀》，分别从林场职工的渎职、林业管理部门的官僚主义及落后的管理体制、人与自然、人与社会的关系等诸方面，全方位地剖析这场悲剧，一时引起很大反响。

2. 预知事件

预知事件一般是指具有重要意义且能事先知晓的事件，诸如国庆阅兵、奥运开幕、香港回归、三峡截流、召开重要会议、发射航天飞船、举行重大审判等。以预知事件为题材写成的事件通讯，大多具有三个特征：题材重大，可以成为历史文献；现场材料丰富，可感可信；记者因身历其境而写作投入，富有激情。① 近些年来，由于电视现场报道兴起，报刊在报道预知事件时，更注重背景资料的穿插使用和多角度全方位的再现，使报道向纵深化发展。

2009 年国庆 60 周年盛大的阅兵仪式和群众游行就是典型预知事件。10 月 1 日在天安门广场，由中国人民解放军海陆空三军、武警部队和北京市民预备役部队组成的 13 个徒步方队；由坦克、战车、火炮、导弹等组成的 30 个装备方队；由预警机、轰炸机、歼击机、直升机等组成的 12 个空中梯队，依次接受检阅。之后，以“我与祖国共奋进”为主旨的群众游行开始，由 36 个方阵、60 辆彩车和 6 节行进式的文艺表演组成，4000 多人的军乐团、民乐团、合唱团现场演奏演唱，参加游行的 10 万群众以不同方式尽情抒发对祖国的美好祝福。次日，《人民日报》刊登了事件通讯《和平的力量　庄严的检阅——胡锦涛主席检阅共和国武装力量侧记》和《奋进！在民族复兴大道上——国庆 60 周年庆典群众游行纪实》，详细描绘这一盛大活动。其中，后一则通讯依据游行队伍的顺序，分为三个部分依次展开——第一部分，“历史的原音在天安门广场回响，跨越时空一脉传承，一部新中国的奋斗史、创业史、改革开放史浮现出来，一个艰辛探索、顽强奋进的新中国阔步向人们走来”。第二部分，“历史的原音，回响在天安门广场，激荡在中华大地。这声音，是新中国发展历程的郑重宣言，是共和国历史的醒目坐标。它们跨越时空一脉传承，新中国的奋斗史、创业史、改革开放史一一浮现，艰辛探索、顽强奋进的社会主义中国阔步走来……”第三部分，“前进的中国薪火相传，伟大的事业后继有人，天安门广场的最完美时刻，是和平发展的中国献给世界的礼物，是走向复兴的中国面向未来的笑容”。该文采用全景画面和近景镜头交错、现场材料和新闻背景穿插的手法，情景交融地呈现了国庆群众游行的历史画面。

除了报道喜庆场面和建设成就以外，也有报道预知灾难事件的通讯作品。如我国 1998 年夏季的特大洪灾中，一些地区为了大局被迫决堤泄洪。其中，湖北省公安县荆江分洪区 52 万人民为确保城市、铁路和长江大堤的安全，扶老携幼含泪放弃家园。

---

① 刘明华、徐泓、张征：《新闻写作教程》，中国人民大学出版社 2002 年版，第 428—429 页。

《中国青年报》于8月8日、8月11日相继刊发通讯《52万群众大转移》和《悲壮的弃守》，详细记载这一悲壮事件。其中，前者按照时间顺序，再现8月6日13点30分至8月7日12点记者在现场观察到的情景，富有感染力地描述了分洪区的群众理智、勇敢而又无奈地进行转移。

3. 典型事件

此处典型事件有其特定含义，是指能够深刻反映社会现实的代表性事件。它们虽无突发事件的冲击力，亦无预知事件的关注度，但是通过展示这类事件的发生、发展和矛盾解决过程，有利于扶正祛邪，加强对社会风气的监督与引导。

譬如：2008年10月18日《山西晚报》刊发的一篇事件通讯《怪事！搭错航班竟能一路通行》，叙述了一起离奇的新闻事件——10月14日，太原市民刘先生乘坐GS7476次航班准备由山东威海飞往太原，中途经停济南，不料再登机后竟然飞到了武汉。10月15日上午11时许，他才乘坐飞机返回太原。由此耽误了一场官司出庭的刘先生，于14日投诉济南国际机场和山东航空公司，但是直到16日仍无处理结果。这一事件过程曲折，它的发生凝结多重巧合，但是记者没有一味沉溺于事件本身，而是将其清晰、鲜活、轻重有别地呈现出来，矛头直指航空安全问题。一位航空界专业人士在接受记者采访时称："这件事足以引起航空管理部门的重视。"此则报道刊登之后，多家媒体转载，引发广泛关注。责任方济南航空公司立即向当事人赔礼道歉，并且检讨自身管理问题，在公司内部专门开展了相关业务学习。

以典型事件为题材的事件通讯，往往会捕捉具有新闻价值的凡人小事加以报道，不仅仅是就事论事，而是从中提炼出一个在社会意义上有针对性的主题来引导舆论。

譬如：2008年1月11日《沈阳日报》刊登的一篇事件通讯《学〈范进中举〉，初二学生哭了》，叙述了某中学初二学生小宇在学习课文《范进中举》时，产生思想共鸣、继而对号入座、最后竟然伤心哭泣的真实故事。该文以小宇的日记切入——"课文里说的那种世态炎凉在现实中也存在，我的周围全是范进的老丈人'胡屠户'那样的人……老师喜欢学习好的同学，同学也围着他们，犯了错老师也不批评……我呢，班里有什么坏事老师都赖我，同学还乱告状……我要是考第一，你看吧，他们全都变样！"记者在与孩子谈心的同时，还采访了老师、家教等孩子周围相关人士，并且咨询教育专家，最终文章尖锐地直指当下教育模式的弊端。此则报道选材典型、角度独特、叙述生动，读之令人深思；刊发之后，新华社及国内众多媒体予以转载，其中《人民日报》文化新闻版配短评及漫画发表，《中国青年报》在一版的重要位置刊登；还引发了诸多评论和专题讨论。

二、事件通讯的采写要求

无论是报道哪一种类型的事件，在采写事件通讯时均应注意以下要求：

1.充分收集现场材料

对于以突发事件和预知事件为题材的事件通讯，是否有充分的现场材料，是决定其优劣高下的一个重要因素。因为现场材料能给读者带来身临其境之感，其可信度和感染力是其他材料无法相比的。如 1999 年 5 月 9 日《环球时报》刊发的吕岩松的《我亲历中国使馆被炸》，就是一篇血与火凝成的优秀现场报道。

2009 年《南方都市报》在总结该报“汶川地震”报道得失时，特别强调“现场”的重要性，指出应当“近一点，再近一点”。他们认为：“灾难记者在前方遇到的最大困难是什么？尽早到达现场。你可能被各种各样的事拖住，但你要快一点，再快一点，离现场近一点，再近一点。所以，如何到达现场就是最大的问题……有的人可能更在乎记者是否第一时间到达，有的人考虑的重点是记者在现场应该写什么。理想的状态当然是记者在现场同时又有明确的采访思路，但在不可兼得的情况下，在现场更重要。不管怎么样，人先在那里，其他的再说。重大灾难一家媒体是否到现场具有标志意义和象征意义。突发事件有个黄金时间，越早赶到越有新闻。第一现场对于突发新闻来说永远是第一位的。”抵达现场之后，则要充分收集现场材料，他们也总结了三条经验：“找一个熟悉当地情况的人做向导”；“在后方的指挥和自己的判断之间，选择相信自己”；“突破警戒线，你才能得到更多”。[①] 该报于 2008 年 5 月 25 日刊登的事件通讯《总理题字激励伤员》，就是一例记者想办法突破和接近现场，目击事件全过程而写出的佳作。

总理题字激励伤员

温家宝在医院鼓励重伤学生，昂起倔强的头挺起不屈的脊梁

本报记者　杨昱

昨日下午，温家宝总理抵达四川大学华西医院。他在医院看望了地震伤员，并对在这次地震中艰辛付出的医护人员表示感谢。

寄语重伤学生昂起倔强的头

昨日下午 2 时 55 分，穿着白色衬衣的温家宝总理从一辆中巴下来。华西医院急诊科门口大坝上，掌声雷动，有人高喊：“总理辛苦啦！”

温家宝向面前的医护人员挥手致意，并一一握手。然后转身走到封锁线这边，微笑着向围观市民挥手。接着，一行人进入了医院电梯。在电梯里，华西医院工作人员向温家宝汇报说，地震以来，华西医院收治病人 4274 人，在救治过程中，死亡 7 人。“这不容易。”温家宝回答说。

在一个 ICU 病房门口，温家宝说：“我可以进去吗？”病房里躺着一名北川

---

① 南香红：《巨灾时代的媒体操作》，南方日报出版社 2009 年版，第 117—127 页。

中学女生,她身受重伤,已经不能说话。温家宝对小姑娘说,不要难过,要坚强,要把病养好。工作人员递上纸和笔,小姑娘写下"我想读书"四个字,然后泪流满面。但是那纸的背面是已经写划过的。"你给我张干净的纸。"温家宝从工作人员手中接过纸笔,一字一顿写下:

昂起倔强的头　挺起不屈的脊梁　向前,向着未来　坚强地活下去

——温家宝

小姑娘看着获赠亲笔,面含微笑。温家宝说,这是我送给你的,医生们对你有信心,你自己也要对自己有信心,以后想不通时,就想着我给你的留言。

感谢医护人员提醒不忘使命

从病房出来,过道上围满了华西医院的员工。他们不停鼓掌,连声呼喊,"总理辛苦啦"。温家宝停下脚步,对他们提出要求,表达感谢。

温家宝说,医护人员们,我今天从最重的灾区赶来,目前,搜救扩大,伤亡越来越多,昨天统计的死亡人数已达6万人,失踪2万多人,失踪的人,多半都没有了生还希望。抢救伤员,救死扶伤,这关系着医生的良心、职业道德,也是天职。现在仍是关键时刻,防疫大规模展开,医护人员要随时能转换为防疫人员。天灾无情人有情。我相信大家,我代表灾区人民以及全国人民,希望你们不辱使命,感谢你们!

下午3时38分,在热烈的掌声中,温总理上车离去。

需要强调的是,现场目击也有可能发生误差,特别是亲历大型事件时,由于过程复杂、场景众多,记者必须选好观察视角、捕捉关键场面,因此应当事先设计好同组记者的采访布局,进行合理高效协作,方才能充分收集精彩的现场材料。

由于突发事件的不可预知,很多时候记者不能亲历事件,而只能采访事发之后的现场。不过,此时的现场材料仍然具有较强的说服力和感染力,是佐证事件的有力证据。1955年2月25日《人民日报》刊登的事件通讯《大陈在控诉》即是一例。1955年2月7日,大陈岛的18000多名居民被劫运到台湾;9日至11日,国民党的守军在岛上布满地雷、水井中投了毒后撤退。14日凌晨,记者金凤随着工兵扫雷部队抵达该岛。此时,岛上已经空无一人,记者只能凭眼睛仔细观察这场浩劫留下的"痕迹"来描述现场。该文在新中国的新闻史上,是一篇颇为经典的现场观察作品。[①] 除了亲历事件、观察现场两种方式以外,还可以采访事件的当事人、目击者,请其陈述事件经过、描述现场情景,虽然已是二手材料,真实性和生动性可能有衰减,但仍不失为收集现场材料的可行渠道。

---

① 董广安主编:《新闻传播精品导读·通讯篇》,复旦大学出版社2004年版,第1—12页。

2. 精心提炼主题

一起事件的全过程，有其不同侧面，可能都有新闻价值，能从中提炼出不同主题，但是记者应当首选民众最为关心、最欲知情的角度去精心提炼报道主题。

以2000年“洛阳大火”为例，由于这是一起特大火灾，有309人葬身火海与浓烟，不少媒体都刊登事件通讯进行报道，但是主题选择优劣立现。《洛阳日报》的报道题为《“12·25”特大火灾扑救纪实》，文章分为七个部分——“火光就是命令”、“消防官兵火海救人冲在前”、“市领导坐镇一线战火魔”、“公安干警筑起人墙保救援”、“白衣天使的风险”、“火灾面前见真情”、“灾情牵动中南海”。此则报道仅将相关领导的亲临火场，消防、公安、医护人员的扑救和治疗，以及人们对受灾家庭的同情与帮助作为报道主体，不仅未能凸显事件所蕴含的新闻价值，而且这种“反面文章正面做”的写法有损媒体的公信力。《南方周末》刊发的报道则题为《追问洛阳大火——惨剧是如何酿成的》，文章开篇就已点明主题——“河南省委书记陈奎元针对洛阳大火说，这起事故夺走了309人的生命，是事关人民群众生命的特大灾难，党委和政府难辞其咎，必须主动地承担责任，对此必须有足够的认识。”然后，该文从“违章作业推倒多米诺骨牌”、“隐患不除高调照唱”、“我行我素变本加厉”、“有恃无恐腐败撑腰”四个方面，始终围绕“谁应当为惨剧负责”这一民众最想知晓的问题，剖析出火灾的深层次原因在于“政府权力的异化以及法律制度的尊严遭受到首长权威的侵犯”。

在突发灾难事件报道中，能否提炼出最有新闻价值的主题，关键往往在于媒体及记者对“人”的态度，是否对公众负责任、对未来有担当。《唐山大地震》的作者钱钢曾言：“巨灾中释放的人性关怀，实为传媒之魂。唐山地震的年代，被意识形态所驱使而目中无‘人’的中国传媒，充斥着为政治所用的假话和空言——那众口一词的恩情叩谢和主义颂扬。三十多年以来，包括传媒人在内的亿万中国人，在坚硬的崖石上，千锤万凿，让巨大的‘人’字隐约成型。这个过程远未完成……荒诞岁月已在我们身后，理想之境还在遥远的前方。传媒要努力成为的，是公众安全的瞭望哨、社会冲突的减压阀、公共事务的行动者；是万千真相的锐利探针、海纳百川的意见平台。”①需要强调的是，我们同时也应谨记《大公报》创始人英敛之的名言“傲骨虚心真力量，热肠冷眼大慈悲”，在提炼报道主题时，不仅仅需要逼视黑暗的“冷眼”，也应有护念苍生的“热肠”。因而，对谬误的批评、对悬疑的探究、对丑恶的鞭笞，与对正确的首肯、对美好的赞扬、对高尚的尊敬，不可绝对剥离。

提炼主题需要锲而不舍地深入挖掘。《中国青年报》关于1987年大兴安岭特大火灾的“三色报道”就是一例典型。据当年参与报道的记者叶研回忆：其实该报有个严重

---

① 钱钢：《让“人”字隐约成型》，载南香红：《巨灾时代的媒体操作》，南方日报出版社2009年版，第2页。

的教训值得检讨——开始反应非常迟钝，以致“在实时性进行式报道上”未占上风；不过在掌握大量基本事实后，以主题鲜明的深度报道得以扭转局面。其中，《红色的警告》写火灾反映出的官僚体制问题；《黑色的咏叹》写火灾背景下的人物命运和人在极端场合下的表现。之后，他们仍在思考，“从森林的损失中看到的不仅是木材资源的损失，而是环境的毁坏，是全球环境恶化中人类的短视和社会管理对环境的漠视”，于是又写下富有远见卓识的《绿色的悲哀》。①

3. 叙事明晰生动

叙事是事件通讯最基本的表现方法。人们阅读一篇事件通讯，不仅仅是要了解新闻事件的详细过程，往往还要在情感上、认识上有所得益。所以，叙事首先应有明确的目的性，不能为叙事而叙事。关于此点，前人有不少精辟见解值得借鉴。明末清初的学者顾炎武曾称赞司马迁“于序事中寓论断”，即在叙述历史事件时无不寓有自己的观点。清代学者刘熙载在《艺概・文概》中亦言：“叙事有寓理，有寓情……无寓，则如偶人矣。”事件通讯虽与一般文章、历史记载的要求不尽相同，但就叙事而言，也应具有“寓理于事，寓情于事”的特点。因而，记者在写作时不应当是刻板的交代、枯燥的叙述，而应调动多种写作技巧，在事件的叙述和描写之中融入深刻的道理和丰富的感情，给读者以更多的感受与启迪。1992 年 3 月 26 日《深圳特区报》刊登的《东方风来满眼春》，就是一篇记述邓小平同志南方讲话的事件通讯佳作。此文将事、情、理熔为一炉，刊发之后反响巨大，成为新闻界在思想解放运动中的一起标志性事件。需要强调的是，事件通讯仍以写事为主，如果脱离事件本身过多地抒情和说理，可能会淹没或中断事件发展的描述，并且使文章显得松散和冗长。

除目的明确之外，事件通讯的叙事还应当清晰。每起事件之中，总有环环相扣的情节链条和因果链条。一般而言，情节链条是显性的，对其梳理较为容易；因果链条有时则是隐性的，需要通过记者的深入采访和调查分析才能清楚。新闻报道的力量在于“用事实说话”，因此在描述事件的来龙去脉时，叙事线索应当清晰有序，主要情节和关键节点亦应该清楚明了。如 2008 年 12 月 18 日《黑龙江日报》刊发的事件通讯《丰收时节的苦涩》，记者发现：尽管当年玉米、大豆等获得大丰收，但农民卖粮难。为了查明原因，记者奔赴该省青冈、双城等国家储备粮库，通过暗访和调查揭示出：国有粮库收购网点少、收储工作时间短、排队秩序混乱，导致出现农民昼夜排队卖粮难的现象；同时大部分农民由于费用等原因无力前往粮库卖粮，一些粮贩趁机低价收购粮食，然后到国储粮库出售，享受国家政策性收粮价格；从而产生农民享受不到惠农政策、粮贩大肆

---

① 叶研：《1987 年大兴安岭特大火灾报道断想》，载董广安主编：《新闻传播精品导读・通讯篇》，复旦大学出版社 2004 年版，第 239—246 页。

获益的问题。由于叙事明晰，这则报道刊发后，黑龙江省粮食局受到触动，责成有关部门立即调查并采取措施解决问题。

写作事件通讯，既要做到叙事明晰而不杂乱，还要注意生动而不呆板。如明末清初的学者黄宗羲所言："叙事须有风韵，不可担板。"因此，在写作时应当波澜起伏，而非平铺直叙。这至少需要注意以下四点："抓住事件本身的矛盾来写"；"突出重点，有详有略"；"灵活运用多种表现手法"；同时"注意语言简洁"。① 此外，为了叙事明晰生动，还应注意选择恰当的结构方式。2004 年 11 月 8 日《解放军报》刊登的报道《惊心动魄 35 分钟》就是一例：

惊心动魄 35 分钟

——空军特级试飞员梁万俊成功迫降某新型国产科研样机纪实

谭洁　张金玉

今年 7 月 1 日 13 时 40 分，成都某机场被紧张气氛所笼罩。

塔台上，机场边，飞机设计单位领导、空军某试飞大队领导、飞机总设计师、科研技术人员……数百人一齐把焦灼的目光投向骄阳似火的万里晴空。

此刻，一架失去动力的战机在万米高空正以极大的俯角高速向机场滑降而来！

这不是一架普通的飞机。它是我国正在研制的一种新型战机的科研样机，价值上亿元人民币。

这不是一次普通的飞行。它是该型飞机在定型关键阶段的一次试飞，结论对飞机改进意义重大。

这更不是一次普通的降落。飞机在 1.2 万米高空试飞，因意外情况燃油漏光，飞机发动机停车。为保全科研样机，试飞员决定从距机场 20 多公里远的地方空滑迫降。

下落航线与跑道呈 70 度夹角，下降速度 400 公里/小时左右，一旦失误，该机就可能冲出跑道坠毁。

惊天一落，危险空前。驾驶战鹰迫降的，就是空军某试飞大队副大队长、特级试飞员梁万俊。

"近了，近了……"转眼间，梁万俊驾驶战机俯冲直下。地面上，所有的人一齐屏住了呼吸。

13 时 44 分，战鹰陡然降落，在进跑道 450 米处接地。在接近跑道的一刹那，机头一昂，"哧！"轮子在水泥跑道剧烈摩擦，划出两条刺眼的火龙！

---

① 汤世英等：《新闻通讯写作》，中国人民大学出版社 1986 年版，第 303—306 页。

500米、800米、1000米……飞机一气冲出1700米，在距离跑道尽头300米处戛然停住。

“成功了！”欢呼声震动机场。梁万俊走下座舱，飞机总设计师与他紧紧拥抱，激动地说：“你创造了世界航空史上的奇迹！”

惊天一落救新鹰！

这一落，挽救了价值上亿元的科研样机；这一落，为试飞员处理类似险情创造了成功先例；这一落，飞出了新机优异的空滑性能。

让我们把时钟倒拨35分钟。

这一天13时09分，梁万俊驾驶着该型国产科研样机跃升到1.2万米高空。当他按照预定的科研试飞计划刚刚做完一个规定动作后，突然发现油泵指示灯急剧闪烁。紧接着，油量表指针一路下跌。两分钟之内，指针指向“0”刻度。

梁万俊报告：“发动机空中停车！”

一级空中特情！空军相关条例规定：此时，作为试飞员梁万俊可以视情况做出不同选择——跳伞或迫降。

面对这种极为罕见的危险情况，跳伞无可指责，只需0.01秒，便能远离危险。但是，凝聚科研人员无数心血的战鹰就会坠毁，故障原因就难以准确查找，新机型的改进就缺乏依据……没有任何犹豫，梁万俊便做出抉择：危险再大，也要尽一切可能把科研样机保住。

决心定下，梁万俊很快镇定下来，他娴熟而机敏地调整飞机的位置和高度，以争取每一秒的时间。

飞机像大铁砣似的向机场上空逼近。机场上，所有应急车辆全部到位，所有人的心都吊到了嗓子眼。指挥塔台里静得让人窒息，只听见指挥员下达指令的声音：“保持好飞机状态，控制高度、速度，做好迫降准备。”

梁万俊心里很明白，要想将飞机空滑回去，必须准确地通过高度来换取速度，用势能来换取动能。他根据地面指挥员的命令，随时判断飞机状态，修正速度和高度偏差。

飞机滑到机场1100米上空。梁万俊下降飞机高度加入航线，在跑道头3公里，放起落架，操纵飞机对正跑道，100米、50米……

“准备迫降！”“明白！”天地间，惊人地默契。

于是，机场上出现了惊心动魄的成功一落！

英雄壮举绝非偶然。仰望蓝天，人们看到了梁万俊出生入死、挑战试飞极限的一道道闪光航迹。

1998 年，拥有丰富飞行经验的梁万俊，从成空某飞行团副团长的岗位上来到空军某试飞大队。

……

此报道荣获第十五届中国新闻奖一等奖，在结构上匠心独运：先聚焦最惊险的瞬间，继而回述全程，最后集中介绍背景材料，整体上采取倒叙的结构，局部上在叙述过程中穿插背景介绍。纵观全文，可以发现作者在寻找叙事线索、选择重点情节以及语言修辞方面都是下了一番功夫的，从而使得文章既简单明了、脉络清晰又重点突出、细致生动。①

4. 写好事件中的人物

事件通讯虽以写事为主，但很多事件的行为主体是人，没有人就没有故事。依托于人的活动、情感、命运，往往才能通过事件表现出具有深刻社会意义的主题。因此，在事件通讯中，人仍然是最活跃、最有表现力的因素。

写好事件中的人物，首要应选择与事件密切相关的、能体现事件意义的典型人物来写。譬如：1996 年 8 月 10 日《中国青年报》刊发的报道《雷州“7·11”海难追踪》，详细记述一起灾难事件：7 月 11 日，风暴突然袭击了广东省雷州市企水镇、纪家镇一带海面，正在海上作业的十多艘小船被打翻，10 多位渔民陷入狂风巨浪中。雷州市水产局官员见死不救，致使 12 位渔民葬身大海。在此则报道中，记者着力写了两个人物：雷州市水产局副局长钟进和普通渔民黄妃赤。写前者时，几乎全是通过他在电话和 BP 机中的一系列指示来表现——第一次是“你们救人可以，但一定要先收足钱才能开船！”第二次是“救人可以，但要有钱才能开船”。第三次是“关于救难的事，一定要收费才能开船，而且死尸不能放进船里”。三次指示，将其无视百姓生命的冷漠无情表现得淋漓尽致。后者则在经过数小时的挣扎搏斗、终于拖着血肉模糊的身体游回岸边时，当看到“远处的海面上，有个人在随浪沉浮”，仍毅然决定去救人，“扑向那十几分钟前他逃都逃不及的大海”。最终，“他以惊人的毅力，在仍刮着四五级大风的海面上与风浪搏斗了 40 多分钟，终于靠近了素不相识的企水镇渔民邓否……约 1 个小时 20 分钟后，两个奄奄一息的汉子终于神奇般出现在浅滩上。”两者形成鲜明对比，使这篇通讯本身具有了深厚内涵。需要强调的是，事件通讯不能喧宾夺主，以写人来代替写事，而应以人记事、以事带人。

写好事件中的人物，还应注意简笔勾勒，抓住人物在事件发展过程中富有突出特征的事迹，进行简洁精炼的描述。因为事件通讯毕竟不是以人物为中心，不能像人物

① 周效里：《一篇独具匠心的佳作》，《新闻与写作》2006 年第 5 期。

通讯一般精雕细刻;何况事件通讯有时表现的是“群像”,更难以用较多的篇幅来一一细细勾画。如在著名事件通讯《为了六十一个阶级兄弟》中,有一段对黄河渡口船工的描述——“当船工们听说是为了挽救六十一个祖国建设者,老艄公王希坚,不顾今晚正发喘,猛然从热乎乎的被窝里跳了起来,系上搭袱,吆喝一声:‘伙计们!走!’后面王云堂等几个人紧紧跟上。来到岸边,二话不说,驾起船,直奔河心。凭着与黄河巨浪搏斗了几十年的经验,凭着一颗颗赤诚的心,终于打破了黄河不夜渡的老例,把取药人安全送到了对岸。”这段文字对老艄公的描写逼真,真可谓是“面目精神,跳跃纸上,勃勃欲生”。虽然这一人物在整篇通讯中只出现了一次,但由于形象生动鲜明且又不游离“事件”,所以给人留下深刻印象。

第三节　工作通讯

工作通讯是以当前实际工作为报道内容的通讯。它因题材的特点而得名,即是反映不同领域、行业的工作中新情况、新办法、新经验、新矛盾、新问题、新趋势的通讯。问题性和指导性是工作通讯的突出特点,即其主要通过揭示问题和介绍经验,以求能示范和指导工作。改革开放以来,此类通讯显示出蓬勃的生命力,因为在一个转型社会之中,诸多工作情况需要总结和介绍、揭示和评论。

一、工作通讯的报道对象

工作通讯的报道对象大致可以分为以下五类:

1.展示工作中的经验

此类工作通讯属于经验性报道。这是中国特有的新闻报道品种,由媒体的性质和任务所决定。报道典型经验,除了采取综合消息的形式外,工作通讯也是一种常用新闻报道体裁,并因其篇幅和时效的宽容度而具有更好的传播效果。一般而言,它力求反映一个单位、地区、行业、领域在工作中所取得的成功经验,因而其选题偏重于成熟的经验以及由此呈现出的新思路、新观点。譬如:2008 年 5 月 24 日新华社播发的通讯《一个灾区农村中学校长的避险意识》,在汶川地震的大背景下独辟蹊径,选择了在地震中未伤亡一人的安县桑枣中学进行报道。这所学校位于距离北川仅 20 公里的重灾区,但是由于校长叶志平的责任、爱心以及未雨绸缪的防灾避险意识,全校师生无一伤亡——“在大震时分布四处的学生家长们的伤亡数尚在统计中,学校墙外的镇子上,也是房倒屋塌,求救声一片。但是一个镇里的农村初中,却在大震之后,把孩子们带到了家长面前，告诉家长，娃娃连汗毛也没有伤一根。”此稿是当时新华社播发的社会影响力最大的独家报道之一，不仅得到各界高度评价，而且对中国防灾减灾事业具有深远意义，推动了2008年底《中华人民共和国防震减灾法》相关条款的修订。

2. 揭示工作中的教训

此类工作通讯力求通过反映工作中的问题和教训，揭示其中具有普遍意义的内涵，以引起社会的关注，进而推动工作顺利开展。这一类型的工作通讯近年来较多地体现为调查性报道，其内容更侧重于揭露问题和展开批评。譬如：2004年4月4日新华社播发的通讯《连闯“红线”上钢厂　毁田拆房惹民怨——关于常州铁本在长江边违规建钢厂的调查》。此稿是2004年最具代表性的独家新闻调查和舆论监督报道之一，通过对江苏铁本公司违规上马大型钢铁项目这一问题进行“以小见大”的透视，将其在项目审批、土地保护、银行贷款、环境评审等四方面连闯国家法律政策“红线”的问题，层层剥笋般地剖析出来，揭示出地方发展中带有全局性、普遍性的重大问题。由于报道事实准确，主题重大，稿件一经播发，立即引起社会强烈反响和中央高度重视。《人民日报》、《经济日报》、《中国青年报》等全国130多家媒体在重要版面采用；上百家网站进行转发，受到网民的广泛好评及踊跃的跟帖。国务院就此迅速派出由11个部委组成的联合调查组赶赴当地进行核查，4月15日公布了初步调查结论；4月28日在温家宝总理主持召开的国务院常务会议上，相关责任人受到了严肃处理。此后，还针对金融、土地等方面进行了一系列宏观调控措施，有力地保障了国家经济的健康运行。

3. 剖析工作中的难点

此类工作通讯较多地体现为分析性报道。它不仅要通过调查展现出工作过程中的各种问题和矛盾，还要对此进行分析与解剖，从而找出产生问题的原因、探寻可能的解决方案。前文提及的新华社记者于1994年采写的《菜价追踪》，就是一篇典型的将选题锁定在工作难点上的工作通讯。该文通过深入调查蔬菜贩运各个运销环节，有力剖析了菜价高昂的原因；并在此基础上提出了增加销售网点、调整网点布局、建立一个可调控的宏观管理体制等平抑菜价的措施。此外，2001年2月5日《中国青年报》刊发的通讯《彩虹桥垮塌案应适用国家赔偿》也是一例。该文通过分析“重庆綦江彩虹桥惨案”死难者赔付工作中出现的“城乡差别赔偿”、“儿童减半赔偿”等争议问题，通过采访国内知名的民商法专家，提出“此案的赔偿不是交通事故赔偿”而属于“国家赔偿”、“城乡区别赔偿十分荒谬”以及“儿童减半赔偿于法无据”的观点；强调对死难者权益保护不仅仅是为了亡灵的安息，而应深思怎样处理类似重大安全责任事故，以及如何进一步完善人身损害赔偿标准、数额等一系列的法律问题。

4. 反映工作中的政策执行情况

此类工作通讯一般报道国家有关政策在实际中的贯彻情况，包括取道的成绩、存在的问题、产生的影响、民众的反应等情况。譬如:2004 年 8 月 22 日《湖南日报》刊发的报道《卖了粮　喜算账——夏收过后访农家》,湖南是中国水稻最大产区,2004 年中央一号文件公布后,《湖南日报》就组织了“走进乡村　关注三农”的大型系列采访活动,此稿是这一活动的延续。夏收过后,报社就组织记者前往沅江市、衡阳县和湘乡市,回访系列报道中曾出现过的、有代表性的农民。该文以小见大,通过与农民进行面对面的详细算账,写出他们收入变化后的喜悦心情,真实报道了农民增收、粮食增产的成绩;同时也客观反映了农民综合生产能力低下、亟须建立农民增产的长效机制等问题,从而较为全面地反映了中央一号文件产生的效果。又如:2005 年 7 月 14 日《山西日报》刊发的通讯《安监主任参股煤矿　层层监管形同虚设——介休一黑矿非法生产的台前幕后》,该文通过报道山西省介休市的一家“黑煤矿”在长达两年时间内连续不断非法生产却无人过问的事实,揭露出由于该镇安监办主任参股煤矿,致使层层监管形同虚设的内幕,客观反映了中央整肃吏治腐败、严处官煤勾结的政令在实际中运行不畅。

5.探讨工作中有争议性的问题

此类工作通讯突破了以往经验性报道的模式,不再仅仅关注业已成熟并取得良好效果的经验,而聚焦可能毁誉参半、争议不止的一些新的工作举措。如 2005 年 7 月 21 日《南方周末》刊发的通讯《组织部聘干部观察员》,此稿关注了重庆市涪陵区委组织部一项在国内首开先河的举措——“聘请了 43 名干部观察员,秘密收集领导干部工作和生活信息”。这项制度引起广泛关注,赞者有之,弹者有之。该文客观地呈现了该项改革的来龙去脉、具体设计,以及对其的不同观点。有评论称:“这将有可能侵犯个人的合法权益,与国家相关法律法规相悖。”有干部称:“这是组织上对我们特殊群体提出的素质要求,我们不应该反对,只是提出希望。我们的要求是,对观察员的选择要慎重再慎重,对待观察员的信息要慎重再慎重。”也有某单位负责人坦率地提出:“一是有可能增加政府的运行成本,因为反映的信息要进行调查处理;二是这个事情如果不能正确处理,也会出现冤假错案;三是如果处理不好,会使上下级感情隔阂。观察员制度是保护干部的工具,同时也可能变成武器。”探讨此种过程性的、争议性的问题很有意义,除了鼓励尝试和探索的勇气之外,还有可能通过公开的讨论使相关举措更加稳健,从而有利于实际工作的开展。

二、工作通讯的采写要求

在采写工作通讯时通常应当努力达到以下四项要求:

1.选择典型事实

能否写好工作通讯,关键之一在于记者是否胸怀全局,此即:是否非常清楚其所采写的具体行业当前工作的重心、亟待解决的问题以及相关的行业政策。只有将此了然于心，才有可能准确而敏锐地选择具有典型性、指导性的事实，从而揭示、分析与解决矛盾。曾有论者指出："全局是'面'，典型事实是'点'，工作通讯的写作，就是要通过对'点'的报道，来回答'面'提出的问题。这二者结合得越好，工作通讯的写作就越成功。"①因而，应当从全局的高度并且深入实际工作中去精心选择典型事实，前文提及的《同是造纸厂，盛衰两重天》就是一例。在环保已经成为关系国计民生重要议题的背景下，作者选择两个反差强烈的造纸厂进行对比，通过分析指出环保也可带来经济效益并且更有利于企业的长远发展，在警醒世人的同时又具有良好的建设性。

在世界经济一体化以及中国加入 WTO 的历史条件之下，中国媒体不能局限于国内来探讨、研究、传播工作经验，而应具有全局意识，放眼世界、观察全球，及时而深刻地发现新情况、新趋势。譬如：2002 年 1 月 31 日《环球时报》刊登的通讯《两零售大鳄胜败启示录》，其所关注的新闻事实就非常典型——"1 月 22 日，美国第二大连锁销售商卡马特以 163 亿美元的资产规模申请破产保护。同一天，卡马特的老对手、美国第一大连锁销售商沃尔玛则宣布，2001 财政年度公司销售收入超过了 2200 亿美元……成为全美乃至全球销售额最大的公司。"两大零售巨头，缘何一个成为龙头、一个走向破产，文中对这一充满戏剧性的现象进行了具体明晰的分析，对中国企业有一定的参考和借鉴作用。

2. 聚焦现实问题

能否写好工作通讯，是否聚焦现实问题也是关键之一。工作通讯的目的在于解决实际问题，应当有的放矢、针对性强，例如当前贯彻党的方针政策中迫切需要解决的问题、实际生活中尚未引起注意或尚无现成经验的问题、具有启发作用和普遍意义的问题、社会转型过程中涌现出来的问题。

譬如：2000 年 7 月 13 日《黑龙江日报》刊登的通讯《治病？骗钱？——发生在传染病医院的怪事》，此文揭露了少数医务人员在利益驱动之下，为所承包病房多创"效益"，丧失最基本的职业道德，损害患者切身利益的重大问题。文章开篇便犀利地写道："如果不是微机打印的几张化验单摆在面前，记者说什么也不敢相信，堂堂正规医院的医生，竟会做出如此胆大妄为、医德沦丧之事——将正常的化验结果偷偷改为异常，然后收留'患者'住院；花上几千元住院医疗费后，再拿出真实的化验结果，打发'患者'出院。这件令人气愤的怪事发生在哈尔滨市传染病医院的六病房。"此文是一篇针砭时弊的力作，刊发之后引起强烈反响，引起省、市领导高度关注，中央电视台《焦点访谈》对此进行了专题报道。之后，医院的有关责任人受到查处，当地医疗系统开展了一

① 刘明华、徐泓、张征：《新闻写作教程》，中国人民大学出版社 2002 年版，第 453 页。

次有关医德医风的大讨论，省内各医疗机构也以此为契机相继制定出整改措施。①

作为“社会守望者”的新闻媒体，应当直面时代的矛盾和问题，诸如房价畸高、环境污染、政府官员腐败、商品假冒伪劣等，而不应避重就轻或是隔靴搔痒。2010 年 7 月 22 日《南方周末》刊登的通讯《官员财产申报制试点地方探索》就是一个好的范例。记者通过走访调查“试水”官员财产申报制度的湖南浏阳、湘乡等地的最新情况发现——有的试点仍在继续，但选择躲避舆论关注；有的试点则陷入“冬眠”状态。该文详细探寻了官员财产申报这一源自西方法治社会的反腐利器在中国现实政治土壤中的生存状态和制度变异，非常具有现实意义。

3. 分析具体透彻

工作通讯一般都会涉及工作中的经验教训，为了让人们清晰了解问题的前因后果、掌握和运用相关做法，分析应当具体透彻。因此，在采写时应注意向事实深处开掘，找寻事物之间的有机联系，进行有理有据有层次的分析；防止“一二三四的数字罗列，架床叠屋的材料堆砌”。

前述《两零售大鳄胜败启示录》一文，其分析很有层次感，指出零售巨头卡马特和沃尔玛的境况迥异，原因至少有三：其一，“核心差距是对新技术的把握”。前者自 7 年前直到现在破产“也未能整合出一套适应本公司业务状况的信息管理系统来有效地管理库存、运输和储藏这一商品供应链”；后者则运用信息技术“专门建立了世界上第一流的电脑管理系统、卫星定位系统和电视调度系统”，并将这套系统“与 1000 多名供货商连接，将供求信息与供货客户分享”，从而保证货源、降低成本。其二，“对自身的定位不一样”。前者的定位是“世界上一流规模的专业折扣商店”；后者则是“奉顾客为上帝、帮顾客省钱的商店”。不同的定位，“决定了经营的模式、商店的布局和商品的范围”，在竞争进入白热化、经济不景气的状况下，差距迅速突显出来。其三，“和中国市场的远近是个重要指标”。前者“故步自封”，面对中国市场裹足不前，不直接进入中国市场采购、忽视中国迅速增长的购买力；后者开拓进取，早在 20 世纪 90 年代中期就以不断开设连锁店的方式拓展中国市场，还于 2001 年底将其全球采购总部设在深圳。这三个方面的分析，都在运用具体而有说服力的事实基础之上，清楚透彻地阐明了问题。

需要强调的是，如果有些问题较为复杂，那么应反映多方面意见，而非作简单化的判断，如前文提及的《组织部聘干部观察员》就是一个范例。

4. 表达多元生动

工作通讯不同于工作总结。论者指出两者区别有三，其中“在写法上，工作总结是

---

① 萧芷茁：《笔尖沉甸甸》，《新闻传播》2001 年第 5 期。

第一人称汇报情况的口吻，概述多，架子较大，涉及面广，结构也较死板；工作通讯则多以第三人称作客观报道，除了叙述之外，还多用描写和议论，抓住一点加以引申即可。"[1]为了写好工作通讯，表达应当多元生动，可以尝试多种文体，除一般夹叙夹议的形式以外，还可写成见闻式、日记式、对话式、故事式、随笔式、书信式、访问记式等；可以旁征博引，以通俗、具体、形象的方式来说明事理；可以立足事实直抒己见，自如地进行评述和议论。总之，尽量将文章写得清新悦目。

譬如：1984 年 4 月 1 日《经济参考报》刊发的报道《访厕所》，此文当时引起轰动，并获得当年"全国好新闻"一等奖。文章开篇非常风趣幽默："有位旅游外宾，在中国吃了一顿又一顿的佳肴后，俏皮地对主人说：我们都爱进餐厅，就怕上厕所，你们中国的'入口'工作是世界第一流的；可惜'出口'工作实在太差。"紧接着，又用"百觅不如一嗅"生动地描述了北京公厕的卫生状况糟糕。此外，文中还介绍了国际惯例——"厕所的臭气强度分为六等：零度无臭；一度稍稍感觉恶臭存在；二度确认恶臭存在；三度极易感觉恶臭存在；四度恶臭明显存在；五度恶臭强烈存在"。并且提供一组数据：日本规定为 2.5 度；而 1983 年北京公厕 1—4 月臭气强度为 3 至 4 度，5 至 10 月为 4 至 5 度。这些资料的运用使文章更为充实。

需要强调的是，题材越宏观越应注意可读性，不能误以为工作通讯指导性强，就严肃有余而活泼不足。2004 年 12 月 3 日《经济日报》刊发的通讯《别样的循环经济》，虽然关注的是"循环经济"这样一个专业性较强的题材，但是作者却用"卡"、"拣"、"招"引出三个生动的小故事，勾勒出基层的经济实体正在扎扎实实地实践着的"循环经济模式"；并且每个故事之后，作者又分别配发了趣味盎然、画龙点睛的点评，达到了锦上添花的效果。

第四节　风貌通讯

风貌通讯是以地方风貌为报道内容的通讯。它以"记地"为主，又被称为"旅行通讯"或"概貌通讯"，通常以采访者旅行见闻的视角反映社会变化和风土人情。报刊上常见的诸如"见闻"、"巡礼"、"散记"、"纪行"等皆可归于此类。风貌通讯继承了我国历代山水游记文学的文体特征。它熔纪实、写景、言情、说理于一炉，是时代的写照和历史的缩影。在中国新闻传播史上，出现过众多优秀的风貌通讯，如瞿秋白的《饿乡纪

① 周胜林、尹德刚、梅懿：《当代新闻写作》，复旦大学出版社 2004 年版，第 278 页。

程》、《赤都心史》，范长江的《中国的西北角》、《塞上行》，邹韬奋的《萍踪寄语》、《萍踪忆语》就是其中典范之作。在当今的社会转型期，风貌通讯仍以其广阔的报道视角、丰富的感性素材和多元的写作风格而为公众喜闻乐见。

一、风貌通讯的报道对象

风貌通讯的选材较为广泛，若按其内容划分，大致有以下三种类型。不过，有些作品博采众长，既写风土人情，又写社会变迁。

1. 今昔变迁

此类风貌通讯主要报道某地的今昔变化和建设成就。其中，有些作品侧重于用对比手法展现今昔变迁，1981 年 11 月 30 日新华社播发的稿件《夜宿车马店》就是一例：

夜宿车马店

刘云山

内蒙古自治区土默特右旗今年获得历史上最好收成，粮食总产 2.2 亿多万斤，比去年增长两成；油料总产 4000 多万斤，比去年增长 70% 多。全旗 350 多个穷队，今年面貌都有很大变化。农村的繁荣，给集镇也带来了兴旺。不久前的一个晚上，记者到这个旗萨拉齐古镇的车马店投宿，生动地感受到了社员们丰收的喜悦。

记者在暮色苍茫中来到车马店的时候，老远就听到里面传出庄户人爽朗的笑声和牲口的叫唤声。进店一看，宽敞的院子被进城来卖粮买油的车辆挤得水泄不通。店堂里灯火通明，满屋子的人拉呱得挺热火。

车马店的老炊事员周二旦一边飞动着菜刀，一边乐呵呵地说："俺在店里干了十多年，天天跟庄户人打交道。过去庄户人眉头上挽着疙瘩，如今个个膘得脸上放光。那些年住店的多数人拿的是红（高粱）黄（玉米）面窝头，要两碗开水就着吃；现在可不一般了，拿着白面馒头还嫌不顺口，还要到街上买块豆腐割斤肉，打二两白干，人家就图那个美气哩！"

"那算啥美气！"坐在菜案旁的一位叫贾满贵的瘦高个老汉有点不服气地说，"上一次进城来卖公粮，俺把儿媳妇、小孙孙、老姑娘一齐拉来了，饭馆里的烧麦、馅饼、锅盔，娃娃们想的都尝遍了。服务员一算账俺一次掏给他十几块。俺今年一家打了 1 万斤粮食，8000 斤油料，光卖给国家的粮食油料就是 1 万斤，进钱 3500 块，那场面才叫美气哩！"

"贾大个子，如今你肚圆了，兜鼓了，可前几年记得你进城拉返销粮时，在店里光吃点窝头。"车马店服务员丁大叔"揭底"了。

这时，来自黄河边上十六股村的青年后生高兴宽接上话茬："过去队里年年不分红。有次俺爹进城，说要领俺去开开眼。到了街里，一不敢进商店，二不敢进饭馆，兜里空空的，怕看了眼馋。这回俺进城，一次就卖了3000多斤油料。"说到这里，高兴宽拍拍自己鼓囊囊的上衣口袋。

"小伙子买啥好东西了，叫众人看看。"不知谁这么说。

高兴宽倒实在。他打开一个大大的包袱，里边全是衣服，有媳妇的，有妹妹的，有老父亲老母亲的，什么涤纶、涤卡、弹力呢，都是时兴货。青年后生说他还打算买台切面机，给村里人加工切面，让庄户人也能吃上城里人吃的饭。

满屋子的人好像都是老熟人，越谈越起劲，越拉越高兴。车马店的火坑似乎烧得也分外热，更显得店堂里温暖如春。

该文具体生动地反映了内蒙古自治区土默特右旗在实行生产责任制后喜获丰收的景象，有力地突出了"新"和"变"。文章运用朴实、自然、具有浓郁地方色彩的语言，如"满屋子的人拉呱得挺热火"、"那场面才叫美气哩"等，营造了一种直接而强烈的现场感。

有些作品则主要反映建设成就。如1959年9月24日新华社播发的稿件《雄伟的人民大会堂》，作者采用"巡礼式"的形式，详略得当、层次清晰地介绍了人民大会堂的建筑布局，使读者切实感受到其设计的精密巧妙、结构的雄伟壮丽，使人如临其境，堪称风貌通讯典范。记者亲临施工现场采访近一个月，在丰富的材料面前删繁就简，最终成文简约凝练。除了条理明晰、结构严密之外，文笔准确清新也是一大特点。文章开篇先是简洁优美地整体描摹——"一条黄绿相间的琉璃屋檐，把巍峨的大会堂的轮廓从蔚蓝的天空中勾画出来。那壮丽的柱廊，淡雅的色调，以及四周层次繁多的建筑立面，组成了一副庄严绚丽的图画。"结尾也是用心点染，以自然之美反衬大会堂建筑的美——"我们花了一整天时间看完这座大厦的时候，万道霞光洒在外面苍翠的树丛上，洒在杏黄色的墙壁上，洒在天安门的红墙黄瓦上，放射出一片光辉灿烂的异彩。"

2.社会风貌

此类风貌通讯主要报道某地的社会状况和民情风俗。其中，有些作品从社会角度综合描写当地政治、经济、文化和民众生活情况。如范长江的通讯名篇《金张掖的破产》，涉及张掖的多方面：写其历史，曾是中国西北军事和商业的重镇。写其地理，有西流的黑河、美丽的野景、壮丽的城池。写其经济凋敝，"要论张掖的街道，宽敞整齐，和内地的二等城市相比，并不见得很差……宽宽的马路上面却没有多少商业的来往"。写其民众生活悲惨，"没有裤子穿的朋友太多了……有根本无家的孩子，只好在大衙门和阔人们的公馆背风的墙下过颤栗的生活……我们如果在北风怒号的寒夜，闲步街头，不挡风的墙角巷湾，常常发出一团团的火光，这就是他们白昼拾来的木片柴枝，在实在难支的夜间，正在作他们暂时对抗残忍寒冷的工作”。该文笔触细腻，记者初到之时，见其山川壮美，“内心里深觉‘金张掖’之名不虚传”；但是观察之后，“原来幼稚的愉快印像，逐渐换为惨痛幻灭的凄凉”，发现“张掖的‘金’帽子，无论如何再难勉强戴上去了”。

有些作品则侧重于写民间习俗、文化传统，以反映各地迥然有别的风土人情。如2002年3月20日中新社播发的通讯《古尔邦节——买束花儿把年过》，报道维吾尔人爱花的风俗。文中先是概括写道：“维吾尔族生来爱花，大多家庭都有花，月月红、玫瑰花、海棠花……迎接古尔邦节，给花浇水，擦洗花叶，要很忙一阵；经济条件好的要成盆成盆地买鲜花，一般的要买一束鲜花，即使最差的也要买把绢花或者塑料花，装点居室，营造喜庆气氛，祝愿生活像花儿一般鲜亮美丽。维吾尔族是一个热爱美、热爱生活的民族。他们把花看作是幸福和吉祥的象征。”之后，从各个方面描摹了这一民族特性。文末还写到新疆吐鲁番、哈密一带维吾尔人在喜庆节日举行“赠花舞会”的习俗：“舞会上，青年男女对舞，男舞伴右手持一朵玫瑰花，时举时落，随着舞姿变化，鲜花在舞场跳跃、闪动，令人眼花缭乱，更有玫瑰芳香令人心旷神怡。一首舞曲结束，男子彬彬有礼地向女方鞠躬，双手把鲜花赠给对方，这是当地青年男女表达爱情的方式。已婚青年和中年人跳舞时也赠送鲜花，其含义则是表示友好、尊重和信任。”

3.风物名胜

此类通讯主要报道某地的名胜古迹和风物特产。有些作品写一个地方的历史文化遗迹或是独特自然风光。如穆青的通讯名篇《金字塔夕照》，该文以空间顺序为主、时间顺序为辅，主要写夕照中金字塔下的见闻与思绪。文章先是整体描摹——“九月的开罗是金色的。在金色的夕阳下，金色的田野，金色的沙漠，连尼罗河的河水也泛着金光；而那古老的金字塔啊，简直像是用纯金铸成的。”继而是具体细节——“一些肥胖的外国人骑着干瘦的埃及骆驼，在兴高采烈地漫游；穿着破旧长袍的埃及人，见到外国游人到来，便蜂拥而上，争抢着要为他们充当向导；在金字塔下，在沙尘迷漫的道路两旁，一群肮脏的孩子拿着粗糙的石雕、木刻，到处在向游人兜售，甚至追逐在人们的身后纠缠不休……”然后又转写作者的思绪——“夕阳已逐渐下沉，暮色正从沙漠的边缘悄悄向这里逼近。四野的游人渐渐稀疏、远去……这时，我忽然觉得，金字塔其实是荒凉的……”该文语言凝练、意境深邃，既使人感知异国风情，又使人领略历史沧桑。

有些作品则侧重于写一个地方的风物特产。譬如：1999年8月21日中新社播发的稿件《探访东北三宝》，其中既报道了现在鹿茸、人参的生产情况，又穿插了诸多历史典故以及相关知识。如介绍人参的加工方式由清太祖努尔哈赤首创——据《满洲实录》载，建州女真“卖参与明国，以水浸润，明人嫌湿推延。国人恐水参难以耐久，急售之价，又甚廉，太祖誉熏熟晒干，诸臣不从。太祖不徇众言，遂熏晒徐徐发卖，果得价倍常”。这种旁征博引，既扩展了主题的容量，又增添了文章的趣味。

二、风貌通讯的采写要求

在采写风貌通讯时通常应当努力达到以下四项要求：

1.善于观察写见闻

描摹风貌变化，主要通过观察。因而，采写风貌通讯，应善于观察写见闻。这就要求：其一，必须有记者的实地观察、真实见闻；其二，必须有记者的直接感受、现场印象。

穆青的作品《水城威尼斯》就是一个范例。文中活材料多，充满了有特点的见闻。如写抵达威尼斯时乘小汽艇去旅馆——“船在弯弯曲曲的水道上行进，两岸闪烁着路灯，大片大片的雨丝在灯影里飘落着。从一些黑洞洞的建筑物里，偶尔也透出星星点点的灯光，在水面上摇曳着长长的光影。一路上我们只觉得头顶上闪过一座座小桥，但记不清数目，也看不清都是些什么形状。我们住的欧洲旅馆，好像就在水里盖起来的，它在自己的大门口建造了一座活动的码头，当我们提着行李踏上这摇摇晃晃的码头时，我突然感到这不是在上岸，而是登上一艘更大的航船。”如写当地最著名的圣马可广场——“当时，蓝天白云，阳光灿烂，广场一半以上的地方还浸在潮水里。建筑物的清晰的倒影，加上周围咖啡馆的露天陈设，游人们鲜艳的衣着，五光十色，上下辉映，形成了一幅极其迷人的图画。广场上，母亲们带着孩子在水中嬉戏，年轻人脱去鞋袜来回奔跑；大群大群的鸽子，时而簇拥在地上觅食，时而又带着扑扑拉拉的振翅声，飞满整个广场的上空。”作者以移步换形的描写方法，将自己在现场的所见所闻娓娓道来，真实具体且有动感，使人如临其境、如闻其声。

2.突出特征显变化

风貌通讯是新闻报道，其新闻性主要体现于两个方面：其一是异地风貌给予读者的新鲜信息；其二是时代变迁所带来的地方新貌。因而，采写风貌通讯，应突出特征写变化。这就要求记者能够敏锐找寻充分体现其特征的材料，善于以有个性、有时代气息的具体事实，通过纵向或横向的比较，将点与面、微观与宏观、现实与历史有机结合，从而对变迁进行立体的描绘。

1995年4月9日《人民日报》刊发的报道《山也还是那座山》，就以历史演变为主要线索，具体真实地描绘了革命老区交城改革开放后的旧貌换新颜。如写“吃”的变化：以前“绵绵的霜冻期，小麦、玉米在这里扎不住根，莜麦和土豆是山里人果腹的主食……那莜麦，生长期短，一亩地能收四五十公斤就算高产，但老百姓把它看得特珍贵……”现在则不仅“山庄窝铺上的家家户户天天都能吃上白面馍”，而且有“白花花的大米”，并且终于在“交城海拔 2000 米以上的大山里，有了小麦，有了玉米，有了稻子，有了蔬菜”。写“行”的变化：以前“再说那路，七扭八歪，晴天‘磕磕碰碰的石头挤破了哥哥的脚’，雪天‘滑溜溜的坡坡咬伤了妹妹的腿’。婚丧嫁娶，走亲串户，就只好苦了那不会说话的灰毛驴”。现在则是“交城 272 个行政村终于实现了‘村村都通机动车，二级乡路连成网’的宿愿……农用车在交城的山里去年一下就增加了 3500 辆。喘了一辈子气的灰毛驴，终于有了歇脚的日子”。作者细腻地以亲眼所见、亲耳所闻的事实，生动地描绘了“交城的山水依然”、“古朴民风未变 ”而“交城人则正在走出交城山”这一喜人景象。

3.缘物寄情抒心声

风貌通讯虽以叙事为主，但可以较多地进行议论和抒情，力求叙议结合、情景交融，增强文章的感染力。因而，采写风貌通讯，应当缘物寄情抒心声。这就要求记者在描写风光和景物时，不应是纯客观的记录者，应有饱满激情，尽量进入角色，做到物我两融，营造一种美的意境。

2007 年 11 月 24 日《贵阳晚报》刊登的报道《“这电灯，像是晚上的太阳”》就是一例。记者从夜宿贵州省最后一个通电的紫云大坝村的见闻着手，情景交融地写出了乡民用上电的喜悦。开篇就写出了记者的情怀——“此刻已是 11 月 21 日的深夜，‘快到我床上睡，你不歇气，我心头不安逸。’村民冉小笔把记者拉进他的房间，接着自己在地铺上躺下……望着窗外麻山腹地朦朦胧胧的群山，想着从进村到现在近 10 个小时的所见所闻，记者仍很激动，尽管十分疲倦，却怎么也睡不着，便披衣坐在床上，打开笔记本电脑，记下那难忘的一幕又一幕。”然后分别通过具体事例进行呈现，看似客观实录，字里行间却蕴藏着深切的情思。其中一个部分便是：

“我看见了比星星还亮的东西”

下午 5 时 30 分，大山深处传来断断续续的爆竹声。村民们介绍说，几公里外的打朗村民组今晚通电，正在提前庆祝。记者提出要去打朗采访，村民们犯了难，低声用苗话商量起来。村支书杨昌荣和村委会主任杨光应说：“你不了解情况，去那边路太险，我们怕你走不了。”见记者坚持要去，杨昌荣便递上一根竹竿：“拄着走路安全些。”

5 时 45 分，记者和两位村领导踏上了去打朗村民组的山路。记者这时才反应过来，哪里有什么路，其实是用炸药沿陡峭高山炸出来的一条险峻小道。小道上坚石密布，许多路段只能用手扶着岩壁，身体几乎半跪着朝前挪步，同时还要留心避免跌下身旁几十米高的悬崖，根本顾不上被尖石刺得生疼的脚底。

晚上7时，终于来到打朗村民组。村民们已在杀鸡宰羊准备迎接几百年来的第一道“光明”。组长杨胜清说，打朗村民组共34户人家，祖祖辈辈都居住在这深山里，几乎与世隔绝。由于山路太险，50岁以上的村民从未走出过环绕寨子的大山。“我们很多乡亲从不知道电究竟是什么东西，现在寨子里有两台电视，是8月份就借钱买来等电的。大家早盼着今晚到来。”

晚上8时，第一盏灯，亮了！村民们欢呼起来，唱歌跳舞，喝酒狂欢，大山的寂静被打破了。66岁的杨胜清独自一人站在自家电灯下面，老泪纵横。“感谢党感谢政府，让我在临死前看见了比煤油灯，比星星还亮的东西。”

晚上9时30分，记者和杨光应走在返回村委会的险峻小道上，他突然回头，望着打朗村民组依稀可见的灯光，感慨地说：“这电灯，真像是晚上的太阳。”

记者不畏艰苦深入一线采访，通过扎实的现场观察获得了大量生动细节，通过当地农民用电的切实感受，写出一盏电灯给一个边远山乡带来的希望，展示了他们渴望与现代社会接轨的急切心情。需要强调的是，风貌通讯毕竟还是一种新闻体裁，所以感情的表达一定要寓于客观叙述的字里行间，让人自然受到感染；同时要掌握好度，不可无情亦不可滥情。

4.旁征博引增趣味

风貌通讯常以旅行为经，以相关知识为纬，作立体、综合、交叉的记叙。公众之所以对此种体裁喜闻乐见，一个重要原因就在于其知识性和趣味性。因而，采写风貌通讯，应当旁征博引增趣味。这就要求记者笔触活泛，善于进行知识建构，选择与主题有关的地理、历史、典故等背景材料，穿插到作品中。

2002年6月25日中新社播发的稿件《亲身体验坐羊皮筏子漂流千年》就是一例。文章先介绍了羊皮筏子的历史源流——“早在千百年前，聪明勇敢的黄河儿女就钻进充气的牛羊皮胎里浮泅过河。《水经注》中有关于皮筏子的记载，《宋史》中说‘以羊皮为囊，吹气实之，浮于水’，那时的羊皮筏子与我们今天见到的已经差不多了。”继而讲述现在的制造技术——“制作羊皮筏子，需要很高的宰剥技巧，从羊颈部开口，慢慢将整张皮囫囵个儿褪下来，不能划破一点地方。将羊皮脱毛后，吹气使皮胎膨胀，再灌入少量清油、食盐和水，然后把皮胎的头尾和四肢扎紧，经过晾晒的皮胎颜色黄褐透明，看上去像个鼓鼓的圆筒。用麻绳将坚硬的水曲柳木条捆一个方形的木框子，再横向绑上数根木条，把一只只皮胎顺次扎在木条下面，皮筏子就制成了。羊皮筏子体积小而轻，吃水浅，十分适宜在黄河航行，而且所有的部件都能拆开之后携带。”文中还写了以前划羊皮筏子的水手的习惯——“过去做‘筏子客’非常危险，是在刀口浪尖上讨营生，因此有很多讲究，比如不能说‘破’、‘沉’、‘碰’、‘没’、‘断’等不吉利的字，首次出行还要挂红、放炮、焚香、祭奠河神。”这些知识增强了文章的趣味。需要强调的是，风貌通讯中的知识与趣味，需要服务于一定的主题思想，因而不能堆砌知识，而应恰到好处，尤其是有关的历史地理知识，更应有目的地引用，不能写成知识小品乃至情况汇报。此外，还应注意知识是否真实可信。所以，在运用一些传说、轶闻、神话时，应当严肃谨慎，以免所用材料荒诞不经。

【思考题】

1. 结合实例论述采写人物通讯应当注意哪些问题？
2. 结合实例论述采写突发性事件通讯应当注意哪些问题？
3. 如何从事件中提炼出最有价值的主题？
4. 找寻一篇工作通讯范例并分析其特色。
5. 采写一篇小型风貌通讯并写出采访札记。

第十一章　特色通讯文体写作

本章主要探讨社会观察通讯、新闻特写和专访三种通讯文体的写作。

第一节　社会观察通讯

传统通讯从内容上主要分为人物通讯、事件通讯、工作通讯和风貌通讯。随着时代变迁，开始出现“社会观察通讯”[①]这一新型通讯文体。它是报道社会现象、剖析社会问题的通讯。在不同媒体上，它有不同称谓，如“新闻观察”、“纪实报道”、“问题通讯”、“调查报道”、“社会大特写”等，皆可归于社会观察通讯之列。

社会观察通讯的兴起与中国社会转型的进程息息相关，因为改革开放三十余年以来，中国进入了一个前所未有的大变局时代。此种社会转型基本特点有二：一方面是政治制度基本不变，但是国家对社会的管理从总体性的全面管理逐步转向以政治领域管理为主的有限管理；另一方面社会结构、经济结构正在发生巨变：逐步从农业社会转向工业和信息社会、从人治社会转向法治社会、从臣民社会转向公民社会。在迅速的转折与变化中，随着社会资源重新组合，大量社会问题涌现出来，传统通讯文体已无法对其进行容纳与表现。于是，自20世纪80年代中期起，记者开始使用通讯文体反映社会万象，社会观察通讯由此诞生。

社会观察通讯有广阔的选题空间和多元的写作形式，它的主要功能有三：其一，拓展了通讯文体的报道视野，促进了通讯由“典型报道”的写作模式向新闻文体的回归。其二，满足受众对社会信息的获知欲及追求社会公正的愿望。其三，设置议题，自上而下地行使新闻监督权。[②] 2010年8月5日《南方周末》刊登的报道《南京媒体冷对南京爆炸》，就是一则典型的社会观察通讯。南京“7·28”爆炸事件发生之后，次日南京媒

---

① 刘明华、徐泓、张征：《新闻写作教程》，中国人民大学出版社2002年版，第476页。
② 同上，第477—480页。

体在头版主要报道“巴基斯坦客机坠毁”新闻，却将本地所发生的重大公共安全事故放在次要位置，并多以“在灾难中发现真情”做主题。记者敏锐地观察到并呈现了这一非正常现象：

南京媒体冷对南京爆炸

本报记者 鞠靖 实习生 胡涵 王凡

7月29日一早，家住清江花苑的老丁一打开《南京晨报》，就看不下去了。这天的《南京晨报》，前6版只字未提“7·28”爆燃事故。头版最显著的标题是“吉林化工原料桶冲入松花江”，大半个版是色彩鲜艳的广告。《南京晨报》是江苏省委机关报《新华日报》旗下的一份都市报。“这么重要的新闻都没有消息，这报纸还能不能看了？”老丁说。

包括南京市委机关报《南京日报》、《扬子晚报》、《金陵晚报》在内，“巴基斯坦客机坠毁”是当天头版最重要的内容。“坠机”的大幅图片占据了《南京日报》头版的大部分位置。关于“7·28”事故，该报在头版制作了《原南京塑料四厂管道泄漏爆燃明火已被控制》的大标题导读，A1版刊登了新闻通稿，A2版刊登了题为《爱心救援，在爆燃后第一时间展开》的通讯。

江苏发行量最大的报纸之一《扬子晚报》当期头版最重要的新闻是“巴基斯坦客机坠毁”，大幅飞机失事现场图片占据了头版的大部分面积。关于“7·28”事故，该报在头版下方做了标题导读：《施工挖断丙烯管引发爆炸　南京“7·28”事故致10人死亡》，其规格与“南京籍记者报道内幕交易被网上追逃”相同。

《金陵晚报》的头版除下半版是广告外，上半版大部分位置也留给了“坠机”，只在右侧有一个大约10cm×2cm的标题导读：“管道泄漏爆燃10人死亡　各界全力抢险周边环境未受影响”。详细报道在A5版头条，面积约为一个通栏。

从各报的报道看，“在灾难中发现真情”似乎是各报共同的报道方针。《新华日报》在头版左下角以《南京一管道泄漏爆炸，目前明火被控制住，已有10人死亡》为题，刊登了新闻发布会的通稿。二版报眼位置则刊发了题为《抢救伤员　第一时间社会齐行动》的通讯。

《南京日报》、《扬子晚报》的报道思路也大体相同。《现代快报》除头版外，用了3个版报道“7·28”事故，但仍在二版配发署名评论员文章《突发爆燃令我们心痛，真情救援让我们感动》。

几乎所有的媒体记者都承认，南京市政府在事发第一时间召开新闻发布会、公布相关信息，动作不可谓不快。网上疯传的“哪个让你直播的”视频中，南京市委宣传部的多位重要官员都在现场。事发当天上午，南京电视台生活频道也对事故现场进行了长时间直播。

7月29日，江苏各大报纸对于“7·28”事故的“笔墨吝啬”与新闻发布会上快速、及时、大量的信息发布形成了鲜明对比。多家本地媒体只刊发了新闻通稿。南京一家媒体的总编告诉《南方周末》记者，7月28日当天的两场新闻发布会，新闻通稿加起来不过500字。

对“7·28”事故报道最多的是新华社旗下的《现代快报》。该报头版的大部分版面都留给了“7·28”事故，黑色的背景上是加粗标题《突发爆燃，考验南京》，字号比报名还大。这使得当期《现代快报》一上市即很快售罄。

7月28日当天，《现代快报》刚刚刊发了《液化气噗噗直喷，爆炸一触即发》的报道，被网民称为“预言帝”。爆燃事故发生后，《现代快报》派出至少6名文字记者和摄影记者前往事发现场采访。

新闻的首要功能是保证信息公开、自由的传播，在符合新闻伦理的前提下保障民众的知情权。显然，作为事发地的民众，先天拥有更迫切的知情权，因为他们的生活与工作更易受到影响。因而，满足当地民众的需求是当地媒体最基本的功能，否则媒体就丧失了其作为“信息纸”的使用价值和存在必要，并且掩耳盗铃式的信息屏蔽，很有可能引起恐慌。这正是此则社会通讯所传达的意蕴，由此令人深思：媒体如何才能真正成为人民的耳目与喉舌？

一、社会观察通讯的基本类型

借鉴刘明华等人的观点，我们认为可从报道题材和报道方式两个方面对社会观察通讯进行分类。①

1. 报道题材：话题型/课题型

从报道题材的角度，可分为话题型与课题型两类。需要强调的是，话题型通讯与课题型通讯并无不可逾越的界限，二者之间有可能会相互转化。

所谓话题型，是指通讯所报道的内容，正是当前民众议论的热门话题，或是为民众所关注、有可能成为热门话题的社会现象。此类选题大多较为浅近，易为读者接受。如近年来“网瘾”以及如何控制青少年的“网瘾”是热点话题之一，相关报道常见诸报端。2010年8月9日《中国青年报》的报道《14500美元45天，看美国人怎样治疗网瘾》，就是一篇对比中美治疗“网瘾”的不同理念及方式的社会观察通讯。

① 刘明华、徐泓、张征：《新闻写作教程》，中国人民大学出版社2002年版，第480—488页。

14500 美元 45 天，看美国人怎样治疗网瘾

本报记者　王烨捷

这是位于美国华盛顿州 Fall City 郊区的一栋两层楼民居，名叫 Heavens－field。从外观上看，小楼与一般美国家庭的住宅没有任何区别，宽敞的客厅，温馨的摆设，整洁的餐厅，开放式的环形厨房，还有一架三角钢琴。

如果不是楼房主人主动提起，你绝不可能把这个布置温馨、装修精致的美式别墅与网瘾治疗中心联系在一起。

在前不久举行的首届全国网络成瘾学术研讨会上，美国西雅图网络成瘾治疗中心的海拉瑞·卡什博士向与会的中国专家展示了自己工作的地方——reSTART 网瘾治疗中心。

"你们用什么方法治网瘾？""一个疗程多长时间？收多少钱？""用不用药物？""是否采取强制措施？""治疗效果怎么考察？"面对一个新鲜的、家庭式的网瘾治疗中心，与会的中国专家一改往日参加研讨会时的"慢热"习惯，争相提问。

在国内，药物治疗、电击疗法、高强度军训，这些听上去令人心生恐惧的词儿，一段时间以来时常伴随着我国各类网瘾戒治机构的名称一同出现在媒体的报道中。

而在美国，与网瘾治疗相关的话题却异乎寻常地和野营、瑜伽、骑车、攀岩、漂流，甚至是精油按摩联系在一起。

Heavensfield 小屋的后面是个大院子，里面种着各种主人喜欢的蔬菜瓜果，四周绿树成荫，每天的各个时间段院子里都会传出各种动物的叫声。

进入屋后小院深处，真是别有一番洞天。沿着一条蜿蜒的石子小路行走，攀上一段悬在半空的绳索木桥，你会来到一个被称做 TreeHouse 的小木屋。那里住着一只浣熊，一头梅花鹿，两头山羊，两只母鸡，一只山鸡，一条牧羊犬和一只花猫。

每天，在此接受治疗的学员都要准时起床并定时来给动物喂食，在屋后小院内种菜、浇水和锄草，这种做法被叫做"工作治疗"，"让他们感受到自己和家庭是捆绑在一起的，自己对家庭负有责任。"

卡什介绍，这个网瘾治疗中心只能同时为 6 个人提供治疗，去年一年总共只接收了 16 名学员，每人每个疗程(45 天)治疗费 1.45 万美元。

回到 Heavensfield 小屋，你会惊奇地发现，这里就是一个大家庭，"爸爸妈妈"，也就是这个治疗中心的主人盖里夫妇住在二楼，"孩子们"住在一楼，两人一间。中午时分，"孩子们"衣着随意，客厅里有人在看电视，有人在聊天，

有人在厨房做午餐，有人自顾自地听音乐。

“他们每天都要各做各的午饭，早饭和晚饭都由盖里夫妇做。”卡什说，为了规避可能引起的法律纠纷，该治疗中心只招收18岁以上的成年人签约自愿接受治疗。

每天晚饭后，学员都要在“妈妈”的带领下到健身中心去健身，每周上两次瑜伽和冥想课、一次艺术治疗课、一次按摩治疗课，另外还会不定期地到野外郊游，野营、垂钓、骑车、攀岩、漂流，看橄榄球赛。

与我国国内很多网瘾戒治机构要求父母一方与子女共同“住校”接受治疗不同，这里只要求被治疗者父母每周末来与孩子一起做一次家庭咨询，告诉父母该怎么做，也向孩子再次明确他的责任和义务。

别看这里的网瘾治疗似乎很放松，有些时候治疗也会带有一些强制性，比如心理治疗课程，“你可以自主选择是否来参加治疗课，但如果你决定不来的话，那么对不起，我们将会中断一切治疗，请你回家。”

治疗过程中，卡什有一条“底线”，那就是绝不轻易使用药物治疗，“如果我判断这个人有精神方面的疾病，需要药物治疗的话，我会带他去医院找精神科大夫，由大夫和他两个人协商决定是否用药。”

最特别的要数该中心为每一名学员特制的“防止复发计划”了，在学员离开中心的前一周，盖里夫妇和卡什会与学员一起定制一套未来生活、职业规划，讨论离开后你想做什么，你的目标是什么，如何制订计划实现目标，如何按步骤实施计划。还有，怎样与电脑安全相处。

卡什说，中心会与结束治疗的学员长期保持联系，询问康复情况。目前，除了一名女性在接受了两个疗程治疗后拒绝继续治疗，回家仍然玩网络游戏，并且不再与中心联系外，其他15名学员都成功治愈或缓解了对网络游戏、网络聊天，甚至网络色情的依赖。

所谓课题型，是指通讯所报道的内容并非一时热点，而是涉及社会深层结构问题，具有长远的、重大的意义。与话题型通讯相比，课题型通讯需要在更大范围内进行调查，以采集典型的事实；在写作上亦更重视综合分析，需要在事实层面的基础上深入挖掘，以具有一定的思辨性。此种类型的通讯若写得好，传播效果有可能辐射到政策层面，从而影响有关决策。譬如：1987年12月2日《中国青年报》刊登的《命运备忘录》，就是一篇典型的课题型通讯。该文报道作为国家级人才培训项目成果的38名工商管理硕士（MBA），从美国学成归来后，被低效率、无效率地使用乃至被闲置。报社派出六名记者进行覆盖式的采访，反映了沿袭已久的僵化的用人体制和伴随而来的诸多弊端，以及在此制度下一代人的命运，并且直言“政治体制不进行改革，官僚主义不会被彻底埋葬。MBA在中国的命运已提醒我们:中国人才的危机不是什么别的危机,恰恰是以人治为特征的旧政治体制危机的投影”。文章见报当天,当时国务院代总理李鹏就过问了此事,“报社马上接到通知,国家经委、国家教委、国家科委、劳动人事部等6个部门的领导,为MBA问题,要与《中国青年报》对话”。最终,这篇报道改变了首批MBA的命运:允许他们自由流动。自此,更多中国人逐渐有了换工作的自由。①

2.报道方式:展现型/剖析型

从报道方式的角度,可分为展现型与剖析型两类。需要强调的是,有些通讯既有展现,又作剖析。

所谓展现型,是指通讯及时追踪社会上出现的新事物、新动向,所报道的题材大都是读者略知大概而不知详情的现象。此类通讯要求记者目光敏锐、善于发现,该文在报道方式上偏重于展现而不求纵深。如2009年3月5日《南都周刊》的报道《一个帖子的7种命运》即是此类通讯,该文探讨一种新的社会现象:随着传播技术发展尤其是互联网的出现,普通公众设置议程能力增强,“沉默的大多数”中不仅有部分人已经不再沉默,而且还成为舆论生态的建构者和政治生态的影响者;但同时也不能过分迷信技术民主,一个帖子“要么被卡死砍死,要么成为瞩目的明星帖”。

一个帖子的7种命运

见习记者 沈玎

我们姑且称它为小T吧,一个想成为明星的帖子。从出生时,它就在寻找自己的成名之路。

这一条路并不好走。在想对网络编辑进行“潜规则”之前,小T必须先穿越一片雷区,接受网络“过滤”系统的淘汰。

看得到的明雷,比如与政治或色情有关的禁忌词汇,对小T来说,这点比较好办。有些哗众取宠而手段又不怎么高明,或者试图以破坏和谐为目的的坏小T们,它们在第一关就会被“卡死”。接下来,第二关是不好对付的暗雷,极不容易被察觉,有时踩到了只能落得被“冤死”的下场。比如河北一位网友,整理一个有关歌星刘若英的帖子,但发现她的歌曲怎么都发不上去。经过逐一细查,才发现原来有首歌的名字叫《静静坐着》,里面含有“静坐”二字;广东一位热衷军事的网友,发帖称“可在20米内射穿板甲”,结果被删。后来经高人指点才明白,此句中含有“内射”二字。

安全通过上面两道关卡之后,小T开始接受版主的普检。

---

① 王尧:《一篇报道改变了MBA的命运》,《中国青年报》2008年12月5日。

River是西祠胡同资深版主，05年全国十佳版主之一，他每天的工作就是删除不和谐的帖子、封禁违规ID、应付投诉和精华区建设。小T必须要“打通”他。他对付小T们有三招：第一，言语肮脏、趣味低级的，砍死；第二，信息陈旧、观点俗套的，自生自灭；第三，言论精彩、新奇有趣或发人深省的，推荐。至于会选择上面三种命运中的哪一种，就要看小T们自身的造化了。

“在版主以外，西祠还设有监控整个网站的部门，”River说，“它们直接与政府接触，根据指令删帖。这个指令是版主层面无法直接接触的。”一般来说，遭受监控部门暗算命运的小T往往是对一些政府失职的现象进行捕风捉影的曝光，而当时的确实情况其实尚未调查清楚，还不便宣扬。这类小T其实有被推荐的潜质，无奈生不逢时。

而那些一旦被版主推荐的小T，就有希望受到网站编辑们的赏识。“我们的工作性质和新闻媒体差不多，”搜狐社区的主编梁春元说，“博客和论坛提供了很多的信息，我们做的工作就是把有价值、有话题的信息给提炼出来。”小T如果正好符合这一要求，最终将幸运地成为“明星帖”，更幸运地就会被置顶成为头条。

当明星，需要伯乐的赏识。2008年12月，“天价烟局长”的帖子在天涯网站刚一露面，该网站的周报编辑应勇（化名）立刻觉察到了它的“明星相”。应勇判断，一个公务员仅靠职务收入根本抽不起1500元一条的高价烟，这几年公款消费是网友们关注的热点，这个帖子很有“卖点”。所以他在次日核实其内容真实性后，在帖子前面加了“红脸”，强力推荐为“天涯周报”的一周头条。这之后，“天价烟局长”的帖子迅速走红，一天之内点击率超过7万，回复近2000条。第二天，网友发现“天价烟”主角——南京江宁区房管局长周久耕戴江诗丹顿表；第六天，网友发现周久耕开凯迪拉克。这最终导致周久耕的落马。“接下来的林嘉祥事件、强建周事件，都是我写的‘天涯周报’。”应勇说。

小T如果本身具有足够的明星范儿，却没有坚持路线正确，则最终将沉沦，功亏一篑。“比如像反思央视大火的帖子，”一位网站编辑说，“因为持续的讨论会对央视的形象带来影响，我们就选择既不删帖也不推荐的方式，让其慢慢地沉下去。”

这是小T的成名之路，也是网络信息控制的一条简单脉络。但在网络信息控制的同时，一些越界控制的现象也层出不穷。

……

（《环球人物》记者刘菁、许陈静对本文亦有贡献）

所谓剖析型，是指通讯大多报道社会生活中已经存在一定时日的问题与矛盾；虽然这类题材往往已被关注,但是民众所获知的信息通常流于表层。因而,此类通讯要求记者进行高屋建瓴的信息梳理和鞭辟入里的根源探究,需要在纪实的基础上进行分析与解释。譬如:2005 年 10 月 12 日《中国青年报》刊登的通讯《看了又看》,深入分析了“韩剧热”这样一个时下不可忽视的文化现象。文章通过韩国学者之口指出:“国家的民主、自由和韩剧的发展,就像是一枚硬币的两面。否则,想也不敢想,说也不能说,怎么会创作出来?”这一主题思想发人深省,暗合马克思在《评普鲁士最近的书报检查令》中的观点,强调没有思想自由、创作自由和言论自由,就会从根本上扼杀民间的创造力,从而就不会有任何精神产品的真正繁荣。此文刊发之后,当即被视为剖析韩剧为何火爆的诸多报道中最有洞见的一篇,众多学术网站纷纷加以转载。

二、社会观察通讯的采写要求

社会观察通讯的采写,在理念和技巧上均对记者要求甚高。

1.理念:坚守新闻专业主义

新闻专业主义是由 19 世纪美国新闻界发展起来的一种“公共服务”信念,其目标是服务于全体人民,而不是某一利益团体;其最突出特点是对新闻客观性的信念——相信可以从非党派、非团体的立场客观准确地报道新闻事实。新闻专业主义的最高理想是传播真实、真相或真理;为此目标,必须将事实和意见加以区分并分别作为新闻和评论来呈现。

在实现媒体的告知功能时,新闻专业主义有两个最重要的特征:中立性和客观性。它要求把关人在做必不可少的抉择时,按照“新闻价值”的中立标准进行取舍,当批评社会和国家时,他们是人民的代言人,同时,他们又是人民的教化者。在报道争议问题时,他们采取不偏不倚和平衡呈现的方式。而客观性则要求新闻报道者抛弃个人的任何偏见、情感和观点,要求事实的准确和报道方式的冷静。因此,新闻工作者用“客观性”表明其报道的可信性,从而提高自己的专业地位。前文曾述,在中国语境的新闻写作中,恪守新闻专业主义,意味着应当努力实现客观和平衡。具体到社会观察通讯的写作,记者更应坚守新闻专业理念,应当重视媒体社会公器职能,自我定位为社会的观察者及事实的报道者。因为置身转型社会之中,记者若要在政府和市场两种强大的力量之间保持清醒与独立,除了正直、敏感及勇气之外,还应恪守真实、全面、中立的客观报道规范和专业主义原则;唯此,才能坚韧追求真相、捍卫社会正义。

当然,在当前现实环境中,实践此种理念面临诸多的困惑与艰难,但这并不意味着已毫无空间。秉持“平衡的价值观与方法论”就是落实这一理念的有效方式。所谓“平衡”,其基本内涵是:在调查态度上保持冷静与中立;在语言表述上不进行价值预设;在报道形式上观点均衡并且富有建设性。2005 年《南方都市报》关于“砍手党”的报道即是一例。负责采写的记者傅剑锋发现：该事件与“张君案”有着惊人的相似，两者都采取了极端恶劣的作案手段；都是集团化犯罪——前者是家族化犯罪，后者是村庄化犯罪；都有着深刻的社会与制度根由。当年《南方周末》曾因报道“张君案”惹来麻烦，除了外部原因之外，报道本身缺少观点与形式上的均衡也是一个重要原因。于是，他在调查“砍手党”时“特别注意克制自己的感情，在写作中注意不作任何价值预设、注意表述上的中性化，在反映‘砍手党’的社会原因与制度原因时，也努力保持心态的中立、平和以及对这个社会的善意。”事后证明，这样处理既达到了表达真相的传播效果、引发了人们对于城市与农村问题的深层思索，而且报道本身没有引发任何安全问题。[①] 的确如此，注重观点、语言和形式的平衡，使真相的锋芒不致过于耀眼，既是一种生存智慧，更体现了对社会忧患的建设性努力，而非简单地顺从与宣泄社会情绪。

2. 技巧：大尺度观察与细节化表述

社会观察通讯在选题上要直面复杂、多元的社会现象与问题，在采写上须兼顾大尺度观察与细节化表述，才能透过表象看清事情本质，并对事件进行细致和全景的呈现。大尺度观察，是指不能孤立地就事论事，而应将之放在其所处的社会生态与制度背景中观察，注意还原事件本身的特征、意义和发展趋势。细节化表述，则应在以本质事实为内核的基础上，运用富有质感的细节和故事进行描述和解释，力求文本简洁、流畅且能直击人心。2004 年 6 月 23 日《中国青年报》刊发的报道《党报上摊》即是一例：

党报上摊

本报记者　刘万永　包丽敏

“它最权威啊！”

今年 57 岁的张先生家住北京市广渠门外，如果不是听邻居说起，他还不知道“这么多年的老党报也上报摊了”。

……

6 月 5 日早晨，张先生听邻居说《人民日报》在显著位置刊登了“嘉禾县损害群众利益的违法违规拆迁受到处理”的消息，赶忙去买。但是到了报摊，说每天只进两份，早卖光了。“我觉得特别遗憾。不过看其他报纸上也登了，只好买了份别的。”

实际上，张先生每天必看的是《北京晚报》，报道北京的事儿特多，都是身边的事。没退休的时候，经常在单位看《人民日报》。

……

① 傅剑锋：《我体悟的两大采写原则》，载邓科主编《后台》第一辑，南方日报出版社 2006 年版，第 126—127 页。

A4纸的招牌

“有《人民日报》吗?”记者问。

6月20日中午,在北京海淀区塔院北医三院附近的一个报亭。

摊主扫了记者一眼,“哗啦哗啦”翻了一阵,从摊架下面花花绿绿的报纸中抽出一份报纸,“就这一份。”

根据上级的要求,从4月26日起,《人民日报》、《光明日报》、《经济日报》和《北京日报》等党报就开始在北京市城八区部分报刊亭上摊销售。北京八大区街头的报刊亭,一半以上都挂起了北京市邮政部门统一制作的A4纸大小的招牌,写着“《人民日报》、《光明日报》、《经济日报》、《北京日报》销售点”。

这家报亭,四种报纸每天都只有一份,是由“公司分下来”。但就是这一份,这位报亭主说,经常也卖不出去。偶尔有人来买,一般都是老年人。倒是人民日报社主办的《京华时报》在这个报亭卖得最好,每天能卖出150多份,当天的报纸此时早已经卖光了。

离这家报亭不远,就是报刊零售站,附近40多个报亭每天售卖的报纸都由这里分发。

零售站的负责人张女士告诉记者,每天他们将四五十份《人民日报》分发给各个报摊,一个月下来,估计能卖出二三十份。

据业内人士估计,除《北京日报》较多外,《人民日报》、《光明日报》和《经济日报》在北京八大区报亭各投放3000～5000份。

“这是一种突破”

……

研究媒体的专家通常把1949年以来的党报发展概括为三个阶段:上世纪50年代初至70年代后期、70年代末至80年代末、90年代初至今。第一阶段全国基本上是党报一统天下;第二阶段是党报稳、晚报活,报业竞争逐渐形成;第三阶段则是在建立社会主义市场经济体制的过程中,都市报异军突起,党报面临更加激烈的竞争。

2001年10月,中国记协发表了“全国省级党报现状与改革途径新探索”课题组的调查报告。报告说,全国省级党报的平均日发行量,已从1980年的37.78万份,下降到1990年的31.49万份,又下滑到1999年的23.91万份。其中前10年的下降幅度为17%,后10年为24%,20年总共下滑37%。而从每千人拥有党报的情况看,最高为天津,平均每千人43.6份,其次为上海32.2份、北京25.5份,10～20份的仅3个省,其余均在10份以下,最少的是重庆,仅2.48份。

报纸发行量是衡量一份报纸影响力的重要指标。记者查阅《中国新闻年鉴·2003》发现，各报社的“新闻事业概况”中，只有《人民日报》提到发行量：“截至2003年元月1日，人民日报收订201.64万份。”而《光明日报》只提到“报纸发行继续稳中有升，2001年比2000年增长9%，2002年又比2001年增长6%”，记者试图通过找到2000年发行量从而计算出该报2002年发行量，然而翻遍了2000年到2003年的《中国新闻年鉴》，均未找到。

据业内人士透露，一些报社的报纸发行量通常都有两个数字，一个对内，只有发行部门负责人和报社的主要领导人知道，一个对外。而见之于公开的统计资料的，通常都是对外数字。当然就更无法统计党报发行量中公费订阅、自费订阅和报摊、邮局零售各占的比例。

范敬宜说

“谁不希望自己的报纸发行量高，看自己报纸的人多！”范敬宜说。

范敬宜曾担任《经济日报》和《人民日报》总编辑。他担任《经济日报》总编辑期间，有一年《经济日报》的发行量一下掉了2万份，他“在办公室关门哭了一场，后来又到北海坐了一下午”。

在担任《人民日报》总编辑期间，范敬宜没有想过“上报摊”的问题，但他认为，现在党报上报摊，可以知道自己的优势和不足。“报纸是分层次的，有些报纸走向市场可以占领一部分市场份额，有的却很困难。”范敬宜说，在报摊上买报的是普通市民，他们关心体育、生活，不会有太多的人关注“宏观调控”、“西部大开发”等问题，可党报的性质决定就应该刊登这些内容，《人民日报》、《中国青年报》等报纸都有特定的读者群，有都市报起不了的作用。如果简单地拿党报和市场报相比，容易走入误区，失去信心。

……

“和市场报不同，党报肩负独特的责任，党报不要和市场报争一日之短长。”范敬宜说，“党报要改变模式化、公式化，刻板单调的印象。一句话，必须要改变文风！”

此则报道选题“党报上摊”非常敏感，当时其他媒体鲜有涉及。不过，《中国青年报》的两位记者出色地完成了报道任务，分寸拿捏恰到好处。文中既有扎实的调查，又有足够的平衡，并且大尺度观察和细节化表述二者之间呈现出水乳交融的景象。

需要强调的是，采写社会观察通讯，还应避免道听途说、片面偏激、盲目追求卖点、侵犯他人隐私等误区。尤其需要注意的是，对社会转型过程中的弱势群体，虽然应当怀有天然的同情和悲悯，但是不应有虚幻的道德优越感，仍必须按新闻规范操作报道。

媒体报道社会现象、剖析社会问题，除了传播信息之外，主要还是为了促进社会理性力量的增长，从而一步步建设公民社会和现代国家。

第二节 新闻特写

所谓特写，本是摄影、电视、电影的一种常用手法，指拍摄人或物的某一部分，使之放大占据整个画面，形成强烈视觉效果，以增强艺术表现力。新闻特写，是指采用类似于特写的手法，以形象化的描写作为主要表现手段，截取新闻事件中最具有价值、最生动感人、最富有特征的片断和部分予以放大，从而鲜明再现典型人物、事件、场景的一种新闻体裁。

新闻特写是从消息和通讯之间衍生出来的报道形式，将其作为一种相对独立的新闻文体来研究，在新闻传播实践中经历了一个逐步演变的过程。广播、电视等电子媒体的相继出现，推动了纸质媒体上新闻特写这一文体的成长与兴旺，使之活跃在各类题材的报道中。例如：2008 年“汶川地震”发生后，《南方都市报》A1 叠在 5 月 13 日至 6 月 12 日的一个月内，所刊发的 1000 余篇地震报道中，消息 687 篇、通讯 139 篇、新闻特写 31 篇、深度报道 25 篇、特稿 3 篇；其中新闻特写在五种报道样式中已位居第三，它在灾难报道中被认为是“除了图像外向读者还原现场的最好方式”。①

新闻特写兼有新闻和文学的特点，但由于其强调新闻性、时效性和真实性，所以更接近于通讯体裁。简要和迅速地报道新闻事实，是新闻特写与消息的共同点所在。二者差异在于，消息往往要报道新闻事件的全过程；新闻特写则主要描绘新闻事件中富有特征的片断。重视运用形象思维、采取多种文学手法以生动形象地报道新闻事实，是新闻特写与通讯的共同点所在。它们的差异在于，在报道同一新闻事实时，通讯一般展示新闻事件的纵断面，来龙去脉比较完整；新闻特写则是集中笔力，主要展示新闻事件的某一横断面，着重描写精彩瞬间，并且比通讯更强调时效性和现场感。总之，作为一种新闻体裁，新闻特写重在通过集中、突出地描绘新闻事实的片段或剖面，以形成从视觉到情感的强烈冲击与感应；其文体特征可归纳为：镜头感、透视感和现场感。②

2008 年 5 月 15 日《南方都市报》刊登的新闻特写《他们逃出来　他们冲进去》，就鲜明地体现了上述三个文体特征：

---

① 南香红：《巨灾时代的媒体操作》，南方日报出版社 2009 年版，第 187—189 页。

② 刘明华、徐泓、张征：《新闻写作教程》，中国人民大学出版社 2002 年版，第 516—518 页。

他们逃出来　他们冲进去

本报记者　贾云勇　卢斌　刘可

昨天，陆续有被困汶川的居民自行从大山深处走出，他们中最长的连续走了两天。与此同时，大量的成都及都江堰居民携带药品食物，成群结队进山向汶川进发，想亲自解救被困亲人。然而，他们的前路漫长，并面临不断的山石塌方。

与此同时，大批武警官兵及解放军战士也以步行或冲锋舟输运的方式紧急前往灾区。

昨日上午，记者一行三人与居民们一起徒步向汶川进发。

11：14 岷江桥　中尉：快点，跑步通过

我们的车从成都驶入都江堰，街道边随处可见防震篷，一些被震塌的房屋上面，挖掘机正在轰鸣着工作。

前往汶川方向的公路上，武警封了路，不准汽车进入。我们弃车徒步，跟随大量的居民往山的深处行进。

一个小伙子，骑着辆小巧的自行车，他说要去汶川找父亲，"昨天我就来了，可是武警不让进，今天才放行。"他说，自行车能骑多远是多远，不行就扔掉。

很快我们来到岷江桥，这是一座吊桥。由于桥面积水，人流只好沿着两边桥基慢慢通过。济南军区的人员也在缓慢通行。一位中尉不满地向部下喊：快点，跑步通过。桥下是湍急的江水，空中每隔几分钟就会有一架直升机飞过。那是往汶川空投物资。

11：50 彩虹桥　"谢天谢地，总算走出来了"

过了岷江桥不久就是彩虹桥，这也是成都目前通往九寨沟的唯一通道。从这里往山上的公路上，一个塌方处停着多辆汽车。

博泰铝厂的一位女工一屁股坐在彩虹桥边，几乎落下泪来。她说，从早上 6 点开始从漩口镇往下走，一直走了 6 个小时。她的鞋上全是泥巴。一起下来的铝厂的员工扎堆坐在一起，这个厂有 1200 多人。"厂房全塌了，目前知道的死了 20 多个人，埋在里面的还有。"一位男员工疲惫地说。

彩虹桥成了从汶川方向走出来人员的最后一个歇脚点。一个老汉走到这里把拄了一路的竹子扔掉，说了声："谢天谢地，总算走出来了。"

12：25 最陡峭山路　"但愿今天能走到汶川"

离开彩虹桥两百米，就是一段陡峭的山路，这条山路自公路建成后早已废弃，现在公路塌方断绝，这里挤满了上山的人和下山的人。

一个年轻人扛起山地自行车走上山路，他从成都来，说有个朋友在汶川，“但愿今天我能到达那里”。

12：36 山顶平台 两股人流交换信息

山路的尽头是山顶平台，大量进山人员在这里歇脚，从里面走出来的人也会在这里停下来，双方焦急而疲惫地交换着信息。里面的人问都江堰震得怎么样了，死人多不多。外面的人问里面死人多不多，又问某个村子死了多少人。

13：20 狭长隧道 武警集结等待冲锋舟

往外出的人络绎不绝，往里进发的人更多，汇成一条不断的人流。他们迅速通过了完好的几百米长的黑暗的隧道，走出来，看到了大量的武警集结在前面。

这是来自梅山武警支队的人员在休息，他们的目标是步行至前方的漩口镇。

在路下面的紫坪铺水库边，也集结了大量武警，他们在等待冲锋舟将他们送到映秀镇。

紫坪铺水库现在来了专家检查它是否在地震中受损，这个水库涉及整个成都平原的安危。一位水库工作人员介绍说，因为担心上面一连串的小水库有可能垮坝，紫坪铺水库从前天开始就在泄洪腾库。

14：07 断桥 200户人家小村“平了”

出隧道不远，就看到一对夫妇在为孩子换尿布，小叔子为嫂子撑着伞遮着烈日。他们是从水磨镇刘家沟逃出来的，丈夫叫刘学飞。他说，地震发生时，他们正在吃午饭。老婆抱着孩子在地上滚来滚去，震得好凶，村外的半边山都塌了，200户人家的刘家沟整个都平了，砸死很多人。

在这里横亘着庙紫坪大桥，但是它在地震中断了，四周的山体都滑了坡，露出白灰色的岩体。那里不时腾起白色烟尘，同时传来轰轰声，大量的石头还在不断地下滚。每当声音响起，所有进山的人都忧虑地看着滑坡的地方。

大桥是都江堰通往汶川的高速公路的一部分，本来计划今年底全部建成通车，2000年就在这里施工的中铁二局的职工不知道他们下一步怎么做。他们只能无聊地看着满载战士的冲锋舟从桥下迅速穿过。

15：00 望江村 公路全都变了形

从庙紫坪大桥边绕过，路过望江村，发现这里的公路全都变了形，桥梁也都倾斜了。路面上堆满了山上滑落的石头。进山的人们迅速地穿过这些随时有可能再发生塌方的地段，在通过桥面时，他们又小心地放轻脚步，生怕有什么闪失。

在这里，一名记者返回，另两名记者继续前往映秀镇。他们前方的路还很艰险，有两公里长的到大腿根部的泥沼路要走，而在映秀，注定将是一个不眠之夜。

17∶00 重返隧道　小伙放弃回乡救亲人

记者返回路上，进山的人连绵不断，不知道他们能走到何处，今晚宿于何处。很多人只带了很少的干粮和水。而到 90 公里外的汶川，平时坐车只需两三个小时，现在步行却需要两天，而且，他们还根本没考虑清前路的艰苦。

一个藏族小伙子易龙清怏怏地推着刚买的自行车往回走。他的家在理县，他的父母及两个妹妹都没有音信。他在地震前两天开车到都江堰拉货，现在却无法回去。他花 280 元买了辆自行车想骑回理县，现在，他放弃了。

记者返回那段最难走的山中路时，还有人在往山里走，他们坚持认为自己能在天黑前走到映秀镇或者是更远的地方，却全然不顾没有照明设备及充足的干粮，他们说，救亲人要紧。

17∶20 彩虹桥　几十辆大巴满载军人

回到彩虹桥，可见对面几十辆大巴满载军人赶往紫坪铺水库大坝，在那里他们分乘冲锋舟前往映秀镇。而天上，直升机依然不停穿梭。

记者回到进入都江堰的一处路口，成都 120 的一辆小型急救车在那里待命。司机说，12 日晚就在这里，昨天运了六七个伤员进城。

此文是《南方都市报》在 2008 年“汶川地震”报道中刊发的第一篇新闻特写，是该报三位记者徒步汶川的亲身体验，这种目击式的特写，带有强烈的现场感，读来如临其境。

一、新闻特写的基本类型

新闻特写的选材范围、文体结构与表现方式皆很灵活，几无固定写作之规，只要严格遵循新闻真实性的原则即可。如 1999 年 1 月 20 日新华社播发的报道《总理与一封人民来信》，对话就占据全文三分之二的篇幅，构成文章中心。

总理与一封人民来信

新华社记者　卓培荣、刘思扬　《人民日报》记者　潘帝都

“总理来啦！”

1 月 19 日上午近 10 时，刚刚在福州市场桥新村慰问两户困难职工的朱镕基总理，一走出居民楼就被周围的居民团团围住。

“大家好！春节就要到了，给大家拜个早年。”朱镕基不断向居民挥手致意。

“朱总理！朱总理！”这时，一幢居民楼的阳台上传来一阵喊声。朱镕基循声望去，是一位满头白发的老人。

“总理，我能跟您说句话吗？”

朱镕基笑着说：“请讲。”

“我给您写过一封信，您收到没有？”

“什么信？”

“一封很重要的信。”

“什么时候寄的？”

“去年12月27日。”

“我不知你叫什么名字？”朱镕基大声说。

“我姓赵。赵承耀。”

“你是哪个承呀？”

“继承的承，光耀的耀。”

“好，记住了。我查一查。”朱镕基向老人挥挥手。

离开杨桥新村，朱镕基立即指示工作人员了解信的下落。

赵承耀曾是内蒙古海拉尔市盟商业局的总会计师，退休后定居福州。去年12月27日他就税制改革的有关问题给朱镕基总理写了封信。经查，这封信已在今年1月4日转给国家税务总局研究。总理指示工作人员立即把结果转告赵承耀。当天下午2时，区委领导亲自上门把消息告诉了赵承耀。

赵承耀对区委领导说：“我很激动，没想到我冒昧地问一句，总理就这样重视，反馈这样快。但愿我的建议能对国家的改革有用。”

（新华社福州1999年1月20日电）

上述此文就其类型而言，是一篇短小精粹的场景特写，虽文字简洁，却形象传神。一般而言，新闻特写有多种不同的分类方式，如将之分为人物特写、事件特写和趣闻特写三类[①]；还有将之细分为事件特写、场面特写、人物特写、景物特写、工作特写、风情特写等。当下新闻实践日益丰富，新闻特写的内容和形式皆有发展，将其划分为人物特写和场景特写两大基本类型，反而更为便捷。因为人物特写之外，其他特写在具体的写作中，其实都是通过截取某一个或某一些关键性或典型性的场景而完成，从而皆可归为场景特写。

---

① 徐国源：《当代新闻采访写作》，苏州大学出版社2006年版，第315页。

1.人物特写

人物特写选材范围很广，其报道对象与新闻通讯基本一致，不过此种体裁有一特别要求：人物本身最好某一方面的特征比较鲜明与立体，以便更好地截取某一片断进行勾勒与放大。此外，较之新闻通讯，它更为集中与凝练，同时“画面感”与“动感”更强，从而能够鲜明再现人物。2004年6月18日《中国青年报》刊登的《行刑前的马加爵说：有信念的人才快乐》就是一篇人物特写佳作：

行刑前的马加爵说：有信念的人才快乐

本报记者　崔丽

脚上趿着拖鞋，盘着粗重的镣铐。他坐在一把胸前有挡板的椅子上，没有戴手铐，看上去很瘦小，气色不错。

6月15日下午，在云南省昆明市第一看守所，我对行刑前的马加爵进行了独家专访。

知道我是《中国青年报》的记者，专程从北京赶来，他对我笑了一下，涩涩地，然后快速地收敛起笑容，拘谨地陷进椅子里，不再作声。

面对马加爵，我的第一个直观感觉是，他根本不像此前媒体披露的照片中显示的那样一脸凶相，甚至有几分温雅，笑起来，显得很单纯。

与许多人一样，我是带着浓重的谜团来到看守所的。面对马加爵，我心里仍翻腾着无数的问号：他的痛点？他的心结？

与此前媒体刻画的“凶暴”、“狂躁”、“自卑”，甚至有些“变态”不同，马加爵显得很平和，认为自己的成长历程中并没有遭受什么重大挫折，相反，他对自己挺满意，挺自信，不自卑，不想封闭自己，还挺真诚。

但随着采访的深入，我还是能感觉到他强烈的自我意识，以自我为中心的价值取向。比如他非常在意自己，从不去想别人的感受，与同学闹矛盾时总是指责对方。从事心理咨询的专业人士称之为“同感性差”，即感知别人情感的能力差。

这个认识后来在朱彬彬那里得到印证。朱彬彬是昆明市检察院公诉一处处长，马加爵案的主诉检察官。

她说，“马加爵很聪明，智商很高，但情商非常低。这样的人不知道如何与别人打交道。”

整个采访过程中，马加爵一直保持同一个姿势，双手肘在椅子挡板上，两只手的指甲不停地搓。双腿抖动时，套在脚上的镣铐，会发出脆响。但他会迅速加以克制，让这种声音停止。

马加爵很少与我对视，回答问题时，眼神总是在飘，一会儿看门口，一会儿看窗外。只有在认真想问题时，他会把头沉沉地低下去。

同样，他的语言准确，思维灵敏，但表达有障碍，有些话，埋头憋很久，却找不出恰当的词。如果你与他交流时道出他的心里话，他会显得很兴奋，如释重负。

采访中，最多的场景是沉默。这时，我要做的就是，看着他，等着他慢慢把话说出来。但有些话，他还是说到一半就不说了，会用“不知道”来掩饰。

朱彬彬说，马加爵外表冷漠并不代表他内心冷酷，他只是不知道应该用一种什么表达方式让人们了解他的内心。

据说，马加爵曾与他的姐姐探讨过如何与别人沟通、如何与人打交道，但姐姐也没有说出什么来。案发后，他还曾拨打一个心理咨询热线，但一直没有拨通。正如他自己承认的，如果当时有人能听他说说话，疏导疏导，也许这血腥的一幕真的不会开启。

事实上，马加爵试图用行动来表达什么。采访中，他对受害人的关心越来越主动。几次提到对不起他们的家属，表示谢罪。能感觉到，他是在内心里向这些受害的同学及亲属忏悔。

在看守所的生活，使他开始对自己的大学生活有了反思，令他感悟到人生观价值观迷失的痛苦。当他说出“有信念的人是快乐的”时，我深感震惊。

只不过，这一切都太迟了。

采访结束，马加爵移开扣在胸前的木椅挡板，起身拖着脚镣向门口走去。这时，他停下，对我说了句“再见”。

今天，马加爵被执行死刑。但追问与反思，不该就此结束。

此前在媒体的报道中，马加爵的形象通常定格为“凶暴”、“狂躁”、“自卑”甚至有些“变态”。在该文中，记者观察精细，通过客观描写人物言行举止，再现了一个可能更接近于真实的马加爵——他有“强烈的自我意识，以自我为中心的价值取向”，“语言准确，思维敏捷，但表达有障碍”和“内心里向这些受害的同学及亲属忏悔”，并且最终反思“有信念的人是快乐的”。全文笔调冷峻，所提出的问题“他的痛点？他的心结？”更是令人深思。

2. 场景特写

场景特写往往通过截取最为典型的、关键的或者感人的场景加以描绘，形象再现重大历史事件或是突发新闻事件的某一片断和部分。譬如：1997 年 7 月 1 日香港回归之时，新华社播发的报道《别了，不列颠尼亚》，将镜头对准象征英国殖民统治的标志——米字国旗和皇家游轮，通过描绘雨中的两次降旗仪式以及游轮从香港的最后驶离，刻画了“大英帝国从海上来，又从海上去”，给读者以强烈的冲击力与感染力。又如：2001 年 4 月 1 日发生中美撞机事件，中方飞行员王伟坠机失踪之后，新华社于 4 月 4 日、4 月 7 日、4 月 9 日相继播发场景特写《目击南海大搜救》、《搜寻，搜寻，再搜寻》、《望眼欲穿寻战友》，希望与担心相交错，写出了对英雄王伟能否生还的复杂感情，让读者仿佛置身于搜救现场。

2010 年 8 月 7 日甘肃舟曲县遭遇特大泥石流灾害，8 月 12 日《中国青年报》刊登的《告别亲人》，亦是一篇场景特写佳作：

告别亲人

本报记者　张鹏

乔俊玲现在最想知道的，莫过于哥哥和嫂子的下落。8 月 11 日傍晚时分，这个女人带着几页烧纸、两炷香走到舟曲县月圆村的废墟边，突然双膝跪地，号啕大哭起来。

“我的哥哥，你的妹妹在这里看着你……你在啥地方？告诉我一声，也让我知道你在哪里。”乔俊玲用手狠狠地拍着地面，悲伤欲绝。

月圆村——这片最惨烈的灾地，弥漫着一种复杂的气味。这是一种由悲伤、绝望和希望混杂而成的气场。过去的 4 天，亲戚们守着这个刚刚遭受了灭顶之灾的村庄，望眼欲穿地瞅着废墟，期待着奇迹的发生。当生还的可能完全破灭后，他们又期望着能挖出亲人的遗体。

灾后第四天，战士们依然不知疲倦地挖掘。他们所能依靠的，只有双手和铁锹。傍晚，在部队撤出后，亲人们开始祭奠亡灵。

在闪烁的火光中，从废墟中挖出的衣物、残椽断木腾起黑烟，扑向那些跪在废墟旁的亲人脸上。

只有在这样停顿的时刻，人们才有时间咀嚼伤痛，释放泪水。更多的时候，人们忙着挖掘亲人的尸首，并抓紧埋葬。

通往北山的路上，魏林林一个人背着一口棺材，花半个多小时才到墓地。这口由简易胶木板钉成的棺材，将载着他的外甥去往另外一个世界。对于外甥的离去，老魏只能“挖出来就埋”。

“天气热，放不住。”这位老实巴交的农民说。

悲伤还深藏在赵冬娥的内心深处。当她灾后第二天赶到月圆村时，这里已经不是她记忆中那个漂亮的村庄了。泥石流摧毁了整座村庄，也埋葬了她的寄托所在。她的儿子张林飞和女儿张金金都被泥石流卷走了。

她在这个村庄出生，度过美好的少女时代后，嫁给了一个本村男人。以往，她回娘家就像串门那样方便和频繁。现在，这个30岁的年轻母亲每天仍然要奔波于两个家之间，守望亲人的尸首。娘家5口人都被埋在厚厚的泥石层下，无一生还。

“村子漂亮得很，蔬菜自产自足。水果，自己的园子里就有，都是新鲜的。”只有当回忆起美好的过往时，赵冬娥悲伤的脸上才会出现一丝骄傲的神情。她的女儿爱画画，儿子喜欢玩电脑、拼图。

……

入夜时分，一阵电闪雷鸣之后，暴雨再次落在舟曲——这块让人伤心的土地上。人们在艰难地告别过去，但看上去，天公并不作美。

在甘肃舟曲所遭遇的这一特大灾害中，正面迎对泥石流峰头的月圆村损失最为惨重，几乎遭受灭顶之灾，全村200余户、700多居民所剩无几。此文通过细致描摹数处典型场景，呈现了人们的哀伤与悲恸，读之令人泪垂。

需要强调的是，场景特写取材范围不仅限于重大历史事件或是突发新闻事件，日常生活中饶有趣味的镜头也应为其所关注，前文所述《总理与一封人民来信》即是一例。

二、新闻特写的采写要求

一般而言，采写新闻特写应当注意以下几点：

1.选取有透视力的片段

选取有透视力的片段，生动再现新闻事实，是新闻特写的魅力所在。上述四篇范文在此方面皆有不俗功力。再举一例：《人民日报》1991年12月27日刊发的特写《红场易旗纪实》，描述了苏联红旗落地、联盟解体这一震惊世界的历史场面，文中通过记录现场民众的言语细腻地表现了其心态，令人印象深刻。

莫斯科市民，还有许多外地人冒着凛冽的寒风赶来观看这一历史性场面。一些人带着半导体收音机来到红场，一面等，一面收听戈氏的辞职讲话；电视和摄影记者在选择拍摄角度；人们在谈论着自己的看法，并不时抬起头来，眺望着在暮色中飘动着的苏维埃社会主义共和国联盟国旗。人群中，有的举着苏联国旗，有的举着过去加盟共和国的国旗。

看得出来，此时此刻，人们的感情是十分复杂的，对联盟的解体态度也很不一致。有人在高声呼喊口号：“苏联万岁！”一对来自乌克兰的老年夫妇说：“怎么能没有联盟呢？苏联分裂成15个国家，就不再是一个大国了。”一位来自雅罗斯拉夫尔的工人说：“这标志着俄罗斯又复兴了，现在就看叶利钦有没有办法防止饥民造反啦!”几名女青年说:“换旗是自然的,因为苏联已经不存在了。”来自格鲁吉亚的一个俄罗斯人反对易旗,这时,人群中开始争论起来。他们的观点各异,有的甚至截然对立,对戈尔巴乔夫和叶利钦的评价也不尽一致。有一位中年妇女插进来无可奈何地说:“挂什么旗都可以,只要让人们有吃的就行,因为我有六个孩子。”一位来自萨拉托夫的青年工人说:“这么大的事件应当举行一个仪式,现在的做法未免太简单了。要知道我们几代人生活在这面旗帜下,我从小就知道我是苏联人,没想到这么突然就改变了祖国”。另一个人说:“举行不举行仪式无所谓,重要的是不能再像过去那样只说空话不干实事。”

如果不善于截取最具有价值、最生动感人、最富有特征的片段,即使精雕细琢,也是空费气力,甚至反而弄巧成拙。在新闻实践中,不少现场片段稍纵即逝,所以记者事先应有充分、周到的准备,设想各种可能会出现的情况,临场时还应有敏锐的眼光和灵活的反应。这是一种严格考验,可以检验出一个记者的新闻敏感度以及新闻洞察力。写好新闻特写,记者应当经常性处于准备状态中,努力训练在平凡中找出新奇的能力。如采写《红场易旗纪实》的记者周象光事后追述:在 1991 年 12 月 25 日苏联总统戈尔巴乔夫开始电视讲话时,当时北京已是深夜 1 点,他用两架录音机同时收录戈氏的讲话,在讲话刚进行到一半时就开始动笔,赶在报纸截稿之前发出消息;然后立即赶往红场,终于目睹“红场易旗”这一历史性画面,并对周围民众进行广泛采访,写成一篇现场纪实特写。然而,当时只有为数不多的记者能及时赶到现场。①

2.应有精彩细节描写

无论人物特写抑或场景特色,总要有几处精彩的细节描写,才能将有透视力的片段予以放大,唯此才能给读者留下鲜明的印象。细节应有特点,才能收到文字少而容量大的效果。譬如:2008 年 5 月 17 日《南方都市报》刊登的《挖出时她一手抱着一个学生》,这是一篇关于什邡红白小学的特写,两处细节让人过目不忘:其一,“挖着挖着,挖出一名老师,已经死了,继续挖,老师一手抱着一个孩子,两个孩子也已死亡……这位老师叫汤鸿,是二年级二班的班主任,这名 20 来岁的女子,自己的孩子才 4 个多月。”其二,“队员流着泪说,前天挖出一个孩子,手里紧紧地抓着一支钢笔,队员们没忍心将钢笔拿出来,划着圈挖,把孩子挖了出来,孩子被装入尸袋前仍紧紧握着钢笔,刚放入尸袋时,钢笔落了下来,队员的眼泪也哗地落了下来,随后,队员决定将钢笔一起装入尸袋。”

① 周象光:《〈红场易旗纪实〉的纪实》,《新闻实践》1992 年第 12 期。

此外，细节应有动感，动态呈现才有可能更加形象生动。譬如：1998 年 3 月 4 日上海《青年报》刊发的《33 级台阶走 45 分钟》，记者如是描写现场情景——“昨天下午，当萧灼基委员一脚踏上人民大会堂的台阶时，记者便手执采访机，第一个冲到萧灼基委员面前。萧灼基委员刚刚止步，周围就呼啦啦围上十几位记者……几乎所有的记者都向萧灼基委员‘讨’张名片。他掏出名片连连说：‘不要挤，都有，都有。’……记者费力地挤进去，好奇地问：‘萧先生，是不是记者把您又从人民大会堂请出来了？’……轻松片刻之后雪片般的提问又向萧灼基委员飞来……最后一个记者的提问，追向萧灼基委员匆匆而去的背影。”上述文中，一连串的动词如“踏”、“冲”、“止步”、“围”、“讨”、“掏”、“挤”、“飞”、“追”等，生动逼真地再现了当时场景。又如：1945 年《解放日报》刊发的《延安庆祝无条件投降》，其中一处细节极有动感——“一个卖瓜果的小贩欢喜得跳起来，把筐子里的桃梨，一枚一枚地向空中抛掷，高呼：‘不要钱的胜利果，请大家自由吃呀！’群众报以热烈的掌声。”这“跳”、“抛”、“呼”、“报”所串联起来的细节，顿使文章神采飞扬。好的细节往往有“四两拨千斤”的作用，记者应当敏于观察，捕捉精彩细节。

3. 个性化感受和表述

记者采写新闻特写必须亲临现场，在对新闻事实进行集中、突出的描绘时，常常渗透着自己的感情。完全“纯客观”地描写，作品可能形同枯木。当然，下笔有情，并非指多几句虚浮的感叹、空洞的口号，而是将感情渗透到描写中，在实现状物与抒情相一致时，以个性化的感受和表述，将读者带到特定的氛围之中。譬如：2008 年 5 月 20 日《南方都市报》刊发的《断壁残垣下埋着令人心碎的故事》就是一例，这是三位记者徒步进入映秀镇而写出的佳作。文中突出了记者的见闻与感受，沿途见证震灾中的悲伤与努力。全文主要分为六个部分，其中之一着重描绘了人们的不离不弃与坚忍执著：

“不抛弃！不放弃！”

邓名伟的爷爷，希望孙儿有一个完整、美好的未来。

5 月 15 日中午，这个老实巴交的农民，顶着旋翼的强风，爬向直升机。他怀抱里，是出生只有 20 天的小孩。由于母亲没有奶水，小生命全靠矿泉水为继，医生开了张条子：“尽快送走”。

然而直升机飞走了，老人绝望得以头抢地，旁观者无不动容。

散落在停机坪周围的其他病人家属也躁动起来。这里空旷无依，太阳暴晒，“一旦落雨，病人咋办？”一个抚摸着丈夫伤腿的女人说。

又一架直升机降落时，人们远远看到，一位老人挥舞着砍刀，逼退身着迷彩服的阻拦者，硬生生把婴儿塞进机舱。

管理者没有为难这个叫嚣着“和你们拼命”的老头儿。几分钟后，这家人背起竹篓上路,去往直升机降落的地方。

第二天,朱群学的执著也得到了回报。早晨6点,她爬上废墟,摸到一群叠在一起的孩子。第一个冰冷,第二个仍然冰冷,但她断定,那就是她的孙子,而且身体保持完整。接下去,她感觉到体温,一个小女孩呼救的声音传出来。

愤怒而又兴奋的家长陆续赶来。一个名叫刘顺秋的农妇差点跌倒。此前,她曾挨个掀开覆尸的竹席,看到他们大都高举双臂、抱在头上。一个及时逃脱的男孩反映说:地震时,老师曾让他们抱头趴下。

下午5点半左右,小女孩出来了。刘顺秋看到她熟悉的黄色上衣,大叫一声女儿的名字。"妈妈",担架上的女孩跟着叫起来。

对于生命探测仪的追问,目前还没有答案。也许是一个巧合,这一天,四川新闻媒体纷纷引用《士兵突击》中"钢七连"的座右铭打出文章标题——"不抛弃! 不放弃!"

在重大历史事件或突发新闻事件中,身处现场的记者在一定程度上成为"参与者"而不仅是纯粹的"观察者",借助他们个性化的感受和表述,读者才可能有身临其境之感。因而,能以新闻特写表达的内容,应当尽量运用这种文体。

上述要求之外,还有两点需要注意:其一,果断删除枝蔓,抓住新闻事实高潮,集中笔力对之进行形象化的突出处理。在描写高潮部分时,力求朴实无华,一般运用白描手法,做到"有真意,去粉饰,少做作,勿卖弄",尽力避免累赘。其二,灵活运用背景材料,将之与新鲜的事实描写自然融为一体,有效对细节进行连接、烘托与凸现,使文章具有立体感与纵深感。为契合新闻特写的文体要求,应当使背景资料尽量具有镜头感。

第三节　专访

专访这一新闻体裁早已出现,又可称之为访问记,是对特定采访对象进行专题访问的纪实性报道。它和一般意义上的通讯有共同之处,但突出"访"和"专",即表现为:记者就特定的问题,在特定的场合,访问特定的对象;其新闻性、时效性、专题性皆很强,是一种特殊的通讯。人物、现场、谈话是专访的三个必要要素,因而专访常以记者与受访者的谈话为主,并有机地穿插必要的背景材料介绍和现场情景描写。

中国新闻传播史上,黄远生是写专访的开路先锋。此后几十年中,亦出现不少新闻专访的佳作。20世纪80年代以来,专访更是蓬勃发展,大有方兴未艾之势,主要原因在于其文体特征契合了社会转型背景下读者信息需求和媒体竞争需要。因为专访集通讯与消息的长处于一体，在写作上较为自由灵活，着力于营造记者、被访者、读者三方同在的时空效果，以尽量实现一种“近距离交流”。

2008年6月18日《中国青年报》刊登独家专访《马加爵：没有理想是我人生最大的失败》即是一例。

马加爵：没有理想是我人生最大的失败

本报记者　崔丽

6月15日下午，距离马加爵被执行死刑不足48小时，在云南省昆明市第一看守所中，本报记者对他进行了独家专访。

……

很多大学生的生活是失败的

记：你知道李开复吗？微软全球副总裁，他对你有过一句评价：马加爵不应该是一个邪恶的人，而是一个迷失方向、缺乏自信、性格封闭的孩子。他和很多大学生一样，迫切希望知道如何才能获得成功、自信和快乐。这也是你的追求吗？

马：（脱口而出）不是我追求的。所谓追求，是还没有达到的。我认为自己挺自信，不能说追求自信。至于成功，我平时对未来看得挺开的，找工作的事情从不担心。快乐嘛，这有什么，平时也蛮高兴的。

记：你理解的成功的标志是什么？

马：说不上来，反正也不比别人差。（又想了想）你这样一问，我也觉得自己不怎么成功，没什么特别的。自卑？是某些方面不如人，才会自卑。我没有什么方面特别不如人意，只能算是个普通人。不是成功，也不算是失败嘛，这在于一个人的心态。你认为满足就满足，我认为自己平时挺满足的。

记：事情的发生，改变了你的这些想法？

马：（立刻有些消沉）肯定改变了，是失败了。我觉得没有理想是最大的失败。这几年没什么追求，就是很失败。

记：这个问题可能很大，但每个人必须给出自己的答案，活着才能有意义。你觉得人生的意义和价值是什么？

马：（抬起头看着记者）活着的价值为自己是有的，但应该更多的是为别人。以前没去想过这些问题，现在意识到了。

记：你有偶像吗？你崇拜什么人？

马：（笑）你指周星驰？不是。说崇拜的没有，我比较喜欢的是金庸《射雕英雄传》里的郭靖。

记:喜欢他什么?

马:有民族正义感,老实诚实。最重要的是他的锲而不舍。他练功笨,为证明自己行,就不停地练。我缺少他那份锲而不舍的精神。我平时比较懒。

记:知道家里人为什么给你起名"加爵"吗?

马:(笑)名字是我爷爷起的。他那一代还很封建,希望我当官发财。但官和钱不是我的理想。小时候想过当科学家,长大后就没有什么理想了。

记:为什么上了大学,有了知识、能力来实现理想时,理想却没了?

马:(晃腿,镣铐声响)不知道。理想这个词,可能在初中就消失了。理想很重要,后来不知道为什么,我成为没什么理想的人了。

记:你想过大学生也应该承担一定的社会责任和义务吗?

马:这个问题以前没想过,来看守所后,经常想。我觉得很多大学生的生活是失败的。平时,我与周围的人,浑浑噩噩过日子。学习不怎么努力,也没有想过为社会国家做什么贡献。想到的、关心的都只是自己的那点心事。

我现在觉得一些大学生应该感到惭愧。毕竟,政府在每一个学生身上的投入都是很大的。但是,我觉得很多大学生根本没有意识到这一点,做贡献、奉献想得少,想到的都只是自己。

以前不觉得,现在回想起来,在大学,很多学生没有什么更高的追求。甚至有些人考研,也不是为了什么学术上的贡献,只是为了讨一份生活。

记:如果把大学生与有社会责任、承担义务、乐于奉献相联系,你觉得这会显得挺高尚吗?

马:(果断地)不是高尚。我觉得这很实在。我觉得这样的话,一个人会非常充实。不能用高尚来形容,只能说是信念。有信念的人活着才会快乐。

像我以前在大学时,如果找工作不算一种追求的话,就没什么追求了。以前嘻嘻哈哈的不觉得,现在回想起来很失败。

记:胸无大志的人,会很容易陷入琐碎小事之中,斤斤计较。

马:你说得很对。一般人不会在乎这种小事。

……

这篇专访全文6000余字,上述所引之外,还有"想得最多的是以前生活的美好和自由","本来想去植物研究所工作","杀第一个人时,有种失重的感觉","成长中没什么特别的经历对我造成伤害","我是一个不可饶恕的人"几个部分。此文和人物特写《行刑前的马加爵说:有信念的人才快乐》同日刊发,让这个曾被大多数人认为是"少年变态杀人恶魔"的人显示了其另一面,为读者提供了一个探究犯罪大学生复杂内心世界的机会。

一、专访的基本类型

专访一般可以分为以下三种类型：以记人为主的人物专访、以记言为主的问题专访和以记事为主的事件专访。

1.人物专访

此类专访是正式访问并专门报道某一特定人物。被采访者选择得是否合适，对采写成败有决定性的影响。与人物消息或人物通讯相比，人物专访更强调被采访者的新闻性或现实针对性。因此，采访对象需经过精心研究和选择而确定，应为当前受众所关注的新闻人物、新闻事件或热点事件中的关键人物、有某种特定新闻背景的人物。此外，与人物通讯相比，人物专访更注重寻找最佳的采访时机与访问话题。①

譬如：2010年7月7日，重庆市司法局原局长文强伏法，此前《中国青年报》记者试图对其进行专访。因为“尽管文强并非被判处极刑的最高级别的官员，但社会对文强的关注度，已经超出此前落马的任何官员。文强从公安局副局长到庇护黑帮的巨大反差，让他成为一个符号性的标志人物”。② 但是，文强未予配合。不过，记者努力采访到文强的妻子周晓亚和儿子文伽昊。需要强调的是，当事记者并不认为文强的亲人必然就应该“大义灭亲”，认定他有多么不堪，从而他们所提的问题都很人性化。7月8日，该报刊发两篇专访，写出两人对他的感受和关于其功过的评价：

“如果时光倒流，我还会选择文强”

本报记者　田文生　郑琳

今天下午，《中国青年》报记者在重庆市某看守所内，独家采访了文强妻子周晓亚。

当时，周尚不知晓文强已被执行死刑的消息。

中国青年报：文强作为丈夫，你怎么评价？

周晓亚（明确而不假思索地）：他是我的好老公，对我和儿子都好，他也很顾家。

中国青年报：他顾家的具体表现呢？

周晓亚（嘴角翘起微笑）：他在外边有啥子事情，回来会给我说。要是我生病了，他都会安排，对我照顾得特别特别好。

中国青年报：一审宣判后，你似乎特别激动，你是因为不能接受对自己的

---

① 参见刘明华、徐泓、张征：《新闻写作教程》，中国人民大学出版社2002年版，第495—497页。

② 田文生：《我们是这样采访文强的》，《中国青年报》2010年7月12日。

判决吗?

周晓亚:不是。我是对他的判决结果我不能接受,他罪不该死,真的罪不该死。他是做了错事,做了对不起人民、对不起党的事情,但他罪不该死。

中国青年报:作为文强的妻子,在他的"功"这方面,如果最高分是100分,最低分是0分,你为他打多少分?

周晓亚:我会给他打100分。

中国青年报:在他的"过"方面,如果最低分是负100分,最高分0分,你给他打多少分?

周晓亚:我给他打负50分。

中国青年报:也就是说,你认为他功大于过?

周晓亚:是的。他在家里头,只要电话铃一响,即使是深夜,他也会说,糟了,出事了,赶快走。出了事情,他都是冲在最前面的。

……

"爸爸给了我今生最用力的拥抱"

本报记者　郑琳　田文生

网上曾长时间盛传文强的儿子文伽昊"失踪"、"下落不明"的消息,事实上,文伽昊拥有完全的自由。今天8时,文强得知最高人民法院核准了自己的死刑判决并将立即执行后,在法院见了他的儿子和大姐两人。

……

中国青年报:你怎么评价你的父亲?

文伽昊:说实话,我还是很崇拜我的父亲。他从农民开始,能走到以前那一步,包括最辉煌时,抓获张君、破获抢劫运钞车案等。现在,虽然他犯了事,犯了错,我还是佩服他好的一面。

……

中国青年报:在你眼中,你父亲是个好警察吗?

文伽昊:这么说太片面,他有功有过,每个人都有正面和反面,在这些方面,应分开来说。

中国青年报:如果一个人的"功"最高分是100分,最低分是0分,你会为你父亲打多少分?

文伽昊:我会给他打90分左右。

中国青年报:如果一个人的"过"的最低分是负100分,最高分是0分,你给他打多少分?

文伽昊:我给他打负80分。看过这么多的报道,应该说,他的过错还是相当大的。

……

文强的是非功过，自然交由历史和法律作全面的评判。不过，如实刊发采访内容，客观地呈现这两个与文强有特定关系的人在其被执行死刑时的说辞，是媒体的职责所在。正视人性的幽微与真实，使这两篇专访让人印象深刻。

2. 问题专访

此类专访是记者带着社会生活和实际工作中人们共同关心和迫切需要解答的问题，向有关专家、学者、领导或权威人士进行专题采访，请其进行回答。问题专访的现实针对性很强，除了及时为读者释疑解惑、为决策者提供意见外，还能起到传播知识、引导舆论等作用。相较人物专访，问题专访虽然也是对人的访问，但其重点在于记言，亦即：无须着意刻画被采访者本人，而是重在记录与传达其观点。同时，所选择的被采访者，不一定需要是新闻人物，但必须是在特定问题上有发言权的人物、有影响力的人士。

譬如：2010 年 4 月 8 日《南方周末》刊发一篇报道《“唐福珍自焚是法盲的悲剧”》，讲述：2009 年底因拆迁而导致的“唐福珍自焚事件”中，当时的现场主要指挥者之一、金牛区城管执法局局长钟昌林，一度被停职调查，在官复原职接受记者采访时强调“我觉得这件事情是一个法盲的悲剧”。这一观点在网上迅速激起愤怒抗议和大量转帖评论，《中国青年报》记者就此专访了北京大学法学院沈岿教授。记者提出下列问题：

问题一：被网民抨击最多的，是这名城管执法局局长说，“我觉得唐福珍自焚是一个法盲的悲剧”，并表示，对唐福珍“不存在歉意”。您如何评价官员的这一表态？

问题二：这位局长因在此事中“判断不当，处理不力”曾被停职，他自己评价说“不是指整个过程的不力，是细节上不力”，并解释当时已经在不断地喊话，做工作让唐福珍下来，此后继续拆迁也是“按照正常程序来”。您认为他的这个自我评价是否恰当？

问题三：现在网上对这名局长批评声音不小，甚至有人在“人肉搜索”，而他本人则说“谁要是采取非法手段对我进行攻击，一经查实了，我要聘请律师告他”。您对此如何看？

问题四：我们注意到，这位局长在谈及拆迁时反复强调“按照法律和公共利益去办”、“不能让少数人的利益损害了大家的公共利益”，并认为唐福珍“把个人利益凌驾于公共利益之上”。对此，您如何评价？

上述四个问题基本囊括了读者争议的焦点，沈岿教授逐一进行回答，主张鲜明。他强调将维权者定性为“法盲”很不合适，直指不少官员在执法过程中都还没有形成普遍的尊重生命的意识，同时亦强调在现行制度存在诸多疏漏的情况下，应将抨击点放在制度上而非一味苛责具体官员。此外，他还就如何判定“公共利益”进行了阐述：

> 简单来讲，公共利益不能由政府官员说了算。
>
> ……
>
> 很多城市政府都把城市化进程视为公共利益，在此过程中，一些商业利益又被认为是符合公共利益需要的，甚至土地财政也被认为“符合公共利益”……这是目前较普遍存在的一种观点，我认为需要改变。
>
> 这种观点牵扯到，第一，公共利益是什么？第二，公共利益如果存在，在多大程度上需要限制部分个人利益、在多大程度上要补偿个人的那部分损失？个人利益是很明显地体现在被拆迁者身上，但是公共利益如何体现，不是政府、开发商、被拆迁者任何一方说了算的。个人的自愿和权利需得到尊重，但在有公共利益的情况下，需要受到一定的限制，这就需要平衡。公共利益也不能完全凌驾于个人利益之上。
>
> 无论是城管拆迁，还是征收土地，始终面对的是个人利益和公共利益的平衡，而不是谁凌驾于谁的问题。

沈岿教授专攻宪政与行政法，还是上书全国人大要求废止《拆迁条例》的五位学者之一，他的观点现实针对性很强且引人深思。

3.事件专访

此类专访是对某一历史事件或新闻事件的当事人、参与者、目击者或见证人进行专题访问，以便介绍这一事件的特殊意义、内幕情况或者澄清事实真相。较之人物专访，事件专访虽也通过对人的采访来完成，但“人”只是配角，而“事”处于中心位置。因为它的主旨是通过被采访者之口来复原和剖析事件。采写事件专访的关键也在于选择被采访者。一般而言，越是与所报道事件关系密切的人，越有可能成为理想的采访对象，应尽量选择最知情的人。

譬如：2000 年 5 月 31 日《南方周末》刊登的《玉珠峰归来者有话要说》。当年 5 月 1 日，凯图登山俱乐部组织了一次业余登山活动，攀登位于青海的玉珠峰，结果遭遇意外，导致 5 人死亡、1 人重伤。此篇报道选择生还的一位队员于澎潮为采访对象，探讨山难发生原因，从当事者的角度报道了这起当时比较引人注目的新闻事件。又如：2000 年 10 月 12 日《南方周末》刊登的《彭德怀在朝鲜停战后的第二天》。1953 年 7 月 27 日，中国人民志愿军司令员兼政治委员彭德怀，在板门店停战协定签字仪式上签字；

29 日，他即到板门店前线秘密视察了中国人民志愿军第 46 军的前沿阵地，这是其离开朝鲜之前最后一次到前线，但是由于历史原因，本次具体活动情况鲜为人知。在纪念抗美援朝 50 周年之际，记者专访了当年陪同视察的中国人民志愿军第 46 军军长、原乌鲁木齐军区司令员萧全夫将军，通过他的回忆，再现了这段历史以及彭德怀元帅的正直坦荡。再如：2001 年 10 月 26 日《人民日报》刊登《见证者说——访章含之女士》，了解 1971 年 10 月 25 日中华人民共和国恢复联合国合法席位之后，我国代表团首次出席联大会议的具体情况。

二、专访的采写要求

专访的叙述方式主要有三种类型：问答整理式、散文处理式和口述实录。其中，问答整理式是以记者提问、受访者回答的形式呈现，是最常见也最能体现专访文体特征的叙述方式，它的优势在于能最大限度地再现访谈内容，适合重点人物、重要问题、复杂或有争议事件专访；不足在于篇幅通常较长，并且文章的感染力取决于问答的精彩程度。运用这一方式，一般需要加上"导读"，即被访者的履历、采访者的札记等。散文处理式，亦可称之为隐性问答体，基本摆脱一问一答模式，由记者根据专访报道的需要自由取舍问答内容，并灵活地运用描写、议论、抒情等手法，穿插叙述访问的场景、过程，或是勾勒被采访者的形象、性格等。它适合各种类型的人物专访和一些事件专访，尤其是篇幅较短的报道，其优势是报道精练、明快，一定程度上解决了问答整理式专访篇幅过长的问题；同时文体相对灵活，且给记者留下较大的创造空间。它的缺陷在于访问的过程与内容呈现不够完整，不易让读者看出整体的问答思路；而且经过作者主观性较强的裁剪，可能会削弱访谈的实录性以及可信度。口述实录则是全文集中记录被访问者的口述，将现场的记者及所提问题都删除掉或是非常淡化地处理。它的优势在于能在被访问者和读者之间形成一种直接交流，读之令人感到亲切可信，适合作一些现身说法的专访，诸如个人经历、人生感怀等；不过篇幅一般较长，此外如果被采访者的谈话不生动，就会削弱了可读性，这一劣势与问题整理式类似。① 叙述方式虽有不同，但采访能否成功却是专访写作的决定性环节；此外，写作应以纪实为主，同时还应鲜活勾勒所见所闻。具体而言，应当遵循以下采写要求：

1. 做好前期准备

专访前做好充分的准备至关重要。前期准备主要包括以下内容：其一，尽可能了解被采访者的背景材料。除了诸如其年龄、专长、成就、爱好、习惯、职业、经历、性格、

---

① 刘明华、徐泓、张征：《新闻写作教程》，中国人民大学出版社 2002 年版，第 500—509 页。

家庭等基本情况外，还应尽量掌握与将采访的特定问题或事件相关的情况。譬如：《三联生活周刊》记者李菁谈及做历史"口述实录"的体会时曾言："每一次写作，都是与一个心灵相遇的过程。探寻这些心灵的过程总是艰辛与幸福并存的。"采访之前，"先是搜罗一大堆压得透不过气的资料，接下来便是埋头阅读、圈画、笔记、准备提纲。毫不夸张地说，几乎每一次与采访对象见面，都有如迎接一场大考，战战兢兢，恨不能穷尽所有的资料，又生怕漏掉每一个有价值的细节。"[①]又如《南方周末》记者戴敦峰专访"地产大鳄"任志强，提前数月已经对其进行关注，在与编辑达成共识之后，"就开始收集任的资料，大约 4 万多字的媒体相关报道，接着我们对这些材料进行分析"。结果发现："从所有见报的材料来看，媒体的报道几乎全部集中在任志强的观点争议上……却未见对任志强这个人进行报道的"；于是决定突破此种"只见观点不见人"的套路，注重关注其人本身。[②]

其二，尽可能具备一定的相关知识资料，唯此，记者才能与被采访者进行对话。因为较之其他采访，专访的采访有其特殊性，不可能只提一些泛泛的常规问题；同时，被采访者的回答也必然有一定的专业深度，尤其是问题专访或事件专访，更会涉及专业性较强的内容。譬如：2003 年全国"两会"期间，记者们蜂拥采访经济学家吴敬琏，但不少提问不得要领，使其很反感。3 月 8 日《深圳特区报》刊发一则消息《吴敬琏请记者先读书后提问》，对此有所描述——"'吴先生，你怎么看待中国目前的经济形势，是处于上升周期吗？''您怎么看待中国的税收结构？'面对记者们的提问，吴老似乎是一头雾水：'什么意思，我不太懂。'最后他只得说：'这个你去看我的《十年纷纭话股市》，我没有补充。''这是基本问题了，什么是市场经济，你先说说什么是市场经济？'"

其三，尽可能进行周密详尽的问题设计。专访一般都要事先准备采访提纲，包括：问题的性质——基本问题、随机问题、储备性问题或是引导型问题；问题的结构——开放式问题、闭合式问题、重复性问题；问题的提法——正面问、侧面探、反面激；问题的顺序——先后次序及之间的转换等，这些都直接关系到专访的效率与成果。譬如：《中国青年报》记者为了专访即将被执行死刑的文强，曾提前一个多月精心设计访问提纲：得知二审宣判结果之后，便连夜查找文强的所有资料，拟出了 287 个问题。开始采访前，由于被告知最多只有一个小时的采访时间，他们迅速选择出 6 组在他们看来最有价值的问题，另有 3 个问题在时间许可时备用。"这 6 组问题是：一、你现在最想见到谁？你想对他说些什么？二、你还记得第一次收受别人钱财是什么时间吗？当时你紧张担心吗？思想斗争是持续了很久，还是一闪念而已？不分场合、对象、数量地收受那

① 李菁：《往事不寂寞》，生活·读书·新知三联书店 2009 年版，第 510 页。

② 戴敦峰：《和任志强过招》，载邓科主编《南方周末：后台》（第一辑），南方日报出版社 2006 年版，第 50—51 页。

么多的金钱、手表，你根本用不了，到底图什么？你是否赞同别人对你‘并不在乎收了多少钱，而是在收钱时享受到权力带来的愉快’的分析？你是否有过自己活得不踏实的感觉？如果有，是从什么时候开始的？三、你是否认为，你让下属将命案转移到黄代强的支队，让已经被抓获的疑犯再度逍遥法外的做法，从根本上动摇了司法的公信力？四、你是否认为，你当公安局副局长后，权力并未受到实质性的监督？对于完善官员的教育、管理、监督体系问题，你有什么建议？五、你如何看待自己案件的判决结果？六、一些人倾向于认为赚大钱、当大官就是成功，对此你怎么看？刚做警察时，您是如何给成功下定义的？关于你自己的人生航向，你有什么样的经验和教训？”①

其四，注意挑选适当的采访时机与场合。被采访者一般各式各样——善谈者或讷言者、豪爽者或谨慎者；并且其观点、情绪和心态，往往会随着具体环境的变化而波动。恰当的时机与场合，有利于引导被采访者进入角色，进而取得良好的采访效果。譬如：2003 年 4 月 11 日，濮存昕被北京市委任命为北京“人艺”主持日常工作的常务副院长。当时，中央电视台、凤凰卫视、《南方周末》等媒体纷纷提出了专访的要求。不过，低调上任的濮存昕全部予以拒绝，决定踏踏实实做事。在当常务副院长之后，他推掉了众多影视演出邀请，只专心于戏剧舞台，将精力放在行政工作上，希望能够推动“人艺”的内部体制变革，促进戏剧生产。2006 年春节前两天，《南方周末》对其进行采访，本来“人艺”话题只是记者采访提纲中的一部分。采访之前濮存昕刚刚连续参加了两个与艾滋病有关的活动，由于“在公益事业上的成就远比他在行政工作上出色”，任职已近 3 年的濮存昕非常激动，坦言说出自己“一事无成”，主动爆出许多内幕，以致“原来 1 个小时的采访被延长到了 4 个小时”。在编辑建议下，关于艾滋病、电影、话剧、生活部分内容被拿掉，报道核心集中在“人艺”话题上。专访《濮存昕：跳进“人艺”这锅粥》见报后，引起媒体、公众以及相关管理部门的强烈关注，并且濮存昕还拒绝了之后其他媒体的采访要求。②

2. 善于临场应变

专访中善于临场应变亦非常关键。因为能否约到采访看的是前期准备，然而能否做好采访就得看现场发挥了。

开始采访之后，要善于观察与提问，以尽快营造一种谈话所需要的合作气氛，迅速实现彼此之间沟通。这可以从被采访者可能最熟悉、最感兴趣、最有认同感的问题入手。譬如：《南方周末》对任志强的专访，当事记者事后回忆：“采访任志强的过程，像是

---

① 田文生：《我们是这样采访文强的》，《中国青年报》2010 年 7 月 12 日。

② 张英：《濮存昕现象的悲哀》，载邓科主编《南方周末：后台》（第一辑），南方日报出版社 2006 年版，第 33—36 页。

在打心理战"，"第一眼见到任志强，感觉他就是要拒你于千里之外"，只见"他双眉紧锁，既不站起相迎，也不握手致意，而是一边在纸上写字，一边歪着头去看电脑"。为了突破这一封闭状态，记者"开始先找他最感兴趣的话题"，提及其与潘石屹的论战，果然"一说到房地产理论上，他的话就多了起来，又是引经又是据典"，但是仍然不和记者对视交流，"目光穿过电脑屏幕射向远方"。于是，记者开始冒险尝试谈其过去，从他在延安插队生活引起话题。事实证明这是一个关键转折，因为"他的表情立刻变得生动起来，像是记忆的闸门被打开，完全陷入了对往事的沉思中……开始正视着和我说话，并且配合着各种手势表意"，谈话进入了全面开放的阶段，结果采访"从最初约定的半小时到一个小时，延伸到实际三个小时"，采访效果超过想象。①

进入访谈之后，还应增强临场的问题控制与应变能力。这就意味着记者应把握访谈的主动权，根据采访对象的特点，采取灵活的提问方式，包括：避免冷场、掌握访谈节奏，尤其是要善于抓住要害问题进行现场追问。若是能实现从倾听者、对话者直到主持者的角色变化，便达到了记者在专访中的最佳状态。在此方面，意大利记者奥莉娅娜·法拉奇表现相当出色，她曾成功地对几十位国家元首和政界要人进行访谈。1972年11月2日她对当时美国国务卿基辛格的专访就是一例，想方设法追问，终于使其在越南问题上表态。② 总之，记者在访谈中需要牢记职业原则，不能为采访对象所牵引。正如记者李菁所言："于倾听者，我时常沉浸于他们的故事，与他们同喜同悲，甚至用他们的眼光来看待周遭的人和事；而于记者身份，我又必须时刻提醒自己要'跳'出来，警惕他们过于自我的视角……我告诫自己从另外一方甚至对立一方的立场来审视他们的言说，无论他们如何沉醉，也须冷眼相看。"③

3. 生动还原现场

专访后应在稿件中生动还原现场。上文曾述，人物、现场和谈话是专访的三个必要要素。对于构成专访内容来说，虽然现场处于陪衬地位，但是其对于专访能否以真情实景感染读者至关重要。因而，在采访中，记者需要仔细观察现场，被采访者的相貌特征、神情举止以及谈话场景、气氛等细节，都应在其视线之中。譬如：1972年2月在访问时任印度总理英吉拉·甘地时，法拉奇对其容貌作了细致的勾勒——"她有一双淡褐色略带忧伤的美丽的眼睛。脸上挂着一丝奇妙的、高深莫测的、能引起人们好奇的微笑。她那弯曲的黑发左侧，夹着一绺奇特的灰头发，犹如一支银色的光束闪闪发亮。就是这一点，她也不与任何人相像。"

---

① 戴敦峰：《和任志强过招》，载邓科主编《南方周末：后台》（第一辑），南方日报出版社2006年版，第52—53页。

② 东流：《平等的地位　犀利的眼光——评法拉奇访基辛格》，《城市党报研究》2002年第2期。

③ 李菁：《往事不寂寞》，生活·读书·新知三联书店2009年版，第511页。

此外，在撰稿时，记者应当重在纪实，准确使用直接引语，注意保留人物有个性的谈吐，刻画细节、还原情境，尽量写出现场特色。譬如：1997 年 4 月 26 日《文汇电影时报》刊登的专访《赵丽蓉：不能让热爱我的观众失望》，对赵丽蓉富有特征的语言作了生动的描摹，使得人物跃然纸上——“虽然我拍的戏不多，但我不胡来，拿不准的不拍，哪怕是得罪人。我这么大岁数了，在哪出戏上弯下去，再起来就没时间了。真砸了，挺好的人缘儿也没了。我们老家有句俗话：一个弹儿打一只鸟儿，打不着，何必玩花架子哩？……小品这个艺术，它和影视表演不一样，是‘特别节目’，尤其是春节晚会的小品，10 分钟的时间，包袱要一个接一个，多火也不嫌火，出门就得‘大咔嚓’，这叫‘顶门包袱’，你说这人要掏出多少东西？现在的观众，水平又高……倘若没高招，谁瞅你的？”又如：在前文所述《中国青年报》对马加爵的专访中，记者对其神态作了具体的描绘——“沉默下来”、“面色立刻轻松下来，笑”、“不由自主重复了一次”、“羞涩，笑”、“眉头锁住”、“目光迅速暗淡下去”、“两腿一抖，脚镣发出一声脆响”、“很认真地想”、“不假思索”、“双手紧搓”、“眼神飘忽不定”、“长长吸了口气”、“眼里有光一闪”、“面色凝重，一字一顿”等，让人如临其境。

最后需要强调的是，在成稿后要注意核对，确认是否准确表达了被采访者所陈述的内容与观点。因此访谈时应录音，结束后应尽快整理录音，最好将稿件送给采访对象审改。

【思考题】

1. 结合实例论述采写社会观察通讯应当注意哪些问题？
2. 结合实例论述采写新闻特写应当注意哪些问题？
3. 采写一篇新闻特写并写出采写札记。
4. 选择一篇人物专访分析其优劣。
5. 举例说明如何才能写好一篇问题专访？

主要参考文献

◆ 著作

艾丰:《新闻写作方法论》,人民日报出版社,2010 年。

陈作平:《新闻报道新思路:新闻报道认识论原理及应用》,中国广播电视出版社,2000 年。

丁柏铨主编:《新闻采访与写作》,高等教育出版社,2009 年。

董广安主编:《新闻传播精品导读·通讯篇》,复旦大学出版社,2004 年。

方汉奇主编:《中国新闻事业通史》,中国人民大学出版社,1992 年。

高钢:《新闻采访写作》,高等教育出版社,2012 年。

黄炜:《新闻采访写作》,上海大学出版社,2005 年。

胡欣:《新闻写作学》(修订版),武汉大学出版社,2003 年。

靖鸣:《采访对象主体论》,人民出版社,2005 年。

柯惠新:《传播研究方法》,中国传媒大学出版社,2010 年。

李菁:《往事不寂寞》,生活·读书·新知三联书店,2009 年。

刘海贵、尹德刚:《新闻采访写作新编》,复旦大学出版社,1991 年。

刘海贵:《当代新闻采访》(第二版),复旦大学出版社,2004 年。

刘海贵:《中国新闻采访写作教程》,复旦大学出版社,2008 年。

刘海贵:《中国新闻采访写作学》,复旦大学出版社,2011 年。

刘海贵:《新闻采访教程》(第二版),复旦大学出版社,2011 年。

刘明华、徐泓、张征:《新闻写作教程》,中国人民大学出版社,2002 年。

蓝鸿文:《中外记者经验谈》,中国人民大学出版社,1983 年。

蓝鸿文:《新闻采访学》(第三版),中国人民大学出版社,2011 年。

南香红:《巨灾时代的媒体操作》,南方日报出版社,2009 年。

《毛泽东新闻工作文选》,新华出版社,1983 年。

汤世英、薄瀚培、劳沫之:《新闻通讯写作》,中国人民大学出版社,1994 年。

孙旭培:《新闻学新论》,当代中国出版社,1994 年。

王辰瑶:《嬗变的新闻——对中国新闻经典报道的叙述学解读 1949—2009》,中国传媒大学出版社,2009 年。

吴飞:《新闻专业主义研究》,中国人民大学出版社,2009 年。

《新闻的幕后》编写组:《新闻的幕后——百名记者的自白》,人民出版社,1989 年。

徐国源:《当代新闻采访写作》,苏州大学出版社,2006 年。

许颖:《新闻采访与写作》,中国传媒大学出版社,2011 年。

周胜林、尹德刚、梅懿:《当代新闻写作》,复旦大学出版社,2004 年。

周胜林等:《当代新闻写作》(第二版),复旦大学出版社,2012 年。

〔法〕贝尔纳·瓦耶娜:《当代新闻学》,丁雪英、连燕堂译,新华出版社,1986 年。

〔美〕布鲁斯·D·伊图尔、道格拉斯·A·安德森:《当代媒体新闻写作与报道》,贾陆依、华建昌译,中国人民大学出版社,2009 年。

〔美〕盖伊·塔奇曼:《做新闻》,麻争旗、刘笑盈、徐扬等译,华夏出版社,2008 年。

〔美〕拉里·金、卡尔·福斯曼:《非凡旅程:拉里·金自传》,朱丽丽等译,中信出版社,2010 年。

〔美〕门彻:《新闻报道与写作》,展江主译,华夏出版社,2003 年。

〔美〕史蒂夫·莫滕森编选:《跨文化传播学:东方的视角》,关世杰、胡兴译,中国社会科学出版社,1999 年。

◆ 文章

艾丰:《新闻语言是一种独立的语言》,《新闻与写作》2010 年第 11 期。

艾丰:《新闻语言的总体特色》,《新闻与写作》2011 年第 1 期。

柴静:《话语权的另一半——调查性报道中的平衡原则》,《电视研究》2005 年第 10 期。

陈承:《找到关键细节》,《南方传媒研究》2011 年总第 31 期。

陈力丹、康利坡:《力求平实,注重细节》,《新闻与写作》2009 年第 7 期。

程天敏:《"蒙太奇"式结构——通讯结构的形式讲座之六》,《新闻爱好者》2000 年第 7 期。

戴敦峰:《和任志强过招》,载邓科主编《后台》(第一辑),南方日报出版社,2006 年。

东流:《平等的地位　犀利的眼光——评法拉奇访基辛格》,《城市党报研究》2002 年第 2 期。

董宏君:《追寻一个可亲可敬的人》,《新闻战线》2003 年第 1 期。

方可成:《平衡报道≠各打五十大板》,《青年记者》2012 年 10 月(上)。

樊云芳:《追求——栾弗报道始末》,《传媒》2001 年第 5 期。

傅剑锋:《我体悟的两大采写原则》,载邓科主编《后台》第一辑,南方日报出版社,2006 年。

顾卉妮:《如何炮制一篇普利策奖报道》,《南方传媒研究》2013 年总第 42 期。

胡杰:《传达理性、负责任的声音——〈新京报〉"7·21"特大暴雨报道总结》,《南方传媒研究》2012 年总第 37 期。

胡展奋:《特稿的"低温表达"》,《南方传媒研究》2013 年总第 42 期。

靖鸣:《试析我国党报批评同级党委的实践及其效果》,《新闻记者》2009 年第 11 期。

贾亦凡、陈斌:《2009 年十大假新闻》,《新闻记者》2010 年第 1 期 。

李希光:《关于新闻的定义与新闻写作》,《新闻与写作》2013 年第 3 期。

李希光:《运用新闻语言的技巧》,《新闻与写作》2012 年第 8 期。

梁建增、孙金岭:《增强公信力是改进典型宣传工作的重中之重》,《新闻记者》2004 年第 12 期。

刘保全:《充分发挥新闻时效特有的威力》,《新闻界》2003 年第 3 期。

刘保全:《老树上开新花,老典型放异彩》,《新闻与写作》2008 年第 10 期。

刘保全:《比较,成就了新闻精品》,《新闻与写作》2009 年第 6 期。

刘保全:《新闻主题的选择、提炼和深化》,《新闻三昧》2009 年第 8 期。

雷磊:《找到一只麻雀——〈传销新“圣地”〉系列报道采写手记》,《南方传媒研究》2012 年总第 39 期。

连清川:《〈方法〉的错误方法》,《南方传媒研究》2012 年总第 37 期。

陆晖:《纸媒的一次滑铁卢》,《南方传媒研究》2013 年总第 42 期。

陆晔、潘忠党:《成名的想象:社会转型过程中新闻从业者的专业主义话语建构》,《新闻学研究》(台湾)2002 年第 4 期。

马锋:《“受者本位”幌子下的“传者本位”——社会转型期“受众即消费者”观念本质论》,《新闻与传播研究》2006 年第 1 期。

马利:《在“意”上开掘,在“情”上凝聚》,《新闻战线》2003 年第 9 期。

钱钢:《让“人”字隐约成型》,载南香红:《巨灾时代的媒体操作》,南方日报出版社,2009 年。

秦珍子:《发稿前最后一刻,也不能放弃追问真相》,《中国青年报》2013 年 8 月 14 日。

田文生:《我们是这样采访文强的》,《中国青年报》2010 年 7 月 12 日。

童静蓉:《中国语境下的新闻专业主义社会话语》,《传播与社会学刊》(香港)2006 年第 1 期。

萧芷茁:《笔尖沉甸甸》,《新闻传播》2001 年第 5 期。

徐学江:《我的“迟到的新闻”:唐山地震死亡人数报道背后》,新华网,2006 年 7 月 28 日。

王安:《省长“借箭”》,《瞭望》1993 年第 41 期。

王尧:《一篇报道改变了 MBA 的命运》,《中国青年报》2008 年 12 月 5 日。

吴菲:《法拉奇的传奇人生》,《文汇报》2007 年 3 月 3 日。

吴小军:《深入浅出 贴近读者——评〈科学家说,地球上第一枝花盛开在中国〉》,《写作》2000 年第 5 期。

谢骏:《新闻采访讲座之二——提问的技巧》,《新闻三昧》1995 年第 3、4 期 。

翟先锋:《平衡报道才能达到整体真实》,《新闻记者》1998 年第 8 期。

张英:《濮存昕现象的悲哀》,载邓科主编《后台》(第一辑),南方日报出版社,2006 年。

张志安:《有悲悯之心,但以专业为标准——〈中国青年报〉“冰点”原副主编卢跃刚访谈》,《新闻大学》2007 年第 4 期。

周欣宇:《重温“最后的粪桶”:放大普通人的价值》,《中国青年报》2008 年 12 月 24 日。

周效里:《一篇独具匠心的佳作》,《新闻与写作》2006 年第 5 期。

周象光:《〈红场易旗纪实〉的纪实》,《新闻实践》1992 年第 12 期。

朱光烈:《关于“以受众为中心”观念的讨论》,《北京广播学院学报》1993 年第 3 期。

〔苏〕娜·康·克鲁普斯卡娅:《列宁的编辑工作》,载《列宁是怎样写作学习的》,人民出版社,1973 年。

后 记

这本《新闻采访与写作》终于成稿。

我们自信它是一本兼具理论指导和案例支撑的教材，主题鲜明，实用性强。在撰写过程中，参与人员认真研究国内外新闻采访和新闻写作的现有教材，在分析借鉴的基础上，密切联系新闻实践进行写作。与同类的教材相较，本书具有以下特点：第一，力争吸取国外教材写作优点，同时在篇章分布上，按照中国传统习惯，进行分类讲解。第二，注重具体案例选取，尽量典型、丰富、全面，增进学生对高水准新闻采写的认知。第三，结合新闻改革实践，强调新闻的公共性，将新闻专业主义理念内化到具体采写技能中。第四，重视来自业界的第一手经验，注重以采访手记、采编实录等资料呈现新闻生产过程。

本书由中国劳动关系学院新闻学教研室五位教师共同完成，具体的分工情况为：吴麟担负整本教材的统稿、编辑和校对工作；并负责撰写第六章“消息写作的一般要求”、第九章“通讯的基本要素”、第十章“基本通讯文体写作”和第十一章“特色通讯文体写作”。张玉洪负责撰写第二章“采访准备阶段”、第三章“采访的访问阶段”、第四章“后采访阶段”和第八章“主要消息类型的写作”。宋晖负责撰写第七章“消息写作的基本要素”。王英钰负责撰写第五章“新闻采访方法”。张佰明负责撰写第一章“新闻采访的性质与作用”。此外，在本教材立项之初，宋晖负责构建整体框架、分配撰稿工作，并为部分章节列出较详细的写作参考提纲。作为一本由多人协作完成的教材，每位对自己所承担的具体内容文责自负。

在教材的编写过程中，中国劳动关系学院文化传播学院新闻学专业2009级学生孙璐、王朋飞、盛毅韬承担了一稿的校对工作，他们的认真从细节上保证了教材的质量。此外，2010级学生邱琛、蒋晓雨协助录入两份资料。2007级学生王博和2011级学生真若诗、赵双、宋聪俐、徐菲协助进行第一章的资料收集和案例工作。

作为“文化传播实验教学系列教材”中的一部，本教材从立项到完稿一波三折，期间幸得中国劳动关系学院文化传播学院院长李双教授全力支持。若没有他的主导和鼓励，本书可能中途夭折。

本书得以成稿，还要向活跃在新闻采写一线的记者编辑，以及研究新闻采写的同行学人表达感佩之情，受惠于他们的工作甚多。

完稿之际，虽然有尘埃落定的快感，但是并不轻松，因为担心它不够好。

吴麟

2013年9月于北京